슬기로운 장례문화

저자_ 김 연 욱
감수_ 전국공무원상조서비스

| 목차 |

프롤로그

1부 죽음의 준비

1장_ 마음의 준비   12
    1. 죽음에 대한 단상   14
    2. 준비된 죽음   20

2장_ 법적인 준비   36
    1. 유언   36
    2. 연명치료   58

3장_ 임종 직전 준비사항   67

2부 죽음

1장_ 죽음의 선고   72
    1. 사망진단서(사체검안서) 발급   72
    2. 부검   77

2장_ 상조회사   79
    1. 상조 회사 유형   79
    2. 선불제 상조 회사 현황   82
    3. 선불제 상조 회사 폐해   84
    4. 상조 회사 선택 요령   96

3장_ 장례식장 ... 99
4장_ 장례용품 ... 101
    1. 관(棺) ... 101
    2. 수의(壽衣) ... 104
5장_ 장례 ... 107
    1. 일자별 장례 절차 ... 107
    2. 부고 알림 ... 111
    3. 종교별 장례 절차 ... 112
    4. 조문(弔問) ... 119
    5. 장사(葬事)의 형태 ... 124
    6. 국립묘지 안치 ... 150
    7. 해외에서 사망한 고인의 국내 이송 절차 ... 157
    8. 국내에서 사망한 고인의 국외 이송 절차 ... 160
    9. 외국 장례 ... 165

3부 장례비용 줄이는 방법

1장_ 장례 정보제공 및 지원제도 ... 174
    1. 보건복지부 운영 'e하늘 장사정보시스템' 활용 ... 174
    2. 정부 및 광역·지방 자치단체 지원 ... 181
2장_ 장례비용 절감 ... 185
    1. 장례식장 사용료 ... 185
    2. 음식 접대비 ... 187
    3. 상조 서비스 비용 ... 191
    4. 장지 비용 ... 194

4부 장례 후 절차

1장_ 장례 후 답례 인사   200
2장_ 행정절차   205
    1. 사망신고   205
    2. 사망자의 재산조회   212
    3. 상속으로 인한 소유권 이전 등기   219
    4. 상속세   221
    5. 상속 포기 및 한정승인   227
    6. 취득세, 국민연금 청구, 자동차 소유권   230
    7. 영업자 지위 승계 신고   234
3장_ 장제비 지원   239
    1. 화장장려금   239
    2. 기초수급 대상자 장제비 지원   239
    3. 국가유공자 장제비 지원   240
    4. 참전유공자 장제비 지원   240
    5. 기타   240
4상_ 개장·이장 절차   242

    〈장례 용어〉   248
    〈에필로그〉   258
    〈부록〉   264

프롤로그

　수명이 길어지면서 잘 죽는 문제, 웰다잉(Well-Dying)이 갈수록 중요한 화두로 등장하고 있습니다. 행복한 죽음, 웰다잉은 결국 잘 사는 것, 웰빙(well-being)을 의미할 수 있습니다. 웰빙과 웰다잉은 밀접한 상관관계를 가졌다고 할까요.
　웰다잉, 웰빙 못지않게 삶을 살아가는 데 있어 또 하나 중요한 의식이 있습니다. 어쩌면 우리 생애에서 가장 중요한 의식이죠. 바로 장례입니다. 장례는 한 사람의 마지막 예식입니다. 유족들은 다시는 세상으로 돌아올 수 없는 고인을 추모하기 위해 장례식을 성대하게 치르려 합니다. 사회적으로 저명한 인사일수록 그럴지 모르죠. 그곳 장례식장에는 수많은 조화가 즐비하게 놓여 있고, 장례 규모도 꽤 크다는 것을 알 수 있습니다.
　다른 나라 사례이기는 하지만, 중국과 대만 등 일부 지역에서는 조문객을 늘리기 위해 노출이 심한 옷을 입은 스트리퍼를 동원해 불법 공연을 벌이기도 합니다. 장례식의 규모가 고인의 사회적 지위를 보여준다는 중화권의 통념 때문입니다. 더 많은 조문객이 올수록 성대한 장례식을 치러 고인의 넋을 달랬다고 생각하는 장례문화가 장례식의 규모를 크게 한 것이죠. 이러한 심리를 이용해

| 프롤로그 |

장례를 상업적으로 활용하려는 상술이 많습니다. 장례식장과 상조 회사는 장례를 이용해 한몫 챙기려는 경향이 있습니다. 장례를 상업적으로만 접근하려는 것 때문이죠. 더 문제는 일부 상조 회사에 있습니다. 상조 회사가 우후죽순으로 한꺼번에 생기면서 소비자들의 피눈물 나는 돈들을 가로채고 사라지는 일도 많습니다. 고객의 돈을 잔뜩 받은 뒤 경영자가 도주하거나 무책임하게 부도를 내는 일이 비일비재하죠. '장례=돈'이라는 부정적 인식이 부실한 상조회사를 양산했다고 할 수 있습니다.

요즘 TV 광고를 보면 상조 회사 광고가 상당히 많다는 것을 알 수 있습니다. 이로 인해 상조에 가입하려면 보험처럼 먼저 돈을 내야 하는 것으로만 알고 있습니다. 그러나 그렇지 않습니다.

상조 회사는 선불제 상조와 후불제 상조 회사로 나뉩니다. 선불제 상조는 매달 일정하게 돈을 내는 방식이고, 후불제 상조는 장례를 치르고 난 뒤 장례비용을 정산하는 방식입니다. 후불제 상조 회사도 있다는 것을 소비자 대부분 모릅니다.

국내 전문상조 서비스는 1982년 처음 시작했습니다. 40년이 다 되어가고 있죠. 처음에는 선불세 싱조 회사만 있었습니다. 이후 선불제 상조는 2012년 307개까지 불어났지만, 지금은 100개 이하로 떨어졌습니다. 그동안 수많은 상조 회사가 만들어진 뒤 사라졌습니다. 선불제 상조 회사에 가입한 소비자도 600만 명 이상이며, 이들이 낸 상조회비(선수금)도 5조 원이 넘었습니다. 엄청난

규모죠.

  선불제 상조 회사 말고 상조회비를 미리 받지 않는 후불제 상조 회사도 있다는 것을 알아두세요. 상조회비를 선불로 미리 받는 것이 아니라 장례 이후 내는 방식입니다.

  선불제, 후불제 상조 회사를 비롯해 장례식장까지 합하면 장례를 치르는 상조 서비스 회사의 수는 엄청 많다고 할 수 있습니다.

  하지만, 소비자들이 주의해야 할 게 있습니다. 지금은 정리가 많이 되었지만, 선불제 상조 회사 상당수는 완전자본잠식 상태 업체에 이르렀으며, 폐업도 크게 증가해 소비자들의 상조회비 피해 금액도 늘어날 수밖에 없었습니다. 제대로 된 상조 회사를 고른다는 건 쉽지 않습니다. 상조 회사 부도 시 제대로 된 보호를 받기 어려운 것도 문제점입니다. 상조 회사의 방만한 경영으로 인한 부도 등으로 적금처럼 매달 넣은 상조회비를 돌려받지 못하는 일도 비일비재합니다. 소비자들의 상조 회사에 대한 주의가 필요해 올바른 상조 회사를 선택하는 것은 중요한 문제죠.

  이 같은 문제의식 속에서 이 책을 기획하고 써내려 나갔습니다. 가족을 잃은 슬픔이 이루 말할 수 없는데, 이러한 슬픔에도 아랑곳하지 않고 상술에만 집착하는 장례 관련 업체들도 있어 이를 소비자들에게 제대로 알려야겠다는 생각이 들었습니다.

  이 책은 유족들이 장례를 치르기 전 최소한 알아야 할 단계별 장례준비 절차를 적어놓았습니다. 본인이 살아생전 마지막으로 정

| 프롤로그 |

리해야 할 것을 알아봤습니다. 장례를 치른다면 어떻게 준비하고 절차는 어떻게 하나? 바람직한 장례문화 그리고 장례 후 유족들이 해야 하는 행정절차 및 상속 등 장례와 관련한 사안을 알기 쉽게 알려주려고 합니다. 누구나 한 번쯤 겪어야 할 장례에 대비한 종합 안내서가 될 수 있도록 많은 정보를 담으려 했습니다.

장례를 자식들에게 무조건 맡기면 모든 것을 끝날까요? 곧 고인이 될 사람도 머리가 아플 것입니다. 장례도 미리 준비하면 하나의 성스러운 예식처럼 치를 수 있습니다.

사후 행정처리 방법도 미리 알고 있다면 분명 큰 도움이 될 것입니다. 스스로 잘 죽는 방법, 가족들이 어렵지 않게 장례를 치르도록 하는 방법, 이승에서 자식들이 부모를 정리하는 방법 등을 알아봤습니다.

이 책은 품위 있는 장례, 슬기로운 장례를 치를 수 있도록 한 장례 종합지침서입니다. 인터넷 신문 〈마이스터〉에 연재했던 것을 다시 정리해 출간한 것입니다.

장례와 관련해 많은 조언과 장례 방법 등을 꼼꼼히 알려주신 전국공무원상조서비스 김재걸 회장님을 비롯한 임직원 여러분에게 고맙다는 말을 전합니다.

2020년 가을
저자 김 연 욱

단계별 장례 준비 절차

구 분	내 용
사전 준비	▪ 유언장 작성 ▪ 영정사진 준비 ▪ 장례 장소 모색(장례식장 또는 자택) ▪ 문상객 접대 계획 및 비용 산출 ▪ 부고 리스트 체크 ▪ 장례 방법 및 절차(화장 또는 매장) ▪ 임종 시 입힐 옷
장례 절차	▪ 구급차 준비 ▪ 상조업체 선정 ▪ 빈소 체크 및 장례용품 준비 ▪ 사망진단서 발급 ▪ 사체검안서 발급 ▪ 화장신고서 작성 ▪ 조문객 접수 준비 ▪ 부고 알림 ▪ 장례 단계별 진행
사후 조치	▪ 비용 정산 및 계산서 확보 ▪ 조문객 감사 인사 및 서신 발송 ▪ 유품 정리 ▪ 매장 신고 ▪ 재산조회 ▪ 상속 및 세금 납부 ▪ 고인 명의 유·무선통신 해지 ▪ 영업자 지위 승계 신청 ▪ 연금수급자는 유족연금 신청 ▪ 고인 명의 자동차 등기 이전 또는 매각 ▪ 화장장려금 지급 신청 ▪ 고인 기념사업 또는 출판

1부

죽음의 준비

1부
죽음의 준비

1장_ 마음의 준비

　우리는 태어나면서 누구나 죽음을 준비하지만, 누구도 죽음을 인정하지 않으려 합니다. 두렵기 때문이죠. 죽음 이후 어떤 세상이 펼쳐질지 모르는 두려움도 죽음을 애써 외면하게 만듭니다.

　그런데, 죽음은 누구나 한번은 반드시 겪어야 할 일입니다. 하지만 사람마다 받아들이는 생각은 다릅니다. 어떤 사람은 죽음이 너무 빨리 찾아와 아쉬움을 보입니다. 어떤 사람은 힘겨운 세상 빨리 끝내고 싶어 스스로 목숨을 끊기도 하죠. 나이가 들어 인생의 산전수전을 다 겪은 사람은 '이제 살 만큼 살았다.' 라고 스스로 목숨을 내려놓으려 합니다. 어쩌면 체념일 수도 있을 것입니다. 오랫동안 병마에 시달린 사람은 더 이상 고통이 싫어서, 주위에 폐를 끼치는 것이 미안해서, 죽음이 차라리 낫다고 여길 수 있습니다. 안타까운 일이죠.

 죽으면 모든 것이 끝난다고 생각합니다. 애써 자신에게 위로하는 것인지도 모르겠습니다. 그러나 죽으면 새로운 삶이 시작된다는 내세관을 믿는 사람들이 많다는 것을 아십니까? 불교의 윤회 사상과 기독교인들이 천국과 지옥의 존재를 믿는 것은 죽음 이후 또 다른 생(生)이 펼쳐진다는 간접적인 증거 입니다.

 죽음의 의미는 크게 두 가지로 나누어질 것입니다. 모든 것이 끝나든지, 아니면 새로운 곳에서 다른 삶이 시작되든지.

 그런데 만약에 말입니다. 사후 세계가 진짜 있다고 하면, 우리는 어떤 생각이 들까요?

1. 죽음에 대한 단상

사후(死後)세계는 정말 있을까요?

　사후 모든 게 끝난다고 가정한다면, 한편으로는 두려울 수 있지만 다른 한편으로 편안할 수 있습니다. 왜일까요? 하나씩 설명해보겠습니다.

　먼저 굉장히 두렵다는 생각입니다. 더 이상 삶이 존재하지 않는다고 생각할 테니까요. 다른 한편으론 편안할 수도 있죠. 말 그대로 삶이 영원히 끝나기 때문에 홀가분할 수도 있겠습니다. 그런데 과연 그럴까요? 모든 게 끝나지 않고 다른 세계가 있거나, 혹은 윤회(輪廻) 사상의 생각처럼 사람이 다른 그 무엇으로 환생하는 것을 가정해봅시다.

　세상을 만든 조물주가 있어 사후 세계에 또 다른 세상이 펼쳐진다면, 어떻게 될까요? 어떤 사람은 두려울 것이고, 어떤 사람은 안위 또는 희망으로 생각할 것입니다.

　지구가 수천만 년 만에 생성되었다고 가정해봅시다. 그렇다면 우주는 더 오래였겠죠? 지구와 우주가 생성된 현상을 어떻게 설명해야 하죠? 빅뱅으로 인한 대폭발로 지구와 우주가 탄생했을까요?

좀 더 근원을 찾아가도록 하겠습니다. 최초의 아주 작은 우주의 시작점은 어디에서 연유했을까요? 점점 근원을 찾아나갈 때, 우주에 있는 모든 물건과 형상을 만든 절대자가 저는 분명 있다고 생각합니다. 제 생각이긴 합니다. 물론 어쩌다 생겨나는 미생물도 있다고 하지만, 어떤 물건이든, 미생들이든, 그것이 존재하기까지는 어떤 절대자, 즉 조물주가 있어야 가능하지 않을까요?

아니면 자연스럽게 진화의 과정을 통해 만들어진 진화한 존재가 인간일까요? 인류의 진화 과정은 오스트랄로피테쿠스 → 호모 하빌리스 → 호모 에렉투스 → 호모 사피엔스를 거쳐 현재에 이르고 있습니다. 화석상의 증거, 생물의 지리학적 증거, 해부학적 증거, 발생학적 증거, 생화학적 증거…… 등등. 여러 증거가 진화를 증명합니다.

그렇다면 최초 인류가 진화하는 과정에서 등장하는 오스트랄로피테쿠스 그 이전 존재는 무엇일까요? 두 발로 직립보행을 했고, 간단한 도구를 사용할 줄 알았던 오스트랄로피테쿠스 이전의 존재는 사람이었을까, 아니면 침팬지와 같은 유인원이었을까. 또한, 침팬지 이전은…? 그 근원을 찾다 보면 정말 끝이 없습니다.

지구가 만들어지고 원시 생명체가 나타나는 과정은 또한 어떻게 설명할까요? 어려운 문제인 것 같습니다.

저는 진화론을 믿지 않습니다. 섣부른 단정일지 모르지만….

죽음, 생각하면 두렵죠?

사람에게 죽음이 닥친다면, 당사자는 물론 주위 사람들의 마음의 고통은 육체적인 고통보다 훨씬 더 클 것입니다. 주위에 있던 사랑하는 사람과 헤어진다는 마음속 두려움이 더 크기 때문에 이승의 끈을 놓지 않으려 하겠죠.

죽었을 때 모든 것이 끝난다고 생각한다면 마음의 공허함도 클 것입니다. 이 때문에 인간은 죽음을 한사코 마음속에서 밀어내려고 하지 않나, 그런 생각이 듭니다.

어차피 인간으로 태어나 반드시 죽을 운명이라면, 죽음에 대해 받아들이고, 그 이후의 삶이 어떨 것인가 한번은 생각해봐도 좋을 것 같습니다. 한번 태어나 죽는 과정은 피할 수 없습니다. 스스로 죽음을 준비하고, 장례를 잘 치를 수 있도록 유족들에게 지침을 주고, 그리고 본인이 없을 때 지구상에서 있었던 이승에 대한 정리작업을 미리 준비하면 편하지 않을까요.

갑자기 사망하든, 서서히 생명을 잃든, 장례를 치러야 합니다. 그렇다면, 평소 죽음을 미리 대비하고 있다면 좋지 않을까요? **한 번뿐인 죽음, 그 죽음을 위해 준비한다면 유족들에게도 짐을 덜어줄 수 있을 것입니다.**

막상 장례를 치르면, 유족들은 우왕좌왕할 가능성이 큽니다.

장례 절차와 방법 등을 미리 알았으면 하는 아쉬움이 있을 것입니다. 장례 때에는 정신이 없어 상조 회사 또는 장례식장에만 의존할 수밖에 없습니다. 이 때문에 살아남은 사람들은 혹시 바가지나 쓰지 않았나 내심 걱정하기도 하죠. 이러한 근심도 사랑하는 사람을 떠나보낸 슬픔에 비교하면 아주 조그만 일부분에 지나지 않기는 하지만….

상을 당하면 경황이 없어 당황하게 됩니다. 장례가 우선이라 상조 회사나 장례식장 관계자의 말만 따를 수밖에 없는 게 현실입니다.

죽는 것은 나이 순서가 아닙니다

삶은 무한하지 않습니다. 누구나, 언젠가는 죽게 되어 있죠. 인간은 누구나 죽음 앞에서 모두 똑같습니다. 그런 측면에서 돈의 많고 적음, 사회적 지위의 높고 낮음과 관계없이 평등합니다.

그러나 잘 죽는 것은 다른 문제입니다. 두려움과 공포에 떨다 죽을 수도 있고, 편안하게 살아왔던 삶을 정리하고 생을 마칠 수 있습니다. 사람이 죽어가는 마지막 모습은 다 다릅니다. 어떤 태도로 삶을 정리하느냐에 따라 값진 삶이 될 수 있고, 무의미하게 죽음을 맞을 수도 있습니다.

요즘 웰빙(Well-being) 못지않게 웰다잉(Well-dying)이 중요한 화두로 등장했습니다. 품위 있는 죽음, 웰다잉에 관심이 커진 것이죠.

웰다잉은 나이와 상관없이 준비해야 합니다. 젊다고 해서 죽음이 늦게 찾아오는 것은 아닙니다. 예고 없이 닥칠 수 있습니다. 오히려 죽음 준비를 빨리 시작할수록 좋습니다. 그 이유는 마음을 비우고 나면 삶을 더 긍정적으로 살아갈 수 있기 때문이죠. 잘 죽는 것이 잘사는 방법입니다.

티베트 불교는 죽는 순간 우리의 마음 상태를 중요하게 생각합니다. 긍정적인 마음을 가지고 죽는다면 다음 삶은 나을 수 있고, 부정적인 마음으로 죽게 된다면 내세의 삶은 좋지 않다고 합니다. 죽음도 긍정적으로 생각하라는 의미입니다.

죽음은 끝이 아니라 또 다른 삶의 시작입니다. 웰다잉은 죽음을 떠올리면서 현재 잘 사는 방법을 깨닫는 과정입니다. 죽음 준비 교육은 죽음을 이해하고 더 가치 있게 살 수 있도록 합니다. 오히려 죽음에 대한 두려움을 줄여줍니다. 삶을 긍정적으로 살아갈 수 있도록 하는 자극제라고 할 수 있죠.

죽음연구 권위자인 엘리자베스 퀴블러 로스(1926~2004) 박사는 죽음을 앞둔 환자의 반응을 5단계로 설명했습니다. 죽음의 5단계는 부정과 고립-분노-협상-우울-수용의 과정이라는 것입니다.

1단계 : 자신은 결코 죽지 않을 것이라며 죽음을 부정하는 단계입니다.
2단계 : 죽어야 한다는 사실에 대해 분노합니다.
3단계 : 어떻게 해서든 생명을 연장하고자 타협합니다.
4단계 : 더 이상 회복 가능성이 없다고 느끼면서 우울증에 빠집니다.
5단계 : 이러한 과정을 겪은 뒤 환자는 이제 자신이 죽는다는 사실을 받아들이게 됩니다.

공감이 가죠?

내세에 대한 확고한 믿음이 있다면 죽음이 두렵지 않을 것입니다. 내세가 있다고 상상해보세요. 죽음에 대한 공포는 크게 줄어들 것입니다. 오히려 현재의 삶에 대한 진지한 성찰이 있게 되면서 더 알찬 삶을 살아갈 수 있습니다.

내세의 아름다운 미래를 꿈꾸는 것이 웰다잉입니다.

2. 준비된 죽음

　죽음은 누구에게나 예외 없이 찾아옵니다. 사람에게도, 동물에게도 마찬가지입니다. 사람과 동물의 가장 큰 차이점은 사유(思惟) 여부입니다. 사람은 생각할 수 있어 죽음을 미리 준비할 수 있지만, 동물은 그렇지 않죠.

　죽음을 준비하기 위해서는 일단 마음의 준비가 있어야 합니다. 마음이 준비된다면, 죽음을 쉽게 받아들일 수 있고 두려움도 한결 완화될 것입니다. 죽기 이전에 이승에서 다른 사람들과 해묵은 감정을 정리하거나, 아름다운 작별을 통보할 수 있습니다. 죽음 준비 교육을 받는다면, 더할 나위 없겠습니다. 종교를 가지거나 자녀에게 추억을 남길 흔적을 남기는 것도 좋을 것 같습니다. 버킷리스트나 임종 노트를 작성하는 것도 평생을 돌아보는 계기가 될 것입니다.

　다음으로는 몸의 준비입니다. 마음속으로 죽음을 받아들였다면, 몸으로 앓고 있는 병에 대한 고통도 다소 줄일 수 있습니다. 어떻게 하면 잘 죽을 수 있을까, 웰다잉을 생각할 필요가 있습니다.

　몸이 심하게 아프다면 연명치료를 계속 받을 것인가, 아니면 연명치료 없이 편하게 죽음을 선택할 것인가, 결정해야 합니다. 장기 기증, 시신 기증과 같은 다른 사람들을 위한 아름다운 선행도 베풀 수 있습니다. 몸과 마음의 준비가 되었다면, 유산, 상속,

유언 등과 같은 법적인 준비를 하면 됩니다. 그리고 자신의 부고 기사를 미리 써보는 것은 어떨까요?

죽음, 마음먹기에 달렸습니다

  죽음은 두려운 일입니다. 세상을 떠나야 하기 때문이죠. 죽음을 앞두고 대부분 사람은 공포에 떨며, 죽으려 하지 않습니다. 하지만 죽음의 저승사자가 점점 다가올수록 어떻게 마음을 가지느냐가 중요합니다.

  죽음을 받아들이고 편안히 세상을 끝내려는 사람은 공포감이 덜 할 것입니다. 반면 무서워 떨기만 하고 어떻게든 지푸라기라도 잡는 심정으로 조금 더 살아야겠다고 생각하면, 삶에 많이 집착하게 되죠. 자연스럽게 공포감도 더할 수 있습니다. 그렇지만 어쩔 수 없는 일입니다. 누구나 삶에 집착하는 것은 당연한 현상입니다. 쉽게 삶을 포기하는 사람은 거의 없으니까요.

  죽음을 쉽게 받아들이는 사람, 그렇지 않고 삶을 끝까지 붙들려는 사람, 크게 이렇게 두 부류를 주위에서 많이 봅니다. 대부분 후자의 사람이 많습니다.

  그런데 이해할 수 없는 것은 전자, 즉 죽음을 쉽게 받아들이는 사람입니다. 이 사람들은 세상에 대한 미련이 없거나 현재의 삶이 고달파 빨리 떠나고 싶은 마음이 많기 때문일 것입니다. 아니면, 다른 세상에 있을지도 모르는 사랑하는 사람을 보기 위해 이승을 빨리 떠나려고 하는 것 아닐까요?

아무튼, 죽음이 다가온 사람에게 마음의 준비는 무척 중요합니다. 어떤 마음을 가지느냐에 따라 받아들이는 감정의 깊이도 다르니까요. 이 세상 말고 다른 세상이 있다고 믿는 사람들, 예를 들어 내세를 믿는 사람들은 현세보다 내세를 더 중요하게 생각하기도 합니다. 죽음이 한결 두렵지 않죠. 오히려 평안하게 이 세상을 버리고 저세상에 대한 보이지 않는 희망을 품게 됩니다. 그것은 종교의 힘일 것입니다. 저는 많이는 아니지만, 가끔은 이런 분들을 봤습니다. 죽음도 초월한 것 같은 믿음이라고 할까요.

종교에서 말하는 내세관을 한 번 살펴보겠습니다.

불교에서는 삼세(三世)라고 하고, 기독교에서는 천국이라고 합니다.

삼세는 삼제(三際)라고도 합니다. 과거세(過去世, 과거 · 전세 · 전생)와 현재세(現在世, 현재 · 현세 · 현생)와 미래세(未來世, 미래 · 내세)를 합친 개념입니다. 널리 알려진 대중적인 내세관으로는 크게 세 가지가 있습니다.[1] 주로 종교 · 신비주의 · 밀교 · 형이상학에서 유래하죠.

첫째, 육체가 죽은 후 영적인 세상 또는 영역(spiritual realm)에서 계속해 삶을 이어간다는 내세관입니다. 기독교 · 유대교 · 이

---

1) 위키백과.

슬람교 등의 내세관이 이렇습니다.

둘째, 육체가 죽은 후 일정 시간이 지나면 다시 이 세상으로 태어난다는 것입니다. 육체가 죽은 후 그 개인이 재탄생하기까지 머무르는 특정한 장소가 있는데, 이 장소를 사후 세계 또는 저승이라고 부릅니다. 불교·힌두교·고대 이집트 종교·피타고라스주의·영지주의·헤르메스주의 등은 이러한 재탄생 내세관을 믿습니다.

셋째, 육체의 죽음과 동시에 그 개인은 영원한 소멸(eternal oblivion)에 이르게 된다는 내세관입니다. 유물론의 관점에서 바라본 내세관이죠.

여러분은 어떤 내세관을 믿으세요?

품위 있는 죽음을 원하세요?

어떻게 하면 품위 있는 죽음을 맞을 수 있을까요?

평소에 죽음을 꾸준히 준비하면 '웰다잉(Well-Dying)'을 할 수 있습니다. 품위 있는 죽음이 될 수 있는 것입니다. 아름다운 죽음은 미리 준비하는 죽음입니다. 갑자기 예고 없는 죽음은 가족과 주위 사람들을 슬프게 합니다. 아파 시름시름 앓다가 죽으면 미리 죽음을 준비할 수 있지만, 어느 날 불현듯 찾아오는 죽음은 불행을 가져올 수 있습니다. 이 때문에 미리 죽음 준비를 하는 것이 필요합니다. 아름다운 죽음을 맞기 위해서는 죽음이 언제나 누구에게나 닥칠 수 있다는 것을 알고 죽음을 미리 준비한다면 더 아름다운 죽음이 되지 않을까요?

아름다운 죽음은 욕심을 없게 만듭니다. 세상을 아등바등 살 필요 없이 사랑과 봉사로 살아갈 수 있게 합니다. 나의 삶을 긍정적으로 만드는 효과도 있습니다. 죽음을 준비하는 사람은 죽음을 편안하게 받아들입니다. 자신의 인생을 충분히 정리하고 홀가분하게 세상과 작별할 수 있게 합니다.

삶의 마지막을 가족과 함께 보낼 수 있도록 하는 것도 중요합니다. 살 수 있는 병은 치료하는 것이 맞지만, 치료가 어려운 말기 환자는 완치에 집착하는 것보다 아름다운 죽음을 맞이하는 것도 어쩌면 필요할지 모릅니다.

살아있을 때 하루라도 의미 있는 삶을 살아가는 것이 더 소중합니다.

죽음도 삶의 과정 중 하나입니다

죽음 준비 교육에서는 죽음도 하나의 삶이라는 사실을 가르쳐 줍니다.

'죽음도 삶의 과정 중 하나다!'

참 역설적인 것 같습니다.

죽음은 누구나 반드시 겪어야 합니다. 태어나는 것도, 결혼도, 늙어가는 것도 모두 하나의 삶의 과정입니다. 그리고 인생의 맨 마지막 과정이 죽음입니다.

우리는 흔히 아이들의 돌, 결혼 등에 많은 준비를 합니다. 특히 성스러운 예식인 결혼을 위해 꽤 오랫동안 준비과정을 가집니다. 본인은 물론이고 자녀들의 결혼은 신경을 많이 쓸 수밖에 없을 것 같습니다. 그러나 정작 가장 중요한 죽음은 준비하지 않습니다. 죽음이라는 단어는 금기의 대상이 아니라 하나의 삶과 직결된 것입니다. 일상에서 받아들여야 할 거룩한 삶의 마무리라는 의미를 담고 있습니다.

노년층뿐만 아니라 청소년층도 죽음에 대해 정확히 알고 나면 건강하게 살아갈 수 있는 계기가 될 것입니다. 생명의 소중함과 의미를 가슴 깊이 새길 수 있는 기회로 작용할 것입니다. 죽음을 준비하고 편안한 죽음을 맞이할 수 있도록 돕는 것이 죽음 준비 교육입니다.

"죽음의 인식으로부터 삶은 가치 있게 시작된다."

알폰스 데켄(Deeken) 교수의 말입니다.

교육을 통해 죽음을 제대로 인식한다면 삶의 의미는 더욱 값질 수 있습니다. 죽음을 결코 두려워 말고, 교육을 통해 하나씩 알아보세요. 그러면 삶이 조금씩 변화가 있을 것입니다.

죽음의 공포를 줄일 해법은?

종교가 있는 사람과 없는 사람이 죽음을 받아들이는 것에는 차이가 있습니다. 종교에 의지해 내세관이 투철한 사람은 의외로 죽음에 집착하지 않고 받아들이려 합니다. 내세에 대한 믿음 때문에 두려움이 덜한 것으로 이해할 수 있습니다. 물론 종교가 있다고 해서 모두가 죽음을 두려워 않는다는 것은 아닙니다. 누구나 죽음은 두려울 수 있지만, 종교가 있어 공포를 줄일 수 있다는 것입니다.

아직 종교가 없는 사람들은 한 번 종교를 가져볼 만도 합니다. 자신이 믿는 신의 존재가 불안감을 덜어 줄 수 있기 때문입니다.

종교가 있으면 소유에 대한 개념도 없어질 수 있습니다. 어차피 죽으면 모든 것을 놓고 가기에 물질에 대한 욕심이 줄어들 수 있습니다. 그러면서 삶을 긍정적으로 바라보게 하며 사람에 대한 미움과 원망도 없어질 수 있는 것입니다. 욕심, 탐욕, 집착은 만병의 근원이 될 수 있습니다.

__편하게 마음을 가지세요! 그리고 자신이 믿고 의지할 수 있는 종교에 귀의해보세요. 그러면 마음이 훨씬 편해질 것입니다.__

종교를 가진 사람들은 평소 삶과 죽음에 대한 성찰의 시간을 충분히 가지고 있어 죽음에 대한 긍정적인 믿음이 있습니다.

한 사찰에서는 '내생 체험관'을 만들어 죽음과 관련한 다양한 체험을 할 수 있도록 하고 있습니다. 유언장을 쓰고 관속에 들어가 뚜껑이 덮인 상태로 한참 동안 죽음을 체험하는 프로그램입니다. 오히려 죽음에 대한 인식변화를 주는 프로그램입니다. 템플스테이에서도 유서 쓰는 프로그램을 만들어 시행하고 있습니다.

사람들은 죽음을 두려워하면서도 죽음 이후의 세계에 대해 끊임없이 관심을 보입니다. 사후 세계에 관한 생각은 종교의 영향이라고 할 수 있습니다.

불교에서는 죽음을 단멸(斷滅)로 인식하지 않습니다. 죽음이란 삶의 연장선이며 기본개념은 윤회 사상에 기초를 두고 있죠. 사람이 죽으면 다시 다른 몸으로 태어난다는 것입니다. 불교에서 죽음은 현재의 몸에서 다시 다른 몸으로 옷을 갈아입는 것으로 이해합니다.

유교에서는 조상숭배를 통해 존재의 영원함을 이야기합니다. 죽음으로서 모든 게 끝나는 것이 아니라 자손을 통해 대를 이어감을 의미한, 존재의 영원성을 강조하는 것이라 할 수 있습니다.

기독교에서의 죽음은 의로운 자들에게는 영원한 천국으로 들어가는 문이라고 했고, 예수를 믿지 않는 사람은 영생에 참여할 수 없다고 주장합니다. 진정한 그리스도인은 죽음을 두려워하지 않고 천국으로 향하는 새로운 시작이라고 생각합니다. 독실한 그리스도인은 '죽음'보다 '죽음 이후'의 천국, 즉 '주님의 나라'에 관심을 더 많이 기울입니다.

죽기 전, 자녀와 많은 추억을 남기세요

 평소 자녀와 많은 시간을 보냈다면 그 자체만으로도 소중한 추억입니다. 그러나 바쁜 생활을 하면서 자녀와 시간을 충분히 가지지 못한 사람들이 많습니다. 저도 물론 마찬가지입니다.

 그런데, 덜컥 생명이 얼마 남지 않았다는 사망 선고를 받는다면 어떻게 될까요? 본인도 답답하지만, 제일 먼저 가족이 떠오를 것입니다. 배우자는 물론 자녀들에게 아쉬움이 많을 수밖에 없습니다. 가족의 죽음 앞에서 남은 가족이 겪는 감정의 무게도 가늠조차 어렵습니다. 남은 생(生)의 시간이 짧으면 짧을수록 가족들의 안타까운 마음은 깊어질 것입니다. 그럴수록 가족, 특히 소중한 자녀들과 많은 추억을 남기도록 해보세요.

 대한민국에도 베이비붐 세대(1955~1963년 출생)의 은퇴가 본격적으로 시작되었습니다. 이들의 은퇴는 많은 걸 변화시키고 있죠. 요즘은 100세 시대라고 해서 수명이 늘어난 것에 대한 기대도 있지만, 사람들은 삶을 아름답게 마무리하려는 웰다잉에 관심이 더 많죠. 자녀에게 짐이 되지 않기 위해 상속과 묘지 준비 등 장례 준비, 유언장 작성과 같은 것을 미리 하는 사람도 있습니다. 삶과 함께 마무리도 아름답게 하려는 경향이 많아졌습니다.

 고령화 사회인 일본도 몇 년 전부터 베이비붐 세대인 '단카이

(團塊) 세대'(1947~49년 출생)를 중심으로 '종활(終活·슈가쓰)' 열풍이 시작되었습니다. 인생의 종말을 미리 준비하는 것입니다.

특히 자녀와 소중한 시간을 자주 가지지 않았다면, 지금이라도 자녀에게 추억을 남겨야 합니다. 가족보다 더 소중한 것은 없다는 걸, 아시죠?

죽기 전 꼭 해야 할 버킷리스트(bucket list)

사람의 목숨이 무한하다면 좋겠지만 그렇지 않습니다. 사람 일생의 최종 종착역은 누구나 '죽음'입니다. 인생을 정리하면서 그동안 미처 하지 못했던 일을 마무리하고 싶은 마음이 드는 것은 인지상정입니다. 특히 죽음을 선고받은 사람들은 더 그렇습니다. 죽기 전 마지막으로 이승에서 하고 싶은 일을 적는 버킷리스트는 가치 있는 일입니다. 버킷리스트는 죽기 전에 해보고 싶은 일들을 적는 목록입니다.

예전에는 의사가 환자에게 사망 선고를 내릴 때, 대부분 가족에게만 말하고 정작 환자 본인에게는 말하지 않았습니다. 환자가 얼마 살지 못한다는 말을 듣고 나약해질 수 있는 것을 방지하기 위한 일종의 배려였죠. 환자의 심리적 충격을 줄이기 위해 환자 본인은 모르게 가족들에게만 말하는 경우가 많았습니다.

그러나 이제는 그렇지 않습니다. 설문 조사를 보면 본인이 직접 알아야 한다는 대답이 95% 이상을 차지하고 있다는 것 만을 보고도 알 수 있죠. 환자의 남은 생 스스로 정리할 수 있도록 하는 차원에서 사망이 얼마 남지 않았다는 것을 알릴 필요가 있는 것 같습니다.

그래야만 그동안 본인이 하지 못했던 것, 해보고 싶었던 것을 할 수 있게 되는 것입니다. 삶이 얼마 남지 않은 사람에게는 앞으로 남은 시간이 더 소중할 수밖에 없으니까요.

예를 들어 몇 개월밖에 살 수 없다는 선고를 받으면 작별을 위해 주변 사람들에게 편지를 보내는 방법도 있습니다. 이별의 편지를 보내면서 자신을 한번 돌아볼 수 있고 인생의 버킷리스트도 파악할 수 있죠.

앞으로 가장하고 싶은 일 10가지를 적어보세요. 그중에 가장 중요한 것부터 차례대로 순서를 매기세요. 그리고 난 뒤 하나씩 실천해보는 것입니다.

2011년 일본에서 개봉된 다큐멘터리 영화 '엔딩 노트'는 위암 선고를 받은 아버지의 버킷리스트 실현과정을 그리면서 가족과 삶의 소중함을 알려주고 있습니다. 죽는 과정이 고통이 아니라 하나씩 정리하고 자신의 삶을 되돌아보는 계기가 되었던 거죠. 의미 있는 죽음을 스스로 만든 것입니다.

죽음을 앞둔 사람이 꼭 아니더라도 평소 하고 싶은 일을 적은 뒤 이를 실천하는 것도 삶을 살아가는 데 도움이 될 것입니다.

'엔딩 노트 = 삶의 회고 노트'

엔딩 노트(ending note)는 죽음을 준비하는 과정에서 일생을 회상하며, 앞으로 어떻게 살아갈 것인지를 적는 노트입니다. 꼭 죽음을 앞두고 쓰는 것은 아닙니다. 삶을 살아가면서 인생의 의미를 되새기며, 앞으로 어떤 가치로 살 것인가를 보여주는 자기 다짐이라 할 수 있습니다.

자신이 생각하는 버킷리스트, 연명치료, 장기 기증, 유언, 장례 방법, 유품처리 등 죽음과 관련한 의지를 보여주는 기록입니다. 특별한 양식은 없고, 법적 효력을 가지는 문서도 아닙니다. 엔딩 노트는 일종의 유언장이지만, 가족에게 특별한 유품이 될 수 있습니다. 얼마나 더 잘 살 수 있을 것인지에 대한 고민보다, 얼마나 더 잘 죽을 수 있을까에 대한 생각입니다. 오늘이 내 삶의 마지막이 될 수 있다는 생각으로 하루하루를 정리하고, 앞으로 삶에 대한 계획을 세우는 '오프닝 노트(opening note)'입니다. 자연스럽게 가족에게 자신이 남기고 싶은 말이 뭔지, 마지막 순간 병상에 누웠을 때 어느 수준까지 어떤 치료를 받을지, 유산은 어떻게 나눌지, 인간관계는 어떻게 풀지 생각을 가다듬게 합니다. 엔딩 노트는 현재의 중요함을 알려주는 매개체입니다. 지나온 세월을 정리하고 앞으로 어떤 가치를 중시하며 살아갈 것인지를 엔딩 노트에 담아볼 필요가 있습니다.

지난 삶을 반성하고 새로운 마음으로 자신을 다잡기 위해 엔딩 노트를 써보세요. 자신의 임종을 미리 생각게 과거를 회상하고, 미래를 어떻게 살아갈 것인가 생각하는 게 좋지 않을까요?

개인의 사적인 문제라고 생각할 수 있지만, 사적인 내용을 한눈에 알아볼 수 있도록 기록한 '엔딩 노트'를 출원한 사람도 있습니다. 지난 삶을 모두 기록할 수 있도록 구성되어 있습니다. 영정용 사진을 부착할 수 있는 공간, 이름과 생년월일, 주소, 연락처, 신체 사항 등을 기록할 수 있는 이력, 삶의 발자취, 결심, 장례계획, 유언 내용, 사후처리 목록 등을 쓸 수 있도록 했습니다. 미리 죽음을 준비하자는 것입니다. 말 그대로 엔딩 노트는 생이 얼마 남지 않은 사람들의 마지막 일기장이라고 할 수 있습니다.

엔딩 노트는 사랑하는 사람들에게 남길 이야기를 미리 적어두는 것입니다. 내 삶이 불과 몇 개월밖에 남지 않았다고 가정하고 지난 시절의 회고와 앞으로 계획, 그리고 죽음 이후 남겨진 사람이 처리해야 할 일들을 적습니다.

남은 사람에게 전하고 싶은 이야기를 적어보세요. 자신이 살아온 인생 스토리나 남은 가족에게 남기고 싶은 이야기를 편지처럼 적어보는 것입니다.

엔딩 노트를 보면서 다시 한번 삶을 회고하는 계기를 마련하자는 차원입니다. 왜 그렇게 살아올 수밖에 없었나? 한번 생각할 기회를 마련하자는 것입니다.

  일부 자치단체에서는 독거노인 돌봄 기본서비스 일환으로 자신이 죽으면 꼭 연락해야 할 사람, 수의와 영정 위치, 장례 방식, 장례에 초대할 사람, 유품 처리방식 등을 적을 수 있는 장수 노트를 만들어 나누어 준 사례도 있습니다.

  삶과 죽음을 떠나 어른들의 일기장처럼 인생을 한 번 되돌아보고 앞으로 남은 일을 계획한다면, 분명 더 보람찬 여생을 보낼 수 있을 것입니다.

임종체험 프로그램에 참여해보세요

  요즘 웰다잉 움직임이 확산되면서 임종체험 프로그램이 비교적 많이 늘었습니다. 영정사진 촬영부터 유언장 작성, 수의 착용과 입관까지 죽음의 전 과정을 실감할 수 있게 하는 과정이 만들어졌습니다. 이 체험의 기본 취지는 미래의 남은 삶을 새롭게 설계할 수 있도록 하기 위한 것입니다. 의미 있는 죽음을 맞이하자는 취시이쇼.

  이러한 체험은 영정사진 촬영, 유언장 작성, 입관체험 등으로 이루어져 있습니다. 어색하지만 영정사진을 촬영하면서부터 자신의 삶을 되돌아보는 계기가 될 것입니다. 유언장에는 그동안 가족이나 주위 사람들에게 하지 못한 말을 적습니다. 본인이 유언장에 적힌 내용을 낭독하면 일순간 울음이 터지기도 하죠. 추구한 삶의 가치와 행복에 대해 스스로 고찰하는 시간이라 할 수 있습니다. 입관체험에 앞서 자식들에게 남기고 싶은 이야기를 풀어놓기도 합니다. 가상의 묘비에 묘비명을 적는 순서도 있습니다. 모든 과정이 가상으로 진행되는 것이기는 하지만, 이러한 경험은 새로운 다짐을 하게 만드는 계기가 될 것입니다. 자신의 몸을 다시 한번 생각하는 자리가 되기도 합니다.

입관체험은 임종체험의 중요한 프로그램 중 하나입니다. 수의를 입고 관속에 들어가 체험을 합니다. 관뚜껑이 닫히고 못을 문으로 박는 소리가 들리면 공포감 또는 그리움, 후회 등이 한꺼번에 몰려오기도 하죠. 그리고 자신의 삶을 되돌아보는 계기가 됩니다. 5~10분 정도이지만 가상으로 죽음을 체험하면 남은 삶의 소중함을 깨닫고 더 열심히 살아가는 계기를 얻을 수 있을 것입니다.

그러나 일부 교육 기관에서는 상술로 활용하려는 곳도 있어 순수한 임종체험 프로그램을 하는 곳을 찾아 꼼꼼히 따져봐야 합니다.

작별의 편지를 작성해보세요

삶이 얼마 남지 않았다는 생각이 들면 그동안 살아온 세월을 정리할 필요가 있습니다. 죽기 전에 꼭 하고 싶은 말을 미리 준비하는 것이 좋습니다. 글이나 영상 편지로 남겨놓을 필요가 있죠.

그동안 친했지만, 서로의 오해로 소원한 관계에 있었던 사람에게 먼저 연락해보세요. 그리고 용서를 구할 일이 있다면 먼저 용서를 구하세요. 화해할 일이 있으면 먼저 화해의 손을 내밀어 보세요. 아무리 서운한 생각이 들었던 사람도 상대방이 보내는 마지막 작별의 인사라고 생각한다면 그동안 쌓였던 감정은 모두 녹아내릴 것입니다. 떠나는 사람도 남게 될 사람도 마음이 한결 편해질 수 있습니다. 가슴의 상처를 더 이상 간직하지 않으려 하기 때문이죠.

상대방에게 마음의 상처를 입었거나 내가 상대방을 아프게 했다면 모두 푸세요. 직접 만나서 풀거나 아니면 전화로 용서나 화해를 청해보세요.

말로 풀지 못할 상황이라면 사랑하는 사람에게 이별의 편지를 써 보는 것도 한 방법입니다. 정성 들여 작성하되 말로 표현하지 못한 것을 글로 작성해보세요. 사랑하는 사람에게 말로 못다 한 내용을 글로 표현해보는 것입니다. 작별 편지를 쓰면서 삶을 다시 한번 되돌아보는 계기가 될 수 있습니다. 남아있는 사람에게 마지막으로 인생에 대한 정리를 글로 전달하는 메시지인 것입니다. 작별의 편지는 사랑하는 사람에게 남기는 이승에서의 마지막 기록입니다.

2장_ 법적인 준비

1. 유언

1) 유언의 방식

법적 효력을 인정받는 유언 방식은 자필증서 유언, 녹음 유언, 공정증서 유언, 비밀증서 유언, 구수증서 유언 등 5가지가 있습니다.[2]

① 자필증서 유언

하나라도 잘못 적으면 무효 처리돼요

자필로 작성한 것을 유언으로 인정한다는 것입니다.
자필증서에 의한 유언의 작성방법은 다음과 같습니다.
자필증서에 의한 유언장을 작성하기 위해서는 유언장 전문(全文)을 직접 써야 합니다. 타인이 대필한 경우에는, 비록 유언자

---

2) 법제처, 찾기 쉬운 생활법령정보.

가 구술하였다거나 승인한 것이라 하더라도 직접 쓴 것이 아니므로 자필증서에 의한 유언으로서 효력이 없습니다.

타자기나 워드 프로세서 등의 문서작성기구를 이용해서 작성된 것도 직접 쓴 것이 아니어서 효력이 없습니다. 자기의 손으로 직접 종이의 표면 등에 문자를 적어야 하므로 복사한 것도 유언으로 효력이 없습니다. 컴퓨터로 작성한 뒤 유언자의 배우자가 이를 인정하는 도장이나 지장을 직접 찍었다고 해도 공식적인 유언으로 인정하지 않습니다. 무효입니다. 직접 적어야 한다는 말입니다. 외국어나 속기문자도 가능합니다.

자필증서 유언에서 주의해야 할 사항은 주소나 날짜를 정확히 적어야 합니다. 법원은 하나라도 잘못 적으면 유언 무효로 판결합니다. 잘 써야 하겠죠? 유언의 성립 시기를 명확히 하기 위해 유언자는 유언장의 작성 일자를 직접 써야 합니다. 유언의 성립 시기는 유언자가 유언능력이 있는 상태에서 유언했는지를 판단하는 기준시기가 되고, 여러 유언이 충돌하는 경우에 우선순위를 정하는 기준이 됩니다. 따라서 작성의 연월일을 모두 기재해야 합니다.

그렇다면 연·월만 기재하고 일의 기재가 없는 것은 효력이 있을까요? 대법원 2009.5.14. 선고 2009다9768 판결을 참조하면, 효력이 없다고 보고 있습니다. 판결문에는 「자필유언 증서의 연월일은 이를 작성한 날로서 유언능력의 유무를 판단하거나 다른 유언증서와 사이에 유언 성립의 선후를 결정하는 기준일이 되므로 그 작성일을 특정할 수 있게 기재해야 한다. 따라서 연월만 기재하고 일의 기재가 없는 자필유언 증서는 그 작성일을 특정할 수 없으므로 효력이 없다.」라고 판결을 내렸습니다.

다만, 반드시 연월일을 명시하지 않더라도, 음력이나, 몇회 생일, 혼인일 등 정확하게 연월일을 알 수만 있으면 됩니다.

자필증서 유언에서는 주소와 성명을 직접 써야 합니다. 유언자의 주소를 유언장에 직접 써야 하는데, 주소는 유언장의 작성지가 아니라 유언자의 주소를 말합니다. 주소는 반드시 주민등록법에 따라 등록된 곳이 아니라도 생활의 근거 되는 곳이면 됩니다.

유언자의 주소는 반드시 유언 전문과 동일한 종이에 기재해야 하는 것은 아니고, 유언증서로서 일체성이 인정되는 이상 그 전문을 담은 봉투에 기재해도 좋습니다(대법원 1998. 5. 29. 선고 97다38503 판결).

성명은 가족관계등록부상의 성명에 한하지 않고, 유언자가 통상 사용하는 아호 · 예명 · 별명 등 유언자가 누구인지를 가리키는 것이면 됩니다.

유언장을 작성했으면 유언장에 유언자의 인장 또는 도장으로 날인(捺印)해야 합니다. 날인하는 인장 또는 도장은 자신의 것이면 되고, 행정청에 신고한 인감이어야 하는 것은 아닙니다. 날인은 무인(拇印)에 의한 경우에도 유효합니다. 무인이란 도장 대신 손가락에 인주 따위를 묻혀 지문을 찍는 것으로 흔히 손도장 또는 지장이라고도 하죠.

유언자의 날인이 없는 유언장은 자필증서에 의한 유언으로 효력이 없으므로, 자필증서의 방식으로 유언할 때에는 반드시 유언장에 날인해야 한다는 점을 유의해야 합니다(대법원 2007.10.25. 선고 2006다12848 판결 참조).

자필증서 유언은 다음과 같은 예에 따라 자필로 작성합니다.

유언장

나 홍길동이 죽으면 다음과 같이 처리해 주기 바랍니다.

1. 부동산 A는 장남에게 상속한다.
2. 은행에 예금된 약 2,000만 원은 장녀에게 상속한다.
3. 경기도 여주에 있는 땅(000면 000번지)은 처에게 준다.
4. (서울시 000구 000동 000번지)는 나의 차남 땅임을 인지한다.
5. 유언집행자는 000로 한다.
6. 장례식은 간소하게 하며, 시신은 화장해서 납골당에 안치하기 바란다.

2020. 08. 25.

서울시 종로구 수송동 000번지
유언자 홍길동 (인)

※ 위 유언장에서의 법정유언 사항은 1~5이다.
※ 위 유언장에서의 6(장례 또는 매장에 관한 사항)은 유언장에 정하여도 유족 또는 상속인에게 법적으로 강제되는 사항은 아니다.

유언장을 다 쓰고 난 뒤 나중에 수정할 내용이 있어 유언장의 내용을 변경하려면 어떻게 해야 할까요?

이미 작성한 유언장에 문자의 삽입, 삭제 또는 변경할 때에는 유언자가 이를 직접 쓰고 날인해야 합니다(「민법」 제1066조 제2항).

유언증서에 문자의 삽입, 삭제 또는 변경을 함에는 유언자가 이를 자서하고 날인을 해야 하지만(민법 제1066조 제2항), 증서의 기재 자체로 보아 명백한 오기를 정정함에 지나지 않는 경우에는 그 정정 부분에 날인을 하지 않았다고 하더라도 그 효력에는 영향이 없습니다(대법원 1998. 6. 12. 선고 97다38510 판결 참조).

② 구수증서 유언

정말 위독하면, 말로 유언해도 돼요

말로 유언한 것도 유언으로 인정해줍니다. 다만, 증인 등이 이를 승인하는 절차를 밟아야 합니다. 구수증서 유언은 질병이나 그 밖의 급한 사유로 인해 유언할 수 없을 때 쓰는 방식입니다. 유언자는 2명 이상의 증인이 참석한 가운데 한 명에게 유언의 취지를 이야기하고, 다른 한 명은 이를 받아적은 뒤 그대로 낭독해야 합니다. 이후 증인이 유언자의 유언을 정확하게 받아적은 것을 확인한 후 각자 서명 또는 기명합니다.

구수증서에 의한 유언의 방법입니다.

(1) 급박한 사유

다른 방식에 따른 유언을 할 수 없을 정도로 급박한 사유가 있어야 합니다. '급박한 사유'란 사망에 임박한 경우로 질병 등으로 위독한 상태를 말하며 본인이나 증인 그 밖에 주위 사람에 의해 위독하다고 판단되는 경우를 말합니다.

구수유언은 유언자가 위독한 경우 등의 급박한 사유가 있을 때 하는 특별한 유언이므로 자필증서 유언, 녹음 유언, 공정증서 유언, 비밀증서 유언을 할 수 있는 경우에는 이 방식을 통해 유언할 수 없습니다. 유언자가 위독할 때만 할 수 있다는 의미입니다.

> **• 판례**
>
> 유언자가 질병 그 밖에 급박한 사유에 있는지 여부를 판단함에 있어서 자필증서, 녹음, 공정증서 및 비밀증서의 방식에 의한 유언이 객관적으로 가능한 경우는 구수증서에 의한 유언이 허용되는 급박한 사유가 있는 때가 아니므로 구수증서에 의한 유언을 할 수 없다(대법원 1999. 9. 3. 선고 98다17800 판결).

(2) 증인

구수증서에 의한 유언은 2명 이상의 증인이 참여해야 합니다.

(3) 구수 및 필기 낭독

유언자는 증인 1명에게 유언의 취지를 구수(口授)하고, 그 구수를 받은 자가 이를 필기 낭독해야 합니다. '구수'란 입으로 말을 해서 상대방에게 전하여 그것을 기억하게 하는 것을 말하죠. '유언취지의 구수'란 말로써 유언의 내용을 상대방에게 전달하는 것을 뜻합니다.

아래는 제3자가 유언의 취지가 적혀 있는 서면에 따라 유언자에게 질문을 통해 유언장을 작성하면 무효라는 것을 의미하는 판례입니다.

> **● 판례**
>
> 증인이 제3자에 의하여 미리 작성된, 유언의 취지가 적혀 있는 서면에 따라 유언자에게 질문하고 유언자가 동작이나 간략한 답변으로 긍정하는 방식은, 유언 당시 유언자의 의사능력이나 유언에 이르게 된 경위 등에 비추어 그 서면이 유언자의 진의에 따라 작성되었음이 분명하다고 인정되는 등의 특별한 사정이 없는 한 유언취지의 구수(「민법」 제1070조 소정)에 해당한다고 볼 수 없다(대법원 2006. 3. 9. 선고 2005다57899)

(4) 증인의 승인

유언자의 증인은 그 정확함을 승인한 후 각자 서명 또는 기명날인합니다.

(5) 검인 신청

구수증서에 의한 유언은 증인 또는 이해관계인이 급박한 사정이 종료한 날로부터 7일 이내에 법원에 그 검인을 신청해야 합니다(「민법」 제1070조 제2항).

유언자가 피성년후견인인 경우에도 구수증서에 의한 유언을 하는 경우에는 예외적으로 의사가 심신회복의 상태를 유언서에 부기와 서명날인을 하지 않아도 됩니다(「민법」 제1063조 제2항 및 제1070조 제3항).

구수증서 유언의 작성 사례입니다.

유 언 장

유언자(서울시 종로구 수송동 000번지)는 2020. 8. 10. 000 병원 000호에서 다음과 같이 유언을 구술했습니다.

1. 부동산 A는 장남 000에게 상속한다.
2. 000은행에 예금된 약 2,000만 원은 장녀 000에게 상속한다.
3. 경기도 여주에 있는 땅(000면 000번지)은 처 000에게 준다.
4. 000(서울시 000구 000동 000번지)는 나의 차남임을 인지한다.
5. 유언집행자는 000로 한다.
6. 장례식은 간소하게 하며, 시신은 화장해서 000납골당에 안치하기 바란다.

위 취지의 유언자 구수를 증인 김대한이 필기한 후 유언자 및 이민국에게 낭독해 준 바 모두 필기가 정확함을 승인하였습니다.

2020. 1. 10.

유언자 홍길동 (인)

필기자(증인) 김대한 (인)

증인 이민국 (인)

③ 녹음 유언

비디오 동영상 촬영도 유언으로 인정합니다

유언은 녹음으로도 가능합니다. 유언자가 자신의 성명과 연월일을 말하고, 유언의 취지, 이에 참여한 증인이 유언의 정확함과 그 성명을 말로 하는 방식입니다.

녹음 유언의 작성방법은 유언자는 그의 육성으로 구술한 유언의 취지와 성명 그리고 연월일을 음향의 녹음장치나 기구로 녹음해야 합니다(「민법」 제1067조).

녹음은 음향을 음반, 테이프, 필름 등에 기록하는 것을 말합니다. 카세트테이프에 녹음하거나, 비디오 동영상을 촬영하는 것도 녹음에 해당되죠.

유언자는 육성으로 유언의 취지, 그 성명과 연월일을 구술해야 합니다. 증인은 1명이면 되고, 녹음유언의 증인은 유언의 정확함과 그 성명을 구술해야 합니다. 이때 증인은 유언의 정확함과 자기의 성명을 구술할 수 있고, 유언자의 동일성을 확인할 수 있을 정도의 청취 능력과 이해·구술 능력이 있어야 합니다.

④ 공정증서 유언

분쟁 해결이 쉬운 유언 방법입니다

유언자가 증인 2명이 참여한 공증인 앞에서 유언의 취지를 설명하고 이를 필기 낭독해 유언자와 증인이 그 정확함을 승인한 후 각자 서명 또는 기명합니다.

(1) 공정증서에 의한 유언

유언은 공증인이 작성하는 공정증서로 인정됩니다. '공정증서에 의한 유언'은 유언자가 증인 2명이 참여한 공증인의 면전에서 유언의 취지를 구수(口授)하고 공증인이 이를 필기 낭독하여 유언자와 증인이 그 정확함을 승인한 후 각자 서명 또는 기명날인합니다(「민법」제1068조).

(2) 공정증서에 의한 유언의 장점

공정증서 유언은 다른 유언 방식과 비교해 분쟁 해결이 쉽습니다. 다른 유언 방식과는 달리 유언자의 사망 후 유언장의 존재를 입증하는 법원의 검인 절차를 밟지 않아도 됩니다(「민법」제1091조 제2항).

'유언의 검인(檢認)'이란 유언자의 최종의사를 확실하게 보존하고 그 내용을 이해관계인이 확실히 알 수 있도록 자필증서 유언, 녹음 유언, 비밀증서 유언의 경우에 법원이 유언 방식에 관한 모든 사실을 조사한 후 이를 확정하는 것을 말합니다(「민법」 제1091조 및 「민사소송법」 제364조 참조). 다만, 공증인을 통해 유언하는 것이므로 제반 수수료를 유언자가 부담해야 합니다.

(3) 공정증서에 의한 유언의 방법

공정증서에 의한 유언을 하려는 사람은 증인 2명과 함께 공증인 앞에서 공정증서를 작성하면 됩니다. 증인은 결격사유가 없어야 하고, 유언자가 유언을 시작할 때부터 증서작성이 끝날 때까지 참여해야 합니다.

공증인이란 공증에 관한 직무를 수행할 수 있도록 법무부 장관으로부터 임명을 받은 사람과 법무부 장관으로부터 공증인가를 받은 법무법인 등입니다.

(4) 유언의 취지를 구수

유언자는 공증인의 앞에서 유언의 취지를 구수(口授)해야 합니다. '구수'란 입으로 말을 해서 상대방에게 전해 그것을 기억하게 하는 것을 말하는 것이죠.

> • 판례
>
> 공증업무를 취급하는 변호사가 반혼수 상태로 병원에 입원 중인 유언자에게 유언 취지를 묻자 유언자가 고개를 끄덕거린 것만으로 공정증서(「민법」 제1068조)가 작성된 것이라고 볼 수 없으므로 그 유언은 무효이다(대법원 1993. 6. 8. 선고 92다8750 판결).

　공증인이 유언자의 구술 내용을 필기해서 이를 유언자와 증인에게 낭독해야 합니다. 필기란 공증인이 유언자가 입으로 말한 것을 그대로 기록하는 것을 뜻하는 것이 아니므로 유언자가 말한 것의 취지를 표시하고 있으면 됩니다. 유언자와 증인이 공증인의 필기가 정확함을 승인한 후 각자 서명 또는 기명날인해야 합니다. 만약 유언자와 증인의 승인이 없으면 무효입니다. 공증인은 증서가 위와 같은 방식에 따라 작성되었다는 것을 유언서에 부기하고 서명날인합니다.

⑤ 비밀증서 유언

5일 이내 확정일자 도장 '꾹'

유언자가 성명을 적은 증서에 서명하고 이를 2명 이상의 증인 앞에 제출해 유언서라는 것을 표시해야 합니다. 이후 봉서 표면에 제출 연월일을 적고 유언자와 증인이 각자 서명 또는 기명날인합니다. 표면에 기재된 날짜를 기준으로 5일 이내에 공증인 또는 법원서기에게 제출해 그 봉인 위에 확정일자 도장을 받습니다.

(1) 비밀증서에 의한 유언

이 방식은 유언이 효력을 발생할 때까지 유언 내용을 비밀로 하기를 원할 때 이용할 수 있습니다. 비밀증서에 의한 유언은 유언자가 필자의 성명을 기입한 증서를 엄봉날인(嚴封捺印)하고 이를 2명 이상의 증인의 면전에 제출해 자기의 유언서임을 표시한 후 그 봉서 표면에 제출 연월일을 기재하고 유언자와 증인이 각자 서명 또는 기명날인해야 합니다(「민법」 제1069조 제1항).

비밀증서로 작성된 유언 봉서는 그 표면에 기재된 날로부터 5일 이내에 공증인 또는 법원서기에게 제출해 그 봉인상에 확정일자 도장을 받아야 합니다.

(2) 비밀증서 유언의 방법

유언의 취지와 그 필자의 성명을 기입한 증서를 작성해야 합니다. 즉, 자필증서와 달리 비밀증서에 의한 유언은 타인이 필기해도 됩니다. 증인에게 그 필기를 부탁해도 좋습니다. 만약 타인이 필기한 경우 유언장 맨 아래에 필기자 OOO라고 쓰고 서명합니다.

증서는 엄봉(嚴封)·날인(捺印)해야 합니다. 증서를 엄봉한다는 것은 봉투에 넣거나 종이 등으로 싸서 이를 훼손하지 않고는 개봉할 수 없도록 굳게 봉하는 것을 말하죠.

유언자는 2명 이상의 증인 앞에서 봉서를 제출해 자기의 유언장임을 표시한 후 그 봉서의 표면에 제출 내지 제시한 연월일을 기재하고, 유언자와 증인이 각자 서명 또는 기명날인합니다.

유언 봉서는 그 표면에 기재된 날 즉 제출 연월일로부터 5일 이내에 공증인 또는 법원서기에게 제출해 그 봉인 위에 확정일자 도장을 받아야 합니다.

비밀증서에 의한 유언은 다음과 같은 예에 따라 작성합니다.

유 언 장

나 홍길동이 죽으면 다음과 같이 처리해 주기 바랍니다.

1. 부동산 A는 장남에게 상속한다.
2. 은행에 예금된 약 2,000만 원은 장녀에게 상속한다.
3. 경기도 여주에 있는 땅(○○○면 ○○○번지)은 처에게 준다.
4. 유언집행자는 ○○○로 한다.
5. 장례식은 간소하게 하며, 시신은 화장해서 납골당에 안치하기 바란다.

유언자 홍길동 (인)
필기자 홍희동 (인)

2장_ 법적인 준비

유언장 봉투

유언장을 엄봉한 봉투의 표면에는 다음과 같이 작성한다.

[비밀증서 유언 봉투의 작성례]

홍길동의 유언장

제출일: 2020. 7. 10.

유언자: 홍길동 (인)
증 인: 김대한 (인)
증 인: 이민국 (인)

(3) 비밀증서 유언의 흠결

비밀증서에 의한 유언이 그 방식에 흠결이 있는 경우에 그 증서가 자필증서의 방식에 적합한 때에는 자필증서에 의한 유언으로 봅니다(「민법」 제1071조).

2) 유언의 효력은 언제부터?

유언의 법적 효력 시기는 사망 이후부터입니다. 그러나 사망했다고 해서 무조건 효력이 있는 것은 아닙니다. 만약 유언장에 조건을 달았다면, 그 조건이 충족되어야 합니다. 예를 들어 아버지가 "아들이 결혼하면, 살고 있는 집을 물려주겠다."라고 했다면, 결혼해야만 사망한 이후 효력이 있는 것입니다. 또 만 17세 이상의 유언 적령에 도달해야 유언 의사능력이 있습니다. 17세 이상이라도 의사능력이 없는 사람은 유언을 인정받지 못합니다.

다음은 유증 결격자입니다. 유산을 받을 수 없는 사람입니다.

① 고의로 유언자, 유증의 선 순위나 동 순위에 있는 사람을 살해하거나 살해하려 한 사람
② 고의로 유언자에게 상해를 가해서 사망에 이르게 한 사람
③ 사기 또는 강박으로 유언자의 유증에 관한 유언 또는 유언의 철회를 방해한 사람

④ 사기 또는 강박으로 유언자의 유증에 관한 유언을 하게 한 사람
⑤ 피상속인의 유증에 관한 유언서를 위조·변조·파기 또는 은닉한 사람

3) 유언이 없을 때 상속 기준

피상속인이 유언을 안 하고 사망했을 경우 재산 분배는 어떻게 될까요?

예를 들어 아버지가 유언을 하지 않고 사망했거나, 유언을 했더라도 법적으로 유효하지 않을 때 「민법」의 상속규정을 따릅니다.

피상속인의 배우자는 직계존속 또는 직계비속의 1.5배를 상속받고, 같은 순위에 있는 공동상속인은 상속분을 똑같이 나눕니다. 선(先) 순위에서 상속이 이루어지면 나머지 상속인은 후(後) 순위가 되어 상속받지 못합니다. 1순위 상속인이 있으면 나머지 2~4순위 상속인은 상속을 못 받습니다.

상속을 받을 수 있는 순위입니다.

1순위. 피상속인의 직계비속(자녀 등) 및 법률상 배우자
2순위. 피상속인의 직계존속(부모 등) 및 법률상 배우자
3순위. 피상속인의 형제자매
4순위. 피상속인의 4촌 이내의 방계혈족(이모 등)

✱ 법정상속분의 예시

구분	상속인	상속분	비율
배우자 및 자녀가 있는 경우	배우자와 장남만 있는 경우	배우자 1.5 장남 1	3/5 2/5
	배우자, 장남, 장녀가 있는 경우	배우자 1.5 장남 1 장녀 1	3/7 2/7 2/7
자녀는 없고 배우자와 직계존속만 있는 경우	부모와 배우자만 있는 경우	부 1 모 1 배우자 1.5	2/7 2/7 3/7

4) 유류분(遺留分) 제도

유언에 의해 재산을 상속하는 경우 유언자의 의사가 지나치게 감정에 치우쳐 한 사람에게만 상속하거나 다른 사람에게 전 재산을 증여해 상속인이 하나도 받지 못하는 상황이 발생할 수 있습니다. 한푼도 상속을 받지 못한다면 억울하겠죠? 그래서 만든 법이 유류분 제도입니다. 민법에서는 각 상속인이 최소한도로 받을 수 있는 상속분을 법으로 정하고 있는데, 이를 유류분이라고 합니다.

상속인이 유류분은 다음과 같습니다.

- 파상속인의 배우자 및 직계비속 : 법정상속분의 1/2
- 피상속인의 직계존속 및 형제자매 : 법정상속분의 1/3

예를 들어 유산 5억 원을 제3자에게 주고 떠난 피상속인에게 배우자와 딸이 있다고 합시다. 배우자와 딸은 한 푼도 받지 못했는데, 법으로 최소한의 상속을 받을 수 있습니다. 배우자에게는 법정상속분인 3/5에 해당하는 3억5,000만 원에 대한 1/2인 1억 7,500만 원을, 딸에게는 법정상속분인 2/5에 해당하는 2억 원에 대한 1/2인 1억 원을 유류분으로 반환 청구할 수 있습니다.

5) 유언은 언제든지 철회 가능

유언자는 언제든지 유언을 철회할 수 있습니다. 일부를 수정하거나 유언장을 아예 새롭게 작성이 가능합니다. 유언자가 유언장을 바꾸고 싶다면, 특별한 방식에 따라 이루어지는 것이 아니라 자유롭게 유언장을 다시 작성하면 됩니다.

2. 연명치료

현대의술은 대단히 뛰어납니다. 거의 죽었던 사람을 다시 살리는가 하면 치료가 어려운 환자에게도 치료를 계속해 임종을 연장할 수 있습니다. 인공호흡기를 착용한 채 중환자실에 계속 입원해 있는 환자들 많이 보셨죠? 가족과 말도 통하지 않고 단지, 생명만 연장하는 연명치료가 바람직할까요? 물론 치료를 계속하다 살아날 수 있다면 더할 나위 없이 좋겠지요.

하지만 현실은 그렇지 않습니다. 회생 가능성이 없는 환자도 인위적으로 수명만 늘려놓았으니까요. 뛰어난 현대의학은 인정하지만 이제는 회생 가능성이 없고, 치료해도 회복되지 않으며, 사망 상태나 다름없는 환자가 존엄하게 죽음을 맞이할 수 있도록 하는 것도 필요합니다. 즉, 법으로 연명의료를 중단할 수 있게 만든 것입니다.

회생 가능성이 없는 자는 연명치료를 받지 않을 수 있습니다. 회생 가능성이 없을 때 본인이나 가족이 동의하면 연명치료를 받지 않아도 됩니다. 또 평소 환자가 연명치료를 거부한다는 뜻을 남겼다면, 무의미한 치료를 중단할 수 있습니다.

2018년 2월 4일부터 시행하고 있는 연명의료결정법에 따른 것이죠. 예전에는 환자나 가족들이 연명치료를 원하지 않아도 마음대로 할 수 없었습니다. 그러나 이제는 담당 의사가 중단 또는 유보할 수 있다고 판단하면 연명치료를 하지 않을 수 있게 됐습니다.

연명의료를 중단하려면, 의사뿐만 아니라 환자 가족 전체의 동의가 있어야 합니다. 연명의료에 속하는 시술은 심폐소생술, 인공호흡기 착용, 혈액투석, 항암제 투여 등 4가지로 규정돼 있었습니다. 2019년 3월 28일부터는 체외생명유지술, 수혈, 혈압상승제 치료까지 범위가 확대됐습니다.

연명의료결정법의 요건을 갖춘 사람은 연명의료에 관한 의견을 문서로 작성해 둘 수 있습니다. 환자든 일반 사람이든 상관없습니다. 사전연명의료의향서와 연명의료계획서를 작성하면 됩니다. 사전연명의료의향서는 환자 본인이, 연명의료계획서는 의사가 작성한다는 게 차이점입니다.

1) 사전연명의료의향서

인생이란 모릅니다, 미리 작성하세요

사전연명의료의향서는 성인이면 누구나 작성할 수 있습니다. 임종을 맞을 때를 대비해 연명의료 및 호스피스에 관한 의사를 남길 수 있죠. 의향서를 작성하기 위해서는 보건복지부의 지정을 받은 사전연명의료의향서 등록기관에서만 해야 합니다. 연명의료 정보처리시스템의 데이터베이스(DB)에 보관되어야 법적 효력이 인정됨니다.

　사전연명의료의향서를 작성하면, 등록기관은 국립연명의료 관리기관에 통보합니다. 작성자가 환자가 되어 치료를 받을 때, 담당 의사는 의향서를 조회할 수 있습니다. 담당 의사는 작성된 내용을 환자에게 한 번 더 확인해 연명의료를 유보하거나 중단할 수 있습니다. 작성자가 만약 생각이 변했다면, 의향서를 다시 작성하거나 취소할 수 있습니다. 작성자가 의사를 표현할 수 없을 정도로 건강상태가 좋지 않으면 담당 의사와 해당 분야 전문의 1명이 함께 환자의 상태 및 의향서 작성의 적법성을 확인한 후에 연명의료를 유보하거나 중단할 수 있는 것이죠.

■ 호스피스 · 완화의료 및 임종과정에 있는 환자의 연명의료결정에 관한 법률 시행규칙 [별지 제6호서식]

사전연명의료의향서

※ 색상이 어두운 부분은 작성하지 않으며, [ ]에는 해당되는 곳에 √표시를 합니다.

작성자	성명		주민등록번호	
	주소			
	전화번호			
호스피스이용	[ ] 이용 의향이 있음		[ ] 이용 의향이 없음	
사전연명의료 의향서 등록기관의 설명사항 확인	설명 사항	[ ] 연명의료의 시행방법 및 연명의료중단 등 결정에 대한 사항 [ ] 호스피스의 선택 및 이용에 관한 사항 [ ] 사전연명의료의향서의 효력 및 효력 상실에 관한 사항 [ ] 사전연명의료의향서의 작성 · 등록 · 보관 및 통보에 관한 사항 [ ] 사전연명의료의향서의 변경 · 철회 및 그에 따른 조치에 관한 사항 [ ] 등록기관의 폐업 · 휴업 및 지정 취소에 따른 기록의 이관에 관한 사항		
	확인	위의 사항을 설명 받고 이해했음을 확인합니다. 　　　년　월　일　　　성명　　　(서명 또는 인)		
환자 사망 전 열람허용 여부	[ ] 열람 가능	[ ] 열람 거부		[ ] 그 밖의 의견
사전연명의료 의향서 등록기관 및 상담자	기관 명칭		소재지	
	상담자 성명		전화번호	

본인은 「호스피스 · 완화의료 및 임종과정에 있는 환자의 연명의료결정에 관한 법률」 제12조 및 같은 법 시행규칙 제8조에 따라 위와 같은 내용을 직접 작성했으며, 임종과정에 있다는 의학적 판단을 받은 경우 연명의료를 시행하지 않거나 중단하는 것에 동의합니다.

　　　　　　　　　　　　작성일　　　　　　　년　월　일
　　　　　　　　　　　　작성자　　　　　　　(서명 또는 인)

　　　　　　　　　　　　등록일　　　　　　　년　월　일
　　　　　　　　　　　　등록자　　　　　　　(서명 또는 인)

유의사항

1. 사전연명의료의향서란 「호스피스·완화의료 및 임종과정에 있는 환자의 연명의료결정에 관한 법률」 제12조에 따라 19세 이상인 사람이 자신의 연명의료중단등결정 및 호스피스에 관한 의사를 직접 문서로 작성한 것을 말하며, 호스피스전문기관에서 호스피스를 이용하려는 경우에는 같은 법 제28조에 따라 신청해야 합니다.
2. 사전연명의료의향서를 작성하고자 하는 사람은 보건복지부장관이 지정한 사전연명의료의향서 등록기관을 통하여 직접 작성해야 합니다.
3. 사전연명의료의 향서를 작성한 사람은 언제든지 그 의사를 변경하거나 철회할 수 있으며, 이 경우 등록기관의 장은 지체 없이 사전연명의료의향서를 변경하거나 등록을 말소해야 합니다.
4. 사전연명의료의향서는 ① 본인이 직접 작성하지 않은 경우, ② 본인의 자발적 의사에 따라 작성되지 않은 경우, ③ 사전연명의료의향서 등록기관으로부터 「호스피스·완화의료 및 임종과정에 있는 환자의 연명의료결정에 관한 법률」 제12조제2항에 따른 설명이 제공되지 않거나 작성자의 확인을 받지 않은 경우, ④ 사전연명의료의향서 작성·등록 후에 연명의료계획서가 다시 작성된 경우에는 효력을 잃습니다.
5. 사전연명의료의향서에 기록된 연명의료중단등결정에 대한 작성자의 의사는 향후 작성자를 진료하게 될 담당의사와 해당 분야의 전문의 1명이 모두 작성자를 임종과정에 있는 환자라고 판단한 경우에만 이행될 수 있습니다.

2) 연명의료계획서

환자가 원하면, 의사가 작성하는 연명의료입니다

치료를 계속 받을지, 아니면 연명을 포기할지, 연명의료에 관한 의사를 남겨놓을 수 있는 것을 말합니다. 말기 환자 또는 임종 과정에 있는 환자가 대상입니다. 환자가 연명치료 중단을 원하면 담당 의사가 작성합니다. 연명의료 중단의 판단은 해당 환자를 직접 진료한 담당 의사와 해당 분야의 전문의 1인이 똑같이 의견이 일치해야 합니다. 의료기관윤리위원회가 설치된 의료기관만이 가능합니다.

2장_ 법적인 준비

■ 호스피스·완화의료 및 임종과정에 있는 환자의 연명의료결정에 관한 법률 시행규칙 [별지 제1호서식]

연명의료계획서

※ 색상이 어두운 부분은 작성하지 않으며, [ ]에는 해당되는 곳에 √표시를 합니다.

환자	성명		주민등록번호
	주소		
	전화번호		
	환자 상태	[ ] 말기환자	[ ] 임종과정에 있는 환자
담당의사	성 명		면허번호
	소속 의료기관		
호스피스 이용	[ ] 이용 의향이 있음		[ ] 이용 의향이 있음
담당의사 설명사항 확인	설명 사항	[ ] 환자의 질병 상태와 치료방법에 관한 사항 [ ] 연명의료의 시행방법 및 연명의료중단등결정에 관한 사항 [ ] 호스피스의 선택 및 이용에 관한 사항 [ ] 연명의료계획서의 작성·등록·보관 및 통보에 관한 사항 [ ] 연명의료계획서의 변경·철회 및 그에 따른 조치에 관한 사항 [ ] 의료기관윤리위원회의 이용에 관한 사항	
	확인 방법	위의 사항을 설명 받고 이해했음을 확인하며, 임종과정에 있다는 의학적 판단을 받은 경우 연명의료를 시행하지 않거나 중단하는 것에 동의합니다. [ ] 서명 또는 기명날인 년 월 일 성명 (서명 또는 인) [ ] 녹화 [ ] 녹취 ※ 법정대리인 년 월 일 성명 (서명 또는 인) (환자가 미성년자인 경우에만 해당합니다)	
환자 사망 전 열람허용 여부	[ ] 열람 가능	[ ] 열람 거부	[ ] 그 밖의 의견

「호스피스·완화의료 및 임종과정에 있는 환자의 연명의료결정에 관한 법률」 제10조 및 같은 법 시행규칙 제3조에 따라 위와 같이 연명의료계획서를 작성합니다.

년 월 일
담당의사
(서명 또는 인)

유의사항

1. 연명의료계획서란 「호스피스·완화의료 및 임종과정에 있는 환자의 연명의료결정에 관한 법률」 제2조제8호에 따라 말기환자 또는 임종과정에 있는 환자의 의사에 따라 담당의사가 환자에 대한 연명의료중단등결정 및 호스피스에 관한 사항을 계획하여 문서로 작성하는 것을 말합니다.
2. 환자는 연명의료계획서의 변경 또는 철회를 언제든지 요청할 수 있으며, 담당의사는 해당 환자의 요청 사항을 반영해야 합니다.

3) 연명치료의 변경·철회

언제든지 철회 가능하니까 걱정하지 말아요

　사전연명의료의향서나 연명의료 계획서를 작성했더라도 본인이 원하면 언제든지 변경하거나 철회할 수 있습니다.
　만약 환자가 의식이 있다면, 가족이 연명의료 중단 또는 유보할 수 있을까요? 그렇지 않습니다. 의식이 있는 환자의 가족은 환자에게 알리지 않고 연명의료 중단을 결정해서는 안 됩니다. 담당 의사도 가족의 요구가 있다고 해서 무조건 연명의료 중단을 수용할 수 없습니다. 임종 과정에 있다는 의학적 판단이 있어야 하고 환자의 뜻을 확인해야 합니다. 연명의료결정법은 환자가 자신의 질병을 파악하고, 임종 과정이 예측되는 시점에 환자 스스로 연명의료 중단 등 결정을 미리 하는 것입니다. 환자 가족이 환자 동의 없이 연명의료를 중단하거나 유보를 요청하면 받아들이지 않아야 합니다.

● 연명치료 관련 사건

2009년 2월 6일 김막례(76·가명) 할머니는 연세대 세브란스 병원을 찾았습니다. 폐암 여부를 확진 받기 위해서였죠. 김 할머니는 폐암 여부를 확인하기 위해 조직검사를 받았습니다. 그런데 검사 도중 과다출혈로 의식을 잃었습니다. 응급처치를 시도했지만, 의식은 끝내 돌아오지 않은 것입니다. 할머니는 뇌 손상으로 인해 식물인간 상태에 빠져 중환자실에서 인공호흡기로 생명을 연명했지만, 차도는 없었죠.

가족들은 할머니를 어떻게 할 것인지 의논했습니다. 중환자실에 입원해 있는 동안 치료비를 감당할 수 없었답니다. 가족들은 인공호흡기를 떼달라고 의사에게 요청한 것이죠. 그러나 병원은 가족의 요구를 받아들일 수 없었습니다. 보라매병원 사건 때문이었습니다.

보라매병원 사건은 1997년 12월 4일 머리를 다쳐 뇌수술을 받은 남편이 인공호흡기로 치료를 받다 아내의 요구로 퇴원을 했지만, 곧바로 사망한 사건입니다. 인공호흡기를 떼면 바로 사망할 것이 뻔했는데도, 아내는 평소 가정폭력이 심했던 남편의 치료비까지 부담하면서 입원시킬 경제적 여유가 없었던 것이죠. 이틀 뒤 의료진은 퇴원하면 사망할 가능성이 크다는 점을 설명했습니다. 피해자의 사망에 대한 법적인 이의를 제기하지 않겠다는 서약서까지 받았습니다. 서약서까지 받았으니 문제가 없다고 생각한 것입니다. 그런데 인공호흡기를 중단하고 환자를 인계했는데, 5분 뒤 남자는 사망했습니다. 의료진은 살인죄의 방조범으로, 아내는 살인죄로 집행유예 확정 판결을 받았습니다.

이 사건 이후 병원에서는 소생 가능성이 없는 환자의 퇴원 요구를 거절합니다. 세브란스 병원도 이를 우려해 연명치료를 중단할 수 없다고 김 할머니 가족들에게 이야기 한 것입니다.

그러나 가족들은 병원을 상대로 소송을 냈습니다. 대법원은 환자가 사망단계에 진입했고, 연명치료 중단에 대한 환자의 의사를 추정할 수 있는 경우라면 환자의 연명치료를 중단할 수 있다고 판결했습니다.

2009년 6월 23일 오전 10시 22분경 김 할머니의 인공호흡기는 제거됐습니다. 할머니는 자발 호흡으로 연명하다 2010년 1월 10일 201일 만에 사망했습니다.

이 사건 이후 사회적 공감대가 점차 확산하면서 연명의료를 시행하지 않거나 중단할 수 있는 제도적 장치가 마련됐습니다.

3장_ 임종 직전 준비사항

임종 전 체크리스트

유족들은 장례 이전에 △ 영정사진이나 영정사진으로 쓸 수 있는 사진 △ 임종 시 갈아 입힐 수의 또는 평소 즐겨 입었던 깨끗한 옷 △ 부고를 알릴 가족이나 지인 등의 연락처 확보 △ 장례식장 선정 및 장례식 비용 수립 △ 각종 증명서(참전유공자증, 무공수훈자증, 병적증명서, 기초생활수급자증명서) 등을 준비하면 됩니다. 또 고인의 임종과 관련해 남길 유언장이나 사전연명의료의향서를 미리 작성하면 좋습니다.

임종 전 조치사항

임종이 가까워지면 병자가 평소에 입던 옷 중에서 흰색이나 엷은 색의 깨끗한 옷을 골라 갈아 입힙니다. 거처하던 방과 운명한 뒤 모실 방도 깨끗하게 치워 두어야겠죠. 유언이 있으면 기록하거나 녹음해 두고, 병자가 죽기 전에 가장 보고 싶어 하는 친족 친지에게 속히 연락해 운명을 지켜볼 수 있도록 해야 합니다.

셀프 장례

셀프(self) 장례는 자신의 장례를 자식에게 맡기지 않고 본인 스스로 준비하는 것을 말합니다. 셀프 장례를 하려는 가장 큰 이유는 장례비용을 자식에게 부담시키지 않으려는 부모의 마음 때문입니다. 셀프 장례는 고령자가 많은 일본에서 유행하고 있는 장례 방식입니다.

실제로 한국소비자원이 2015년 조사한 장례비용은 평균 1,381만 원이었습니다. 하지만 셀프 장례는 이보다 훨씬 적은 100만~500만 원 수준입니다. 빈소도 없고, 기간도 1~2일로 짧습니다.

일본 대형 유통센터에서는 셀프 장례 설명회를 자주 열고 있습니다. 수만 명에 이르는 회원들이 업자들과 단체로 협상하는 방식이기 때문에 장례용품도 저렴한 것이 특징입니다. 우리나라도 핵가족화와 고령화가 급속하게 진행되면서 셀프 장례에 관한 관심이 높아질 것으로 보입니다.

2부

죽음

죽음

장례가 발생하면 거의 모든 사람이 당황하기 마련이죠. 사랑하는 가족을 잃은 경험이 거의 없기 때문입니다. 물론 가족이나 친인척 중에 경험이 많은 사람이 있으면 어렵지 않게 상(喪)을 치를 수 있습니다. 도시보다는 농어촌에서는 동네 사람들의 도움으로 장례를 치르는 경우가 다소 있습니다.

그러나 현대사회에서는 장례 경험이 많은 사람이 적습니다. 핵가족화가 되고 대도시에 살면서 유족들은 경험이 없어 당황하게 되죠. 집보다 병원에서 임종을 맞는 경우가 많아 병원 장례식장에서 장례를 치르기도 합니다.

일부는 선불제 상조에 가입이 된 가족이 있어 장례식장은 병원 장례식장을 이용하지만, 장례 절차는 상조 회사에 일임합니다. 이렇게 되면 상조 회사와 장례식장은 각자 영역을 담당하는 이원화된 구조로 장례를 진행합니다.

대부분 장례는 상조 회사 주도로 합니다. 단지 장례식장 대여와 식사는 주로 장례식장에서 담당하죠. 주의해야 할 점은 병원 장례식장과 상조 회사 간 장례 서비스 품질 및 가격을 꼼꼼히 비교해야 한다는 것입니다.

유족들은 가격과 품질을 꼼꼼하게 비교 분석한 뒤 선택해야 '요금 바가지'를 쓸 염려가 없습니다. 특히 주의해야 할 것은 선불제 상조 회사가 장례 서비스 약정을 제대로 이행하는가를 점검해야 합니다. 일부 상조 회사는 약정을 맺었지만, 계약과 달리 '끼워넣기식'으로 장례비용을 부풀리기도 합니다. 또 일부 고가의 장례용품 구입을 은근히 권유하는 일도 있습니다.

유족은 약속했던 장례 서비스 상품과 다르게 장례가 진행되어도 엄숙한 장례식을 치르는 상황이기 때문에 항의하지도 않습니다. 상조 회사들이 이를 교묘히 상술로 이용하는 경향이 많아 주의해야 합니다.

일부 상조 회사들은 장례지도사 혼자서 장례를 치르는 사례도 있어 이 또한 주의해야 합니다. 영세 상조 회사들은 약속과 달리 저가의 상품을 고가로 둔갑시켜 판매합니다. 화학섬유가 많이 섞여 있는 장례용품을 사용하면 환경에도 문제가 있지만, 나중에는 시신이 썩지 않을 수 있어서 주의해야 합니다.

이 때문에 상조 회사 홈페이지를 방문해 조직이나 구성원 등을 파악하고 상조 회사를 고른다면 안전하게 장례 서비스를 받을 수 있을 것입니다.

1장_ 죽음의 선고

1. 사망진단서(사체검안서) 발급

사망진단서는 10부 정도 충분히 준비하세요

　사망의 종류는 병사(病死, 질병으로 죽는 것), 외인사(外因死, 외부적 요인으로 죽는 것), 기타 및 불상 등 크게 3가지로 나뉩니다. 병사는 질병, 노환 때문에 죽는 것으로 자연사 또는 내인사라고 합니다. 외인사는 자살, 타살, 사고사 등 세 가지로 나뉩니다. 사망 장소에 따라 자택, 병원 또는 요양원, 객사(客死)로 분류할 수 있습니다.

　사망 후 장례를 치르기 위해서는 사망진단서가 반드시 필요합니다. 사망진단서는 의사, 치과의사, 한의사만이 발급할 수 있으며, 사망진단서를 교부하려면 △ 의사 자신이 진료하던 환자가 사망했을 경우 △ 진료했던 환자가 마지막으로 진료한 때부터 48시간 이내 사망했을 경우만 가능합니다. 나머지의 경우는 사체검안서를 교부합니다. 의사가 스스로 진찰하지 않았던 사람의 사체를 검사하는 것을 '사체검안서'라고 하며, 법률상 시체검안서라고 표기하죠. 사체검안서는 변사 때와 아닐 때로 구분됩니다. 변사가 아니면 바로 교부가 되지만, 변사가 의심되면 경찰에 변사체를 신고한 뒤 검안(부검)을 한 뒤 발부해야 합니다.

사망진단서는 장례식장, 화장, 매장 등을 비롯해 장례식 이후 사망신고, 보험금 청구, 상속세 정리 등에도 중요한 서류 중 하나로 10부 정도 충분히 준비해두는 것이 좋습니다. 특히 사망보험금 심사 때 사망의 종류와 사인이 기록된 항목은 보험회사에서 기본적으로 살펴봅니다. 사망 원인에 따라 유족들이나 수익자가 받게 되는 보상비용이 달라질 수 있어 사망진단서는 중요하죠. 보험금 신청 때 사고사로 신청했는데, 병사로 사망하게 되면 사인과 맞지 않아 보험금 수령을 못 할 수 있어 주의해야 합니다.

사망진단서는 시신을 검안했던 의사가 근무하는 병원에서만 발급됩니다. 사체검안서는 사망 확인을 받은 병원 응급실 원무과에서 발급합니다. 병원, 자택, 사고, 외인사 등 장소에 따라 절차가 다르죠. 상조 회사의 장례지도사 또는 장례식장 관계자에게 도움을 받으면 좀 더 쉽게 처리할 수 있습니다.

✱ 사망진단서 주요 사용처

용도	제출처	수량	비고
화장/매장용	장사시설(화장시설, 묘지)	1부	원본
장례용	장례식장, 상조회사 등	1부	원본 또는 원본대조필
사망신고용	지방자치단체	1부	원본(1개월 이내 신고)
보험 및 상속	금융거래, 국민연금 가입 유무, 국세·지방세, 자동차·토지 내역 등	1부 이상	원본
기타	직장, 통신사 등	1부 이상	원본 또는 원본대조필

■ 의료법 시행규칙 [별지 제6호서식] 〈개정 2018. 9. 27.〉

사망진단서(시체검안서)

※ [ ]에는 해당되는 곳에 "√"표시를 합니다.

등록번호	연번호	원본 대조필인
① 성　　　명		② 성 별　[ ]남 [ ]여
③ 주민등록번호	④ 실제생년월일　년　월　일	⑤ 직 업
⑥ 주　　　소		
⑦ 발 병 일 시	년　월　일　시　분 (24시간제에 따름)	
⑧ 사 망 일 시	년　월　일　시　분 (24시간제에 따름)	

⑨ 사망 장소	주소	
	장소	[ ] 주택　　　[ ]의료기관　　　　[ ] 사회복지시설(양로원, 고아원 등) [ ] 공공시설(학교, 운동장 등)　　[ ] 도로 [ ] 상업·서비스시설(상점, 호텔 등)　[ ] 산업장 [ ] 농장(논밭, 축사, 양식장 등)　　[ ] 병원 이송 중 사망　[ ] 기타(　　)

⑩ 사망의 원인	(가)	직접 사인		
	(나)	(가)의 원인	발병부터	
※(나)(다)(라)에	(다)	(나)의 원인	사망까지의	
는 (가)와 직접 의학적 인과관	(라)	(다)의 원인	기간	
계가 명확한 것 만을 적습 니다.	(가)부터 (라)까지와 관계없는 그 밖의 신체상황			
	수술의사의 주요소견		수술 연월일	
	해부의사의 주요소견			

⑪ 사망의 종류	[ ] 병사　　[ ] 외인사　　[ ] 기타 및 불상

⑫ 외인사 사항	사고 종류	[ ] 운수(교통) [ ] 중독 [ ] 추락 [ ] 익사　[ ] 화재 [ ] 기타(　)	의도성 여부	[ ] 비의도적 사고　[ ] 자살 [ ] 타살　　　　　[ ] 미상
	사고 발생 일시	년　월　일　시　분 (24시간제에 따름)		
	사고발생 장소	주소		
		장소	[ ] 주택　　　[ ]의료기관　　　　[ ] 사회복지시설(양로원, 고아원 등) [ ] 공공시설(학교, 운동장 등)　　[ ] 도로 [ ] 상업·서비스시설(상점, 호텔 등)　[ ] 산업장 [ ] 농장(논밭, 축사, 양식장 등)　　[ ] 기타(　　　)		

「의료법」 제17조 및 같은 법 시행규칙 제10조에 따라 위와 같이 진단(검안)합니다.

　　　　　　　　　　　　　년　　　월　　　일

　의료기관 명칭 :
　　　주　　소 :

　의사, 치과의사, 한의사 면허번호 제　　　　호
　　　　　　　　　　성　명 :　　　　　　　　(서명 또는 인)

유 의 사 항

　사망신고는 1개월 이내에 관할 구청·시청 또는 읍·면·동사무소에 신고하여야 하며, 지연 신고 및 미신고 시 과태료가 부과됩니다.

① 자택 사망

 자택에서 사망하면, 가까운 병원이나 장례식장에 연락해 구급차로 이송한 후 사체검안서를 병원에서 발급받습니다. 자연사로 사인(死因)이 분명할 때는 바로 장례를 치르면 되지만, 사인이 불분명하다고 판단이 되면 장례를 진행하면 안 됩니다. 바로 경찰을 불러 정확한 사인을 알아본 뒤 장례를 치러도 늦지 않죠. 만약 사인이 불분명한 상태에서 서둘러 장례를 치르면 의심을 받을 우려도 있고, 나중 문제가 있으면 형사처벌까지 받을 수 있다는 점을 알아야 합니다.

② 병원·요양원 사망

 병원에서 사망하면 해당 병원 원무과에서 바로 사망진단서를 발급받아 장례를 진행하면 됩니다. 병원에서 임종을 맞았을 때는 별 문제가 없습니다. 하지만 **요양원과 같은 곳에서 사망했을 때는 자주 다니는 병원 등에 연락해 병사라는 것을 판정받아야 합니다. 이때도 자연사이면 괜찮지만, 의심이 드는 경우 검안을 요청해야 합니다.** 사망진단서가 없으면 장례 진행이 어렵습니다. 장례식장에서 사망진단서를 받은 뒤에만 장례를 진행할 수 있기 때문이죠. 화장 신청 또는 사망 이후 일 처리를 하려면 반드시 사망진단서가 필요합니다.

③ 객사

경찰을 불러 정확한 사인을 파악해야 합니다. 지병으로 사망할 수 있지만, 사고 또는 타살됐을 우려가 있기 때문이죠. 객사했을 때는 경찰이 올 때까지 현장보존을 하는 것이 원칙입니다. 검사지휘서 또는 검사확인서가 발급되어야 시신을 유족에게 인도할 수 있습니다. 이후 병원이나 장례식장으로 이송 후 사체검안서를 발급받으면 됩니다. *객사한 사람이 사회적으로 영향력이 있는 사람이나 타살 우려가 있다면, 유족들은 장례를 서둘러 진행하는 것보다 사인을 정확히 알아보고 난 뒤 장례를 치러야 합니다.*

2. 부검

부검 안 해 생긴 불이익은 유족 책임입니다

사망 원인을 놓고 논란이 있을 수 있습니다. 유족들은 보통 의사의 사체검안으로 사망 원인이 규명된다고 생각합니다. 그러나 이는 사실과 다릅니다. 결론적으로 책임은 유족에게 있죠. 유족은 논란이 있을 가능성에 대비해 부검하는 것이 좋습니다. 우리나라에서는 유족들이 고인의 부검을 기피하는 경향이 높습니다. 고인을 두 번 죽이는 것으로 생각하기 때문이죠. 부검을 않고 사망 당시의 상황이나 과거의 치료 경력 등을 통해 사망 원인을 추정할 수 있어 산재가 인정된 판결도 물론 있습니다. 하지만 부검을 통해 사망 원인을 정확히 파악하는 것이 나중에 분쟁을 최소화할 수 있는 방법입니다. *부검을 않고 장례를 진행하면 산재 인정, 보험금 처리 등이 되지 않을 수 있어 유족들은 잘 판단하고 시신의 부검 여부를 결정해야 합니다.*

• 판례

사망 원인이 분명하지 않아 사망 원인을 둘러싼 다툼이 생길 것으로 예견되는 경우에 망인의 유족이 보험회사 등 상대방에게 사망과 관련한 법적 책임을 묻기 위해서는 먼저 부검을 통해 사망 원인을 명확하게 밝히는 것이 가장 기본적인 증명 과정 중의 하나가 되어야 한다.

그런데 의사의 사체검안만으로 망인의 사망 원인을 밝힐 수 없었음에도 유족의 반대로 부검이 이루어지지 않은 경우, 우리나라에서 유족들이 죽은 자에 대한 예우 등 여러 가지 이유로 부검을 꺼리는 경향이 있긴 하나, 그렇다고 하여 사망 원인을 밝히려는 증명책임을 다하지 못한 유족에게 부검을 통해 사망 원인이 명확히 밝혀진 경우보다 더 유리하게 사망 원인을 추정할 수는 없으므로, 부검을 하지 않음으로써 생긴 불이익은 유족들이 감수하여야 한다(대법원 2010. 9. 30. 선고 2010다 12241 판결).

2장_ 상조 회사

1. 상조 회사 유형

혹시, 후불제 상조회사 들어보셨나요?

임종 후 장례를 치르려면 장례식장 또는 상조 회사의 도움을 받아야 합니다. 물론 집에서 동네 지인들의 도움으로 장례를 치를 수도 있습니다. 하지만 이러한 방식은 거의 사라졌죠. 유족이나 조문객 모두 불편해 지금은 전문 장례식장 또는 병원 장례식장을 이용하는 게 대부분입니다.

병원에서 사망하면 보통 병원 장례식장을 이용합니다. 병원 장례식장에서 상조 서비스까지 한꺼번에 받을 수 있어 편리할 때도 있습니다. 그러나 장례용품 등 상조 서비스를 다른 곳과 꼼꼼히 비교할 수 없는 단점이 있습니다. 이 때문에 보통은 병원 장례식장을 이용하고, 상조 서비스는 따로 상조 회사에 연락해 받는 경우가 많습니다.

2016년 1월 29일부터 장례식장의 시설 사용료 및 용품 가격을 공개하도록 법률에 정해져 있습니다. 사전에 청구되는 장례 서비스 항목을 확인하고 비용을 꼼꼼히 비교·선택해 장례식을 치러야 합니다. *보건복지부 e하늘 장사정보시스템*(www.ehaneul.go.kr)

을 보면 장례정보는 물론 장례식장의 장례비용 등을 자세히 알 수 있습니다.

상조 서비스는 크게 선불제와 후불제로 나뉩니다. 말 그대로 장례를 치를 때 장례비용을 먼저 납부하면 선불제, 장례 이후 납부하면 후불제입니다.

그런데 소비자들은 착각하는 일이 많습니다. 선불제를 보험과 비슷한 방식으로 착각해, 상조 납입금을 일부 납부하다 사망하면 장례비용이 전혀 나오지 않는다고 생각하는 것입니다. 이는 사실이 아닙니다. 전체 총액에서 이전에 냈던 선불제 형식의 금액을 뺀 나머지 비용을 납부해야 합니다. 예를 들어 계약 기간 10년간 월납 3만 원(총 360만 원)으로 계약했지만 1년 납입 후 사망해 장례 서비스를 이용하려면 1년간 낸 36만 원을 뺀 324만 원은 장례 때 일시금으로 내야 합니다. 일반 보험처럼 한 번이라도 낸 뒤 사망하면 나머지를 내지 않아도 전부 받을 수 있는 것은 아닙니다.

선불제 상조 회사의 가장 큰 문제점은 부도 또는 폐업입니다. 상조 회사가 도산, 폐업 시에는 서비스를 받지 못하는 일이 발생할 수 있습니다. 돈으로 환급받으려면 최대 납입 금액의 50%만 가능합니다. 중간 해약 시에도 총납입금 중 납입 회차에 따라 환급률이 다르게 적용되지만 거의 원금을 보장받지 못합니다.

당초 약속했던 것과 달리 상조 회사가 추가 비용을 요구할 수 있다는 점도 주의해야 합니다. 보통 상중(喪中)에는 다툼이 싫어 상조 회사가 요구하는 대로 진행하는 일이 많습니다. 유족들은 분쟁의 소지를 만들지 않으려 하지만, 상조 회사가 약관에 따른 서비스를 하는지 꼼꼼히 살펴볼 필요가 있습니다.

후불제는 장례를 치르고 난 뒤 장례비용을 납부하는 방식입니다. 고인이 사망했을 때 금액에 맞는 장례비용을 선정하면 그 금액만 부담하면 됩니다. 이 때문에 유족들과 상조 회사가 얼굴을 붉힐 필요가 없습니다. 또 미리 상조 납입금을 내지 않기 때문에 상조 회사의 부도로 인한 피해 염려도 없습니다. 후불제 상조 회사는 부도 등에 대한 염려가 없고, 미리 상조 예치금을 내지 않기 때문에 큰 부담이 없는 게 장점이죠.

2. 선불제 상조 회사 현황

선불제 상조회원 총가입자 수는 2019년 9월 말 기준 601만 명으로 2010년 이후 9년 만에 최초로 600만 명을 넘어섰습니다.[3]

등록된 상조업체 수는 86개로 2012년 이후 상조 업체 수는 꾸준히 감소하는 추세이고, 2019년 초 개정 할부거래법상 자본금 증액·재등록 규정 기한이 도래하면서 54개 업체가 감소했습니다.

선불제 상조 회사의 다수 상조상품은 10년간 매월 납입하는 제도이며, 만기 시에는 이자를 지급하지 않고, 원금도 전액 환급해주지 않습니다. 또 계약 기간에 장례를 치르게 되면, 계약금액 중 이미 납부한 금액을 공제한 나머지 금액을 일시 납부해야 장례 서비스를 이용할 수 있습니다.

이에 따라 공정거래위원회는 '내상조 그대로[4]' 서비스를 통해 폐업(등록 취소·말소 포함)한 상조업체 소비자는 자신이 납입한 금액의 50%를 피해보상금으로 돌려받는 대신 기존에 가입했던 상품과 유사한 상조상품을 제공받을 수 있도록 하고 있습니다. 그러나 다른 회사 상품을 이어받은 뒤 그 서비스를 그대로 시행할지는 한 번 생각해봐야 할 문제일 것 같습니다. 폐업한 상조업체의 상품을 그대로 시행한다면 별로 수익이 나지 않을 것이기 때문

---

3) 공정거래위원회 보도자료, 2019년 12월 17일.
4) www.mysangjo.or.kr

입니다. 이 때문에 다른 회사 상품을 이어받은 상조회사는 여러 조건을 붙일 수 있습니다. 이 점 참조하세요.

가입자는 매달 최저 2만 원에서 최고 10만 원까지, 납입 기간도 적게는 60회, 많게는 120회까지 넣고 있습니다.

선수금 규모는 5조5,849억원이며, 선수금 100억 원 이상인 대형업체 50개사의 총 선수금은 5조4,871억 원으로 전체 선수금의 98.2%를 차지했습니다.

3. 선불제 상조 회사 폐해

상조 납입금 돌려받지 못할 수도 있어요

상조 회사의 폐업 또는 등록 취소 등으로 소비자들이 선불로 낸 상조 납입금을 보전받지 못한 것으로 드러나 각별한 주의가 필요합니다. 이 같은 피해를 줄이기 위해 금융위원회, 공정거래위원회, 예치금을 관리하는 예금보험공사까지 협업을 통해 소비자 피해를 최소화하려 노력하고 있습니다.

1) 피해보상금 미지급

2013년 이후 2019년 중반까지 폐업한 상조 회사는 183개사에 달하고, 이로 인한 피해자 23만여 명이 법으로 보장된 보상금 956억 원을 찾아가지 않았습니다. 국회 정무위원회 소속 더불어민주당 김병욱 의원이 공정거래위원회로부터 제출받은 '상조업체 보상 현황' 자료에 따르면 2013년부터 2019년 6월 정도까지 등록 말소나 취소 처분을 당한 경우를 포함해 폐업한 상조 회사는 183개사에 달했습니다[5].

---

[5] 김병욱 의원 보도자료, 2019년 6월 24일.

상조 회사의 폐업으로 인한 피해자는 53만4,576명에 달했고 이들이 납입한 금액의 절반인 보상대상 금액은 3,003억 원으로 집계됐습니다. 소비자들이 실제로 납입한 금액은 6,006억 원이죠. 그런데 이 중 30만3,272명만이 보상금 2,047억 원을 보상받은 것으로 나타났습니다. 보상비율은 금액으로는 68.1%, 보상 건수로는 56.7%밖에 되지 않습니다. 2013년 이후 폐업한 상조업체 피해자 23만1,304명이 자신들이 납입한 선수금의 50%인 보상금 956억 원을 찾아가지 않은 것이죠. 상조 회사의 폐업 사실조차도 알지 못하고 있는 것입니다.

   일부 소비자는 가입한 상조업체의 폐업과 관련한 공지를 제대로 통보받지 못했거나 이를 제대로 확인하지 못해 지레 포기해 납입한 선수금의 절반조차 잊고 지내는 것입니다. 그동안 폐업한 183개 업체 중 보상대상 전원에게 선금을 돌려준 업체는 영세업체 2곳에 불과했습니다.

   지금이라도 가입했던 상조 회사의 재무 현황 등을 살펴보세요!

   2020년 공정거래위원회가 분석한 자료에도 선불 상조회사로 인한 소비자들의 피해사례도 있어 주의를 당부하고 있습니다[6].

   폐업하더라도 가입 고객에게 납입금 전액을 돌려줄 수 있는 곳은 국내 상조업체 81개 가운데 27개(33%)에 그쳤습니다. 회사가

---

6) 중앙일보, 2020.07.02일.

망하면 고객 모두가 납입금을 받을 수 없는 업체도 3곳에 불과합니다.

공정거래위원회는 81개 상조업체가 제출한 2019년도 회계감사보고서를 전수 분석한 결과를 2020년 7월 공개했습니다. 공정위는 2017년부터 소비자 보호 차원에서 상조업체의 회계감사보고서를 분석한 뒤 회사별 회계지표를 공개해왔습니다.

공정위 분석 결과 상조업체 81곳 가운데 청산가정 반환율이 100%를 넘는 업체는 27곳이었습니다. 회사가 폐업해 모든 자산을 청산한다고 해도 가입자에게 납입금 전액(100%)을 돌려줄 수 있다는 뜻입니다.

43개 업체는 청산가정 반환율이 100% 미만이었습니다. 조사대상 상조업체 절반 이상(53.1%)이 폐업하면 가입자에게 납입금 전액을 환급해 줄 여력이 부족하다는 뜻이죠. 이 가운데 3개 업체는 0% 미만으로, 회사가 망하면 가입자 누구도 납입금을 돌려받을 수 없는 곳이었습니다. 고객 선수금 예치금이 5억 원 미만이거나 감사 의견에서 '적정 의견'을 받지 못한 곳은 11개였습니다.

다만 공정위는 "하나의 지표만으로 특정 상조업체의 안정성 등을 판단하는 것은 적절치 않다"며 "청산가정 반환율이 낮을수록 향후 소비자 피해가 발생할 위험이 크다. 소비자는 해약환급금준비율, 영업현금흐름비율 등 다양한 지표를 종합적으로 봐야 한다"고 말했습니다.

상조업체의 평균 해약환급금준비율은 45.2%로 집계됐습니다. 해약환급금준비율은 가입 고객이 상조업체에 환급을 요청했을 때 업체가 환급해 줄 수 있는 여력을 나타냅니다. 해약환급금준비율이 45%라는 것은 고객 중 45%가 한꺼번에 환급을 요청해도 업체에 환급할 돈이 남아 있다는 의미죠.

할부거래법(할부거래에 관한 법률)은 상조업체(선불제 할부거래업자)에 대해 상조회원으로부터 미리 받은 납입금(선수금) 50%를 공제조합과 공제계약 등으로 의무적으로 보전하도록 하고, 상조업체가 폐업 또는 등록이 취소될 경우 보전한 금액을 보상금으로 지급하도록 규정하고 있습니다.

하지만 상조 회사가 부도나면 그 피해는 회원들에게 고스란히 돌아갑니다. 소비자들에게 가장 안전한 방식은 상조 회사가 은행의 지급보증을 계약하는 것입니다. 그렇지만 국내 상조업체 가운데 은행과 지급보증계약을 체결한 곳은 많지 않습니다. 더욱이 상조 회사는 대부분 공제조합의 가입자 수를 축소 신고하는 방식으로 편법을 동원해서 예치율 비율을 지키지 않습니다.

공제조합 가입이나 은행 예치로 넣어둔 선수금이 상조업체 폐업 시 제대로 소비자들에게 돌아가지 못하는 경우가 많습니다. 상당수 업체가 공제조합을 통해 선수금을 보전하고 있다고 하지만, 실제 보전이 제대로 되고 있는지 확인하기 어려운 것도 문제점이죠.

2) 운영상 문제점

　상조 관련 시장 규모는 커졌지만, 상조 회사의 운영상 문제점은 심각합니다. 특히 선불제 상조 회사의 폐단은 심합니다. 후불제 상조 회사는 장례를 치르고 비용을 정산하기 때문에 큰 문제가 발생하지 않습니다. 그러나 선불제 상조 회사는 미리 돈을 받고 나중에 부도가 나거나 심지어 대표가 사라지는 일까지 발생합니다. 실제 상조 회사 대표 A 씨는 2016년 스스로 목숨을 끊었습니다. 그는 배임·횡령 등의 혐의로 경찰 출두를 앞두고 자살한 것으로 알려졌습니다. A 씨가 운영하는 회사는 2003년 설립한 이후 회원들로부터 900여억 원을 회비로 걷어 한때 국내 10대 상조 회사에 속하기도 했습니다. 그러나 소비자 피해 보상을 위해 최소 450여억 원이 있어야 하지만, 100억여 원도 남지 않아 피해자들은 원금조차 보상받지 못했습니다.

　자신의 돈인 양 선수금을 임의대로 써버리는 상조 회사들까지도 적발되고 있죠. 회사 대표의 배임과 횡령 부분은 물론 무책임한 경영 등으로 부실상조가 계속 양산되는 상황입니다.

　또 일부 상조 회사에서는 사은품인 것처럼 고가의 상품을 끼워 팔기도 하면서 소비자들을 현혹하고 있습니다. 기존 상조 회사끼리 가입자 유치경쟁이 심해지자 일종의 불완전 영업도 기승을 부리고 있죠. 일부 상조 회사는 장례뿐 아니라 여행업, 혼례 등 다양한 방식으로 사업영역을 확장해 상조 회사의 문제점을 피해가고 있습니다.

이 때문에 상조 회사 관련 민원이 끊이지 않고 있습니다. 한국소비자원에 접수된 상조 서비스 관련 민원상담 건수가 매년 1만 건이 넘습니다.

3) 소비자 피해 방지 대책

소비자들은 우선 공정거래위원회 홈페이지를 통해 상조 회사의 경영현황을 파악해 보는 것이 중요합니다. 공정위 정보공개란 → 사업자정보공개 → 선불제할부거래사업자로 들어가 경영현황을 파악해야 합니다. 선불제 할부계약을 체결할 때에는 해당 회사의 선수금 보전비율 준수 여부 및 지급여력 비율을 중점적으로 봐야 합니다.

또 장례 행사 시 추가 요금을 청구하는 일도 있어 유의해야 합니다. 가입하지도 않은 상조업체로부터 연락이 오는 경우 상조와 관련한 개인 정보를 적법하게 취득했는지를 반드시 확인할 필요가 있습니다.

상조 상품과 일반 상품(가전제품, 안마 의자 등)을 결합해 판매하는 사례도 있어 구매 시 소비자의 주의가 필요합니다. 상조 상품과 일반 상품이 결합된 상품을 구매할 때, 상품별 판매 대금을 확인하고 계약서를 구분해 작성하는지도 확인해야 합니다.

특히 중도 해지 시 납입한 상조 회비에 대한 해약 환급금이 전혀 없을 수 있으며, 함께 구매한 일반 상품의 잔여 대금은 해약 후에도 추가로 내야 하는 경우가 있다면서 공정위는 주의를 당부하고 있습니다. 공정위의 주의 지적을 넘어 상조 회사로 인한 피해를 근본적으로 차단해야 한다는 지적도 있습니다. 상조 회사가 소비자들로부터 받는 상조 예치금은 예금도 아니고 보험도 아닙니다. 소비자 피해가 급증하고 있지만, 상조 회사를 관리·감독하는 정부기관이 모호한 것은 이 때문이죠. 현재 상조 회사와 관련된 민원은 공정거래위원회에서 처리하고 있습니다. 공정위는 공정위대로 상조 회사가 자본잠식으로 폐업하는 것은 일종의 보험 성격인데, 재무건전성 감독은 금감원이 나서야 하는 것 아니냐고 맞서고 있는 상황입니다. 이에 따라 금융위원회, 공정거래위원회, 예치금을 관리하는 예금보험공사까지 협업을 통해 소비자 피해를 최소화해야 한다는 지적이 나오고 있는 것이죠.

상조 산업의 꾸준한 성장에도 불구하고 크고 작은 고객피해가 이어지고 있어 장례를 치르고 난 뒤 후불로 장례비용을 지급하는 후불제 상조가 피해를 줄일 수 있는 대안이라는 주장도 있습니다. 매월 일정 금액을 할부로 납부하는 선불 방식의 상조와 달리, 후불제 상조는 최초 계약금이나 월 납입금 없이 장례 종료 후 일시에 비용을 지불하는 방식이기 때문입니다.

4) 소비자 유의사항 10계명[7]

공정거래위원회가 제시한 선불제 상조 서비스를 가입할 때 주의해야 할 유의사항입니다.

① 선불제 할부거래업 등록 여부를 확인해야 합니다. 소비자는 가입하려고 하는 상조 회사가 관할 자치단체에 선불식 할부거래업 등록을 마친 업체인지 반드시 확인해야 합니다. 개별 상조 회사의 등록 여부는 공정위 누리집에서 확인 가능합니다.(http://www.ftc.go.kr → 정보공개 → 사업자정보 → 선불제 할부거래사업자)

② 상조 회사의 재무정보 및 선수금 보전비율(50%)을 확인해야 합니다. 선수금 내역, 자산 및 부채 등에 관한 정보를 확인해야 하며, 법정 선수금 보전비율(50%)을 준수하고 있는지 확인해야 합니다.

③ 상조 회사의 부도 · 폐업 시 피해보상금 수령방법을 확인해야 합니다. 자신이 가입한 상조 회사와 선수금 보전계약을 체결

---

[7] 2019년 12월 17일, 공정거래위원회 보도자료.

한 기관을 확인하고 부도·폐업 등 발생 시 해당 기관에 연락해 피해보상금 수령방법을 통지받을 필요가 있습니다. 평소 상조계약서, 피해보상증서 등 피해보상금 수령에 필요한 서류들을 잘 챙겨두어 예기치 못한 부도·폐업에 대비해야 합니다.

• 소비자피해보상금 수령 관련 확인사항

- 공정위 누리집*에서 가입한 상조업체의 선수금 보전기관(은행명, 연락처 등)을 확인
- 공제조합의 경우 누리집**상에서 납입내역 조회를 통해 검색 가능하며, 은행 예치 또는 지급보증의 경우 전화로 확인 가능.

* 공정거래위원회 누리집(www.ftc.go.kr) 〉 정보공개 〉 사업자정보공개 〉 선불식 할부거래업자 에서 상조업체 검색으로 피해보상금 지급기관명 및 연락처 검색 가능
** 한국상조공제조합(www.kmaca.or.kr) 〉 보증서조회/발급
  상조보증공제조합(www.ksmac.or.kr) 〉 공제번호통지서 조회

④ 계약서 및 약관 내용을 확인해야 합니다. 가입한 회사가 흡수합병 되는 경우, 합병사항에 대한 업체의 공고8)를 잘 확인하고, 합병 후 본인의 계약사항이 잘 이전되었는지에 대한 내용도 확인해야 합니다. 계약해지 시 환급금, 서비스 제공 내용 중 추가요금 요구 유무와 관(棺), 수의(壽衣) 등 장례용품의 품질 확인이 필요합니다. 공정위의 표준약관을 준수하고 있는지 확인해야 하며, 판매사원 등 모집인의 허위·과장 광고 행위를 주의해야 합니다.

⑤ 대금환급, 위약금, 서비스 이행과 관련된 불만 발생 시 소비자상담센터 상담 및 피해구제를 신청할 수 있습니다.

⑥ 상조 상품과 일반 상품(가전제품, 안마의자, 회원권 등)을 결합해 판매하는 경우가 있어 구매 시 소비자의 주의가 필요합니다. 결합 상품 구매 시 상품별 판매대금을 확인하고 상조 서비스 계약서와 별도로 일반 상품에 대한 계약서를 구분해서 작성하는지 여부도 확인해야 합니다. 계약서상 회차별 상조 상품과 일반 상품 각각의 납입 대금, 해약환급금 등 계약조건을 꼼꼼히 확인할 필요가 있습니다. 특히, 해당 상품의 중도

---

8) 합병하는 경우, 할부거래법 제22조에 따라 선불제할부거래업자는 대통령령에서 정하는 날부터 14일 이내에 합병에 대한 사항을 공고해야 한다.

해지 시 납입한 상조 회비에 대한 해약환급금이 없을 수 있으며, 함께 구매한 일반 상품의 잔여 대금은 해약 후에도 추가로 납입하는 경우가 있어 주의가 요구됩니다.

⑦ '만기 시 100% 돌려준다' 라고 광고하는 상조상품 중에는 납입이 완료되는 시점인 만기에서 상당 기간 경과해야만 100% 환급이 가능하다는 경우가 있어 주의가 필요합니다. 소비자들이 상품 가입 시 모집인의 설명 또는 광고의 일부만으로 계약 내용을 이해하고 '만기 후 일정 기간의 경과' 가 아니라 '만기 직후' 부터 납입금 전액을 환급받을 수 있다고 오해할 수 있습니다.

⑧ 가입 상품이 선수금 보전 대상에 해당하는지 여부를 확인해야 합니다. 할부거래법의 적용을 받는 선불제 할부계약이란 장례 또는 혼례를 위한 용역 제공과 관련된 대금을 받는 계약을 말합니다. 따라서 여행, 줄기세포 보관, 어학연수 등을 위한 대금 납부 및 결합 상품(가전제품, 안마의자, 회원권 등)은 선수금 보전 대상에서 제외됨을 유의해야 합니다. 가전제품 납입금은 법적인 보호를 받지 못하기 때문에, 상조 회사가 만기 전에 폐업하면 상조 납입금의 절반밖에 보상받지 못하며, 심지어 남은 가전제품 가액에 대한 추심까지 발생할 수 있어 주의가 필요합니다.

⑨ '내상조 찾아줘' 누리집(www.mysangjo.or.kr)에서 자신이 가입한 상조업체의 영업 상태 및 선수금 보전 현황을 수시로 확인할 수 있습니다.

⑩ 상조 회사 폐업 등으로 피해가 발생하는 경우 '내상조 그대로' 서비스를 이용할 수 있습니다.

4. 상조 회사 선택 요령

뒷돈 요구하면, 그 업체랑 거래하지 마세요

가족 중 한 사람이 목숨을 잃으면 유족들은 대부분 상조 회사의 도움을 받습니다. 특히 핵가족 사회가 되면서 상조 회사 장례 서비스를 받는 사례가 급증하고 있죠. 상조 서비스의 수요가 증가하면서 상조 회사도 우후죽순처럼 생겨나고 있습니다. 그러나 일부 상조 회사들의 부실과 경영 부조리로 인해 가입자들의 민원도 갈수록 늘어나고 있습니다. 상조 회사의 부도, 대표의 횡령 등으로 계약과 달리 서비스를 제대로 받지 못하거나, 선불로 낸 상조 납입금도 돌려받지 못하는 사례가 속출하고 있는 것이죠. 올바른 상조 회사 선택은 유족들에게 중요한 일입니다.

상조 회사는 장례 관련 모든 서비스를 전문가들을 통해 진행합니다. 장례도우미 파견, 장례용품 제공, 장례 차량 제공 등이 주요 서비스입니다. 장례식장과 화장장 등도 대신 잡아줍니다. 상조 회사를 이용하면 좀 더 저렴하게 장례를 치를 수 있습니다. 상조 회사 서비스가 계약대로 잘 이행된다면, 유족들은 장례 절차에 관한 고민은 하지 않아도 되고, 고인을 추모하는 데 집중할 수 있어 좋습니다.

제대로 된 상조 회사를 선택하는 요령은 무엇일까요?

우선 안정적이며 질 좋은 서비스를 갖춘 곳을 선택해야 합니다. 재무구조가 튼튼하고 전국적으로 서비스를 갖추고 있는 곳이 좋습니다. 상조 회사 상당수가 부실경영으로 어려움을 겪고 있고, 일부 선불제 상조 회사의 부도와 폐업 등으로 고객들이 납입금을 전액 돌려받지 못할 수 있어 가입 시 주의가 필요합니다. 일부 상조 회사는 1~2명으로 운영하는 곳도 있어 제대로 된 상조 회사를 골라야 장례 진행절차에 차질이 없습니다.

상조 회사 제공 서비스 품목도 꼼꼼히 살펴봐야 합니다. 대부분 50~60가지의 장례용품을 제공합니다. 서비스를 맺은 상품과 달리 추가로 돈을 요구하는지 잘 살펴야 합니다. 그런데 **유족들은 상조 회사 장례 서비스 비용이 장례식장 시설사용료까지 포함되는 것으로 착각합니다. 장례식장 시설사용료는 따로 장례식장에 추가로 내야 하고, 조문객 접대를 위한 음식값도 장례식장이 따로 받습니다.** 장례도우미는 상조 서비스 비용에 따라 음식도우미 숫자가 3~10여 명까지 차이가 있습니다. 장례지도사와 염습보조는 상조회비에 포함됩니다.

선불제 상조 회사는 회원으로 가입하면서 서비스 상품이 이미 정해져 있지만, 후불제 상조 회사는 장례를 치를 때 바로 상조 서비스 물품을 결정하면 됩니다. 후불제 상조 회사는 선불제 상조 회사와 달리 장례와 직접 관련되는 상품만 서비스하기 때문에 비용 부담이 덜할 수 있습니다.

일부 선불제 상조 회사들은 과열 경쟁으로 각종 사은품을 내걸며 광고를 하고 있어, 장례 외에 불필요한 비용이 지불될 수 있다는 것을 유의해야 합니다. 결합상품은 할부금을 전부 낼 때까지 해지할 수 없다는 점도 알아두세요. 일부 선불제 상조 회사에서는 사전 계약된 품목과 다른 상조물품을 주거나 추가로 돈을 요구할 수 있으니, 이 점 또한 주의해야 합니다. 가장 중요한 것은 수의와 관, 상복입니다. 장례를 치를 때 계약대로 준수하는지 주의 깊게 봐야 합니다.

이외에도 뒷돈을 요구하는 일도 있어 사전에 꼼꼼히 체크할 필요가 있습니다. 예전에는 장례를 진행하면서 뒷돈을 요구한 경우가 많았습니다. 장례지도사가 염을 하면서 "저승길 노잣돈이 필요하다."라고 요구했었습니다. 그렇지만 요즘 대부분 상조 회사는 뒷돈을 요구하지 않습니다. 뒷돈을 요구하는지 상조 회사에 이런 부분을 미리 확인하세요. 뒷돈을 요구하는 상조업체와는 거래하지 않는 것이 좋습니다. 상조회사에서 장례지도사들에게 충분히 보상을 해주지 않기 때문에 뒷돈을 요구하는 것입니다. 부실한 회사라는 증거이겠죠.

3장_ 장례식장

조문객 방문이 쉬운 장소가 좋습니다

장례식장은 유족이 조문객들을 받을 수 있고, 고인의 장례를 치를 수 있도록 돕는 장소입니다. 예전에 장례는 집에서 주로 치렀지만, 이제는 장례식장을 거의 이용하죠.

유족들이 평소 아는 장례식장이 있다면, 그곳을 이용해도 되지만 대부분 알지 못합니다. 이 때문에 유족이나 고인이 주로 거주했던 곳 근처 장례식장을 이용합니다. *장례식장은 유족이 장례를 치르기 편리하고, 조문객들 방문이 쉬운 곳을 선택하는 것이 좋습니다.* 아무래도 조문객들을 받으려면 교통이 편리한 곳이 나을 수 있겠죠.

유족들이 장례식장에서 임대하는 것은 빈소와 고인 안치 시설, 염습실, 발인실 등입니다. 수의, 상복, 음식도우미, 장의용 차량 제공 등 각종 장례 서비스는 상조 회사에서 주로 맡습니다. 물론 유족들이 원한다면 장례식장에서 장소 제공은 물론 장례 서비스까지 다 한꺼번에 맡아서 합니다.

유족들은 장례식장을 고르기 전에 이용 편리성 및 장례 서비스 등을 꼼꼼히 체크하는 것이 좋습니다.

먼저 이용 편리성입니다.

조문하기 좋은 곳이 가장 좋지만, 재정적 문제도 함께 고려해야 합니다. 예상 조문객 수를 충분히 예측한 뒤 빈소의 규모를 정해야 실속 있는 장례를 치를 수 있습니다. 과시를 위해 분수에 맞지 않게 장례식장의 규모를 턱없이 큰 곳으로 정하거나 음식값이 터무니없이 비싼 곳을 선택하면 손해가 클 수 있습니다. 반대로 너무 빈소가 적은 곳을 선택하면 조문객들이 불편할 수 있어 장례식장의 규모를 적절히 선택하는 것도 장례를 잘 치르는 요령입니다.

다음으로 장례 서비스의 질과 가격 문제입니다.

장례식장과 상조 회사의 장례 서비스를 서로 비교하는 것이 좋습니다. 장례식장이 제공하는 장례용품 등의 가격은 상조 회사에서 제공하는 가격과 차이가 있을 수 있습니다.

전국 장례식장의 빈소 사용료와 장례용품 가격, 음식비용 등은 보건복지부 e하늘장사정보시스템(http://www.ehaneul.go.kr)에 자세히 나와 있으니 참조하면 됩니다.

이 정보와 상조 회사 장례 서비스 가격과 비교해 저렴한 곳으로 선택하면 됩니다. 단, 공개된 가격일지라도 실제 가격하고는 다소 차이가 있을 수 있으니 반드시 장례식장 또는 상조 회사에 문의하는 것 잊지 마세요. 일부 고급 장례식장은 음식비용과 빈소 사용료가 비싸, 유족들이 사전에 물품값을 충분히 파악한 뒤 장례에 임한다면 장례비용을 줄일 수 있을 것입니다.

4장_ 장례용품

1. 관(棺)

관은 저렴해도 상관없습니다

요즘은 장례 방식으로 화장(火葬)이 80~90%를 차지합니다. 이 때문에 예전과 비교해 관의 중요성이 다소 감소했습니다. 그러나 사용 용도에 따라 어떤 관을 선택할 것인가는 중요합니다.

관은 예부터 만든 재료에 따라 목관(木棺)·석관(石棺)·옹관(甕棺)·도관(陶棺)·와관(瓦棺) 등으로 나뉘지만, 목관을 많이 사용합니다. 목관은 나무 종류에 따라 오동나무관, 소나무관, 향나무관 등이 있습니다. 가격은 향나무관, 소나무관, 오동나무관 순으로 비쌉니다.

사람들이 가장 많이 사용하는 오동나무관은 수령이 10~15년 된 나무를 사용하며, 습기에 강하고 가벼우며 세균들의 침투를 막아주는 것이 특징입니다.

소나무관은 원목 자체의 향이 은은하며 감촉이 부드럽습니다. 내구성이 강하고 가공이 쉬우며 벌레가 들어오는 것을 막아줍니다.

향나무관은 방습과 방충 퇴치 효과가 있으며 원목의 수명이 길어서 내구성이 강합니다. 70~100년 된 장목을 사용하는 고급관으로 수령(樹齡)에 따라 가격 차이가 있습니다.

　저가의 상품에 오동나무를 쓰고, 고가의 상품에는 향나무를 주로 씁니다. 우리나라에서 관목으로 유통되고 있는 원목들은 대부분 중국 등 외국산이며, 국산 원목을 쓰는 경우는 거의 없습니다.

　형태에 따른 분류는 1단, 2단으로 나뉩니다. 관 윗부분 판재의 가공형태를 두고 분류한 것이죠. 그냥 밋밋한 판자 형태의 한 겹인 것은 1단 평관(平棺)이라고 하며, 원판을 두 겹으로 하고 계단처럼 장식한 것을 2단관(二段棺)이라 합니다. 1단관 보다 2단관이 더 비쌉니다. 1단 관은 완전 사각이고 2단 관은 관 상단 양쪽 모서리에 각을 주어 관 위에 일종의 지붕을 씌운 것으로 1단보다 조금 더 고급스럽게 보입니다.

　관 두께에 따른 분류는 반치(1.6cm~1.8cm), 1치(3cm), 1.5치(4.5cm), 2치(6cm)로 규격화되어 있습니다. 화장용관은 대부분 오동나무 1단으로 두께는 반치(1.6cm~1.8cm)를 사용하며 1치(3cm)를 쓰기도 합니다.

　관목의 종류가 같다면, 두께에 따라 가격이 달라집니다. 당연히 더 굵은 관이 고급이겠죠. 유족들은 고인을 생각하는 마음에서 두꺼운 관을 쓰고 싶어 하는데 사실은 얇은 관이 실용적입니다. 화장해야 하는데 관이 두꺼우면 고인 이동 시 무게도 많이 나가고 화장용 화력만 더 쓰게 됩니다. 매장용 관은 오동나무 1단 1치나 1.5치를 주로 사용합니다. 좀 더 비싼 관으로 소나무관이나 향나무관을 사용합니다.

 관은 관장(棺葬), 탈관(脫棺), 화장(火葬) 등 장사(葬事)하는 풍습에 따라 달리 써야 합니다. 이중 관장(棺葬)은 고인의 시신을 관 안에 모신 채로 매장하는 것입니다. 관장을 하면 관에서 오랫동안 고인의 시신을 보호해야 해 가급적 방수와 방충 효과가 뛰어난 목재로 만든 관을 두껍게 쓰는 것이 좋습니다. 관장할 때는 관목(棺木)의 두께를 1.5치(약 4.5cm) 이상으로 두껍게 쓰는 것이 보통입니다. 탈관이나 화장할 때에는 두꺼운 관을 쓸 필요가 없습니다.

2. 수의(壽衣)

생전에 즐겨 입던 옷, 수의로 활용하세요

수의 사용 역사를 보면, 삼국시대 왕족들의 무덤에는 시신이 화려한 장신구와 함께 장례 때 잘 입은 옷이 많이 발견됩니다. 그러나 일반 백성 무덤은 어떤 상황인지 알 수가 없습니다.

조선시대에 들어와 유교의 영향으로 매장이 일반화되면서 염습 후 삼베로 만든 수의를 입히는 것이 보편화 되었습니다. 조선시대 중기까지는 평상시 입던 의복이나 혹은 새로 장만한 의복을 수의로 사용했고, 후기로 오면서 형태나 크기로 보아 염습의 용도로 수의를 만들었던 것으로 보입니다. 양반들은 관복(官服)을, 선비들은 심의(深衣·유학자들이 입던 겉옷)를, 서민들은 원삼(圓衫) 등의 혼례복을 수의로 사용했습니다.

최근 장례가 매장보다는 화장을 선호하면서 납골당 등에 모시는 사례가 많아짐에 따라 수의 사용에도 변화가 생겼습니다. 장례 방법에 따라 수의를 선택하는 것이 달라진 것입니다. 매장일 경우는 흙과 함께 잘 분해될 수 있는 재질의 수의가 좋습니다. 수의 옷감은 빨리 썩는 것이 좋다고 해 모시나 삼베를 많이 사용합니다. 이는 매장보다 화장이 더 많은 비중을 차지하고, 대부분 장례를 병원이나 장례식장에서 치르는 장례 제도 변화와도 관련이 있습니다.

특히 삼베가 수의의 재료로 많이 쓰입니다. 삼베에는 강력한 항균·항취 기능과 흡수력이 있습니다. 삼베로 수의를 만들어 입히고 매장하면, 땅속에서도 썩지 않고 그대로 건조, 밀착되는 특징이 있습니다. 삼베가 가지고 있는 성분 및 향이 들짐승과 벌레들을 막아줘 삼베 수의를 선호했습니다.

수의는 돌아가신 분에게 드리는 가장 좋은 옷입니다. 예전에는 비단 등 고급 소재로 수의를 사용했습니다. 이 때문에 수의 가격이 터무니없이 비싸 사회적 문제가 되기도 합니다.

최근 들어 매장이 아닌 여러 형태의 장례를 치르는 경우가 늘고 있어 수의도 다양해지고 있습니다. 수의는 그리 비싸지 않아도 됩니다. 화장의 경우 빈소에서 화장지까지만 잠깐 고인에게 입히고 없어지는 옷이므로 재질은 크게 상관이 없습니다. 비싼 수의를 고인에게 입히고 싶은 것이 유족들의 희망이겠지만, 실용적 측면에서는 효율적이지 않습니다.

지금 시중에 유통되고 있는 삼베 수의는 대부분 중국산입니다. 고인에게 수의를 입히는 염(殮)의 과정을 거치면 관에 고인을 모시고 못질을 해 고정하고, 매장힐 때를 제외히고 화장을 하게 되면 다 타서 없어지고 고인의 유골 뼈만 남게 됩니다.

수의는 매장 시 썩지 않는 합성섬유만 아니면 크게 상관이 없으므로 가능한 저렴한 제품을 선택하는 것이 좋습니다. 굳이 수의의 재질을 확인하고 싶다면, 수의 일부를 잘라 태워보면 됩니다. 검은 연기가 나거나 나일론 타는 냄새가 나면 합성섬유라고 볼 수 있습니다.

일부 상조 회사는 수의의 재질을 표시하지 않고 그냥 고급수의로 사용하라는 이야기를 늘어놓기도 합니다. 고가의 제품을 선택했더라도 구입자가 전문가가 아닌 이상 재질 등을 일일이 확인하는 것이 어려워 믿고 맡기는 수밖에 없습니다.

수의는 고인이 되기 전에 보통 윤달이 든 해에 미리 장만했었죠. 미처 만들지 못했다면, 임종하고 곧바로 유족들이 바로 베를 사다가 상갓집에서 염(殮)을 하기 전까지 만들었습니다. 부모의 환갑·진갑이 가까워지면 가정형편에 따라 수의를 지어두기도 했지만, 요즘은 미리 수의를 만드는 사람은 거의 없습니다. 장례에서 수의가 차지하고 있는 비중이 점점 낮아지고 있는 셈이죠. 수의를 가정에서 직접 바느질해 준비하던 풍습도 점차 사라지고 있습니다.

수의는 고인의 사체를 옷으로 가리고 감쌈으로써 뒤틀리거나 부패하지 않게 하고, 아름답게 꾸미는 것이 목적이었습니다. 흔히 수의 선물은 효도 선물이라고 합니다. 그러나 비싼 수의를 무리해 구매하는 것보다 부모님 살아생전에 자식의 도리를 다하는 것이 더 효도입니다.

5장_ 장례

1. 일자별 장례 절차

현대 장례는 보통 3일 장을 기본으로 합니다. 장례 1일 차에는 빈소를 설치하고 2일 차에는 염습, 입관 절차 등이 진행됩니다. 3일 차에는 발인이 이루어지며, 화장 또는 매장합니다.

1) 1일 차

임종 → 운구 → 수시(收屍) → 빈소 설치 → 부고(訃告) → 제사상 순으로 진행합니다.

임종하면 사망진단서 또는 시체검안서를 발급받아 장례를 준비합니다. 다음으로 수시를 하는데 수시는 시신의 머리와 팔다리를 바르게 하는 것을 말합니다. 이어 형편에 맞게 빈소를 선택하고 문상객 접대를 위한 접객용품과 수의 및 관 등 장례용품을 선택합니다. 화장 시 인터넷 e-하늘장사정보(www.ehaneul.go.kr)에 접속해 화장예약을 해야 합니다. 화장예약은 서둘러야 장례에 차질이 없습니다. 장례지도사가 할 수 있지만, 유족들도 어렵지 않게 할 수 있습니다. 원하는 시간에 화장을 하고 싶다면, 유족 중 한 명이 e-하늘장사정보에 들어가 예약하면 됩니다.

2) 2일 차

염습(殮襲) → 반함(飯含·생략 가능) → 입관(入棺) → 성복(成服) → 성복제(종교별 행사)

둘째 날에는 고인을 정결하게 씻기거나 소독해 수의를 입히는 염습을 합니다. 이어 반함을 하는데, 반함은 고인의 입에 불린 쌀을 채우는 일로 상주가 진행하되 원하는 유족은 고인에게 반함할 수 있습니다. 반함은 생략 가능하며, 요즘 잘 하지 않습니다. 입관은 고인을 관에 모시는 것을 말하며, 입관이 끝나면 관보를 덮고 명정을 발이 있는 쪽에 세웁니다.

성복은 입관 후 정식으로 상복을 입는다는 뜻으로, 상복을 입는 기간은 장일까지 하되 상주와 상제(고인의 배우자, 직계비속)는 탈상까지입니다. 요즘은 전통 상복인 굴건 제복을 입지 않고 남자는 검은 양복에 무늬 없는 흰색의 와이셔츠를 입고 검은 넥타이를 매며, 여자는 흰색 치마저고리를 입고 흰색 버선과 고무신을 신습니다. 집안의 생활양식에 따라 여자 상제들이 검은색 양장을 하기도 합니다. 이때는 양말이나 구두도 검은색으로 통일하는 것이 좋습니다. 성복을 한 후에는 외인의 문상을 받습니다.

성복제는 상복으로 갈아입고 제사음식을 차리거나 종교별 행사를 진행하는 행사입니다. 기독교에서는 입관 예배, 천주교에서는 미사 등 종교 예배 행사를 가집니다.

3) 3일 차

- 화장 시 : 발인식 → 운구(運柩) → 화장장 → 분골 → 봉안당이나 가족 봉안묘 또는 자연장에 안치
- 매장 시 : 발인식 → 운구(運柩) → 노제(路祭) → 하관(下棺) → 봉분제(평토제)

발인식은 관(棺)이 집 또는 장례식장을 떠나는 절차입니다. 관을 이동할 때는 항상 머리 쪽이 먼저 나가야 하며(천주교의 경우 발이 먼저 나가는 경우도 있습니다), 발인에 앞서 간단히 발인제를 올리기도 합니다. 식은 개식, 상주 및 상제들의 분향, 고인의 약력 소개, 조객 분향, 폐식의 순으로 합니다. 식순에 조사나 호상 인사를 넣을 수도 있습니다. 상가의 뜰에서 지내는 것이 원칙이나 요즘은 실내에서 지내기도 합니다.

고인이 사회적인 존경을 받고 덕망이 높은 사람이면 발인제를 지낸 후 자리를 옮겨 따로 영결식을 지냅니다. 영결식은 보통 사회자의 개식사, 약력 보고, 조사, 조가, 분향(상주 유족 조객의 순), 폐식사의 순으로 진행합니다. 영결식은 고인의 신분에 따라 가족장, 단체장, 사회장 등으로 합니다.

발인제가 끝난 후 관을 장지 또는 화장시설까지 영구차나 상여로 운반하는 운구를 합니다.

비석은 묘의 주인이 누구인지를 밝혀 주는 표지입니다. 비석 돌로는 단단하고 잘 다듬어진 반들반들한 돌이 비바람에 잘 견디고 좋습니다. 오석(烏石)이 가장 좋고 다음이 황등석(黃登石), 애석(艾石) 등이지만 보통 화강암을 많이 씁니다. 비석의 앞면에는 「○○(직함) ○○(본관) ○○○(성명)의 묘」라 새기고, 뒷면에는 간단한 비문과 후손들의 이름을 새깁니다. 합장할 경우는 두 분을 나란히 적습니다. 비석을 세우는 시기는 되도록 빠를수록 좋습니다. 장례날에 부탁해 첫 성묘를 하는 날(삼우날)에 세우거나 그렇지 못할 때는 청명, 한식, 추석 성묘 때 하도록 합니다.

매장으로 했다면, 개인이나 가족묘지는 매장지 관할 지방자치단체장에게 신고하며 법인, 공설묘지는 관리사무소에서 매장신고 및 분표 설치 신고를 대행하기도 합니다. 이후 사망신고와 기타 보험금 청구 및 유족연금 상실 신고를 하면 됩니다.

2. 부고 알림

　임종 직후 장례식장 또는 상조 회사의 서비스를 받기로 했다면, 가장 먼저 해야 할 일은 부고를 알리고 화장(火葬)할 경우 화장신고서를 신속하게 작성해야 합니다.

　요즘 삼일장이 대부분이기 때문에 고인이 밤에 사망했을 때는 빨리 지인들에게 알려야 장례식장에 찾아올 수 있습니다. 부고 알림은 보통 부고 문자 발송한 곳에 맡기거나 본인이 직접 하면 됩니다. 요즘은 SNS 이용이 쉬워 유족들이 페이스북이나 단체 카카오톡, 네이버 밴드 등에 올려놓는 걸 종종 볼 수 있습니다.

3. 종교별 장례 절차

1) 천주교식

천주교식 장례는 가톨릭의 관례로 되어 있는 「성교예규(聖敎禮規)」에 따라 실시합니다. 가톨릭 정신에 어긋나지 않는 범위 내에서 우리나라 풍습과 상례 의식을 병행합니다. 환자가 임종이 다가오면 의식이 남아있을 때 신부(神父)에게 연락해 성사(聖事)를 받습니다. 천주교식 상례 절차는 다음과 같습니다.

① **병자성사**(病者聖事)

병자가 마지막 숨을 거둘 때 하는 천주교식 상례 의식입니다. 위급한 환자의 고통을 덜어주고 회개를 통해 건강의 회복을 기원하며 주님께 구원을 맡기기 위해 드리는 성사입니다. 이 성사는 병자를 위로하고 하느님께 신뢰를 주며, 참회를 통해 건강이 회복되도록 돕습니다. 죽기 전 한 번만 받을 수 있다고 해 '종부성사(終傅聖事)'라고 하죠.
그러나 병중에 있을 때 횟수에 상관없이 사제에게 청할 수 있도록 하면서 병자성사(病者聖事)로 용어가 바뀌었습니다. 병자성사 전 가족들은 환자의 얼굴, 눈, 코, 귀, 입, 손, 발 등을 깨끗이 씻기고 준비한 옷으로 갈아입힙니다. 신부가 도착하면 촛대에 불을 밝힌 다음 신부와 환자만 남기고 다른 사람들은 모두 물러나는데, 이는 고해성사가 있기 때문입니다. 병자성사는 신부 없이 진행할 수도 있습니다. 이때에는 주위에 있는 사람들이 환자를 위로하고 격려하는 말을 해주고 성서(聖書) 가운데 거룩한 구절을 골라 읽어줍니다.

② **운명**(運命)

임종이 다가오면 임종경(臨終經)을 읽으며 그 영혼을 위해 기도합니다. 염경(念經)은 숨이 그친 뒤에도 잠시 계속하는 것이 좋습니다. 환자가 숨을 거둘 때 큰소리로 통곡을 하거나 흐느끼지 않아야 합니다. 떠나는 사람의 마음을 편안하게 해주기 위해서죠. 기도문이나 성가를 들려줘 평온한 마음으로 눈을 감게 합니다.

③ **초상**(初喪)

숨을 거두면 시신에 깨끗한 옷을 입혀 손발을 제자리에 정돈해 둡니다. 두 손은 합장을 시켜 묶거나 십자고상(十字苦像·십자가에 못 박힌 예수 그리스도의 수난을 묘사한 상)을 잡고 있게 합니다. 눈은 감기고 입은 다물게 합니다. 머리맡의 상 위에는 고상을 모시고 그 좌우에 촛불을 켜며 성수를 놓습니다. 입관할 때까지 이런 상태로 두며, 가족들은 그 옆에 앉아 위령기도(慰靈祈禱)를 올립니다.

④ 위령미사

신도가 숨을 거두면 바로 신부에게 알리는 동시에 미사예물을 전하며 미사를 요청하고, 미사 시간을 신부와 상의해 정합니다. 위령미사는 연미사라고도 하는데, 연옥(煉獄)에 있는 사람을 위해 천주께 드리는 제사를 의미합니다.

⑤ 장례식

발인 때 관을 성당으로 옮겨 위령미사와 사도예절(赦禱禮節:고별식)을 실시합니다. 입관 및 출관과 하관은 성교예규(聖敎禮規)에 따라 하고 화장을 할 수 있습니다. 관을 묻으면 사제는 성수를 뿌리며 마지막 기도를 올립니다. 천주교에서는 신앙의 본질에 어긋나지 않는 범위 내에서 간소한 음식을 대접하거나 수시로 묘소에 찾아가 떼를 입히고 성묘하는 것 등을 금지하지 않습니다.

2) 불교식

불교에서는 장례식을 다비식(茶毘式)이라고 하며, 영결식과 같은 말입니다. 다비는 불에 태운다는 뜻으로 화장을 말합니다. 임종에서부터 입관까지의 절차는 일반장례식과 거의 비슷하지만 영결식만은 다비 방식으로 합니다.

다비식 순서는 다음과 같습니다.

- 개식(開式) : 호상이 주관한다.
- 삼귀의례(三歸依禮) : 불(佛寶), 법(法寶), 승(僧寶)의 삼보(三寶)에 돌아가 의지한다는 의식이다.
- 약력보고(略歷報告) : 고인과 가까운 친지나 친구가 고인을 추모하는 뜻에서 고인의 약력을 간단히 소개한다.
- 착어(着語) : 고인을 위해 스님이 부처님의 가르침을 설법(說法)한다.
- 창혼(唱魂) : 극락세계에 가서 편안히 잠들라는 것으로 스님이 요령(搖領)을 흔들며 고인의 혼을 부르는 의식이다.
- 헌화(獻花) : 고인의 영전에 꽃을 바친다.
- 독경(讀經) : 스님과 모든 참례자가 고인의 혼을 안정시키고 생전의 모든 관계를 청산하고 부처의 세계에 고이 잠들라는

경문을 소리 내어 읽는다.
- 추도사(追悼辭) : 초상에는 조사(弔辭)라고 하며 일반에서 행하는 의식과 같다.
- 소향(燒香) : 모든 참례자들이 향을 태우며 고인의 명복을 빈다.
- 사홍서원(四弘誓願) : 모든 부처와 보살에게 공통된 네 가지 서원을 말한다.
- 폐식(閉式) : 영결식의 모든 절차가 끝났음을 선언한다.

이런 순서로 영결식을 한 후 장지로 갑니다. 불교에서는 주로 화장합니다. 화장할 때 시신을 분구(焚口)에 넣고 끝날 때까지 염불을 그치지 않으며, 다 타면 흰 창호지에 유골을 받아서 상제에게 주어 쇄골(碎骨)한 다음, 법주가 있는 절에 봉안하고 제사를 지냅니다. 봉안한 절에서 49제와 백일제를 지내고, 3년 제사를 모십니다.

3) 기독교식

기독교식 장례는 시신의 수시(收屍·시체의 머리와 팔다리를 바로 잡아 두는 일)부터 하관에 이르기까지의 모든 의식과 절차를 목사의 주도로 진행합니다. 고인이 하나님께로 돌아갔음을 의미하는 뜻에서 목사의 집례 아래 예배를 드리는 것입니다. 임종 때에도 성경이나 성가를 들려줘 환자가 평안한 마음을 갖도록 합니다. 임종 후에도 찬송과 기도를 계속하며, 고인의 영혼을 하나님께 맡깁니다.

　기독교식 장례는 곡(哭)을 하지 않고 음식도 차리지 않으며 절역시 하지 않습니다. 전과 상식(上食)을 올리지 않고 염습 시에 묶지도 않습니다. 염습 등도 신도들이 합니다. 분향 대신 헌화(獻花)를 하는 것도 특징입니다. 상주, 유족, 친지, 조객의 순으로 한 송이씩 헌화하도록 합니다.

　장례식 전날 염습을 하고 입관하는데, 이때에도 반드시 목사의 집례 아래 예배를 봅니다. 매일 기도를 하고, 빈소에서 찬송이 끊이지 않게 하는 것은 영혼을 하나님 앞으로 가까이 가게 하기 위함이죠. 장례식은 영구를 교회 안에 안치해 교회에서 하기도 하고, 상가(喪家)에서 간단히 지내기도 합니다.

　기독교 각 종파 및 목회자에 따라 영결식이나 하관식이 다르지만, 대체로 다음과 같은 형태로 이루어집니다.

- 영결식
  개식사(목사) → 찬송 → 기도 → 성경 봉독 → 시편 낭독 → 신약 낭독 → 기도 → 고인의 약력 보고 → 주기도문 → 찬송 → 헌화 → 출관

■ 하관식

개식사(목사) → 기원 → 찬송 → 기도 → 성경 봉독 → 기도 → 신앙 고백 → 취토(상주들이 흙 한 줌씩 관 위에 뿌리는 것) → 축도

4. 조문(弔問)

장인·장모상 때, 지인들에게 적극적으로 알리세요
그래야 노후가 편합니다

영정 앞에서 절을 하는 것은 조상(弔喪), 상주에게 인사하는 것은 문상(聞喪)이라고 합니다. 조문(弔問)이란 조상과 문상을 일컫는 말입니다. 따라서 상갓집을 방문할 경우 '문상 간다.'라는 표현보다 '조문 간다.'라고 하는 것이 더 정확한 표현입니다.

1) 복장

옛날에는 한복이 평상복이었습니다. 이 때문에 장례에 화려하지 않은 흰색 한복을 입고 가는 것이 예의였죠. 하지만 서양문화가 유입되면서 양복을 입는 것이 예를 갖춘다는 인식으로 변화함에 따라 무채색 계통의 양복을 입는 것이 장례식장 복장으로 보편화 되었습니다. 검은색 복장이 없다면 진한 회색 계통의 옷들도 괜찮습니다. 무늬 없는 복장에 화려한 색감의 옷들만 피하면 예의에 어긋나지 않습니다. 와이셔츠는 화려하지 않은 흰색 또는 무채색 계통의 단색으로 하는 것이 좋으며, 여자는 스타킹을 착용하는 것이 예의입니다. 또 화려한 액세서리나 향수 등은 피하고, 모자나 외투를 걸쳤을 경우 절하기 전 먼저 벗어놓는 것이 좋습니다.

2) 절하는 법

장례식장에서 절하기 이전에 분향이나 헌화를 먼저 한 후, 절을 합니다. 향은 3개를 피우는 것이 원칙이지만 최근에는 1개만 해도 예의에 벗어나지 않습니다. 향을 여러 개 꽂을 때 반드시 하나씩 꽂아야 합니다. **분향할 때는 오른손으로 향을 집어 촛불 위에서 불을 붙인 후, 왼손으로 가볍게 흔들어 끄고, 향을 든 오른손을 왼손으로 받친 상태에서 향로에 놓습니다. 주의사항은 향을 절대로 입으로 불어 끄지 않는다는 것입니다.** 향을 좌우로 흔들어 불꽃을 끈 후 향로에 향을 정중히 꽂고 일어나 한 걸음 뒤로 물러난 후 절을 올립니다.

헌화할 때에는 무릎을 꿇거나 서서 해도 상관없습니다. 헌화는 오른손으로 꽃줄기를 잡고 왼손으로 오른손을 받친 후, 꽃봉오리가 영전을 향하도록 올려놓으면 됩니다. 꽃봉오리를 영정에 향해야 한다는 의견과 조문하는 사람 쪽으로 두어야 한다는 의견이 있지만, 가장 좋은 방법은 먼저 헌화한 사람들의 방향을 보고 그대로 따라 하는 것이 무난합니다.

일반적으로 유교의 경우에는 분향 후 재배(절)를 하고, 기독교는 헌화 후 기도를 합니다. 절하는 방법은 남자와 여자가 조금 다릅니다. 절을 하거나 예의를 표할 때, 우리나라 사람들은 예로부터 두 손을 모으는 경우가 많죠. 일반적으로 평상시에는 남자는 왼손이 위로, 여자는 오른손이 위로 향하게 두 손을 모읍니다. 그러나 장례식장에서는 흉사이므로 평상시와 반대로 남자는 오른손이 위로, 여자는 왼손이 위로 가면 됩니다. 신위를 향해 두 배 반 절을 하고 난 이후에는 몸을 돌려 상주를 바라보고, 맞절을 하면 됩니다. 맞절 이후 바로 상주와 얘기를 나누는 것보다 긴 얘기는 추후 상주가 문상객의 식사 자리로 왔을 때 하는 것이 좋습니다. 옛 상예절에 의하면 상주는 죄인이므로 말을 해서는 안 됩니다. 굳이 표현하자면 "고맙습니다.", "드릴 말씀이 없습니다." 정도로 문상객들에게 고마움을 표시하면 됩니다. 맞절까지 한 다음 바로 몸을 돌려나오는 것보다 두세 걸음 정도 뒷걸음질로 물러난 후에 몸을 돌리는 것이 고인에 대한 예의입니다.

3) 조문 예절

가까운 친인척이나 지인의 부고 소식을 들으면 가급적 빨리 장례를 도와주는 것이 도리이나 그럴 여건이 되지 않거나, 장례에 관한 내용을 잘 모르면 2일 차에 방문해 조문해도 무방합니다. 다만, 친인척의 경우에는 최대한 빠르게 장례준비를 도와주는 것이 좋습니다.

조문객들은 2박 3일간 계속 시끌벅적하게 자리를 지키는 게 예의라고 생각되었지만, 최근에는 자정에서 1시쯤에 상주들도 쉬어야 하므로 자리를 비켜주는 추세입니다.

장례식장에서는 담배를 피우면 안 됩니다. 장례식장은 법적으로 금연건물로 지정되어 있습니다. 흡연은 다른 조문객들에게도 민폐를 끼치는 행위이니 반드시 지정된 흡연장소를 이용해야 합니다.

고인보다 나이가 많거나 안면이 없는 상태에서 조문 갔을 때는 영정 앞에서 절을 하지 않고 상주에게만 문상을 하는 것이 보편적입니다. 그러나 최근에는 모르는 사람이 상을 당했을 경우 절을 하는 추세입니다. 상주 나이가 연하일 경우 조문객이 먼저 절하지 않고, 상주가 먼저 절을 하면 답례를 하면 됩니다.

장인상과 장모상이 발생했을 때 지인들에게 꼭 알려야 하나요?

지인의 장인상이나 장모상은 대부분 크게 관심을 가지지 않는 경우가 많습니다. 지인의 부친상, 모친상은 챙기지만, 처가 식구까지 찾아가는 경우는 많지 않죠. 그러나 장인상과 장모상은 지인의 아버지, 어머니와 동일하게 간주하고 찾아뵙는 것이 장례 예절에 맞습니다.

장인상과 장모상을 빙부상(聘父喪)과 빙모상(聘母喪)이라고 바꿔 부르기도 합니다. 빙부상을 한자 그대로 해석하면, 부를 빙(聘)·아버지 부(父)를 사용해 '아버지라 부를 수 있는 분이 돌아가시다'라고 풀이합니다. 빙모상 역시 '어머니라 부를 수 있는 분이 돌아가시다'라는 의미입니다. 이 때문에 지인의 장인상과 장모상은 될 수 있으면 찾아보고 슬픔을 함께 나누는 것이 좋습니다.

사위도 장인상과 장모상을 적극적으로 알릴 필요가 있습니다. 사위가 소극적으로 알리면, 아내가 서운하거나 무시당한 감정이 들 수 있기 때문이죠. 장인과 장모도 자기의 부모나 마찬가지로 여겨주기를 아내는 바란다는 사실, 잘 알고 계시죠?

사위분들!,

장인상, 장모상은 부모의 상과 같은 것으로 생각하고 적극적으로 임하시기를⋯.
그렇다면, 장인상과 장모상에서 사위가 해야 할 일은 무엇일까요? 장인과 장모의 자녀 중 아들이 있다면 아들이 상주가 됩니다. 아들이 있다면, 그냥 직계가족으로써 장례를 돕는 것이 사위의 역할입니다. 그러나 아들이 없으면 맏딸이 상주 역할을 해야 합니다. 이때 맏딸 대신 사위가 그 역할을 할 수도 있습니다. 장례식장에 가보면 사위가 상주 역할을 하는 것을 자주 볼 수 있는 것도 이 때문입니다. 상주는 조문객들을 맞아주고, 조문 후 맞절을 하면서 조문객들에게 감사의 예를 표해야 합니다.

5. 장사(葬事)의 형태

부고 알림과 함께 임종 직후 곧바로 결정해야 하는 것이 장사(葬事)의 형태입니다. 매장(埋葬) 또는 화장(火葬)을 할 것인지 빨리 결정을 해야 합니다. 장사의 형태에 따라 상조 서비스가 다르기 때문입니다. 상조 회사 선정 이전에 장사 방식을 정하는 게 장례 진행에도 좋습니다. 고인의 마지막 안식처가 장지이기 때문에 어떤 방법으로 장례를 치를 것인지 신중한 선택이 필요합니다.

고인의 시신을 화장하려면 미리 화장신고서를 작성해 화장 일정을 신속히 잡아야 합니다. 장례 방법 중 화장을 선택하는 유족들이 요즘 크게 늘면서 화장장의 일정과 맞추지 않으면 안 됩니다. 늦게 화장신고서를 작성하면 발인 시간도 늦어지고 장례 절차도 차질이 빚어질 수 있습니다.

화장은 인터넷으로 신고서를 접수할 수 있습니다. 사망진단서 또는 사체검안서를 보고 작성하면 됩니다. 화장신고서 작성은 유족이 하지만 상조 회사의 장례지도사 또는 장례식장 관계자의 도움을 받으면 더 쉽습니다.

<u>주의해야 할 점은 고인의 주소지를 관할(6개월 이상 거주)로 하고 있는 화장장을 이용해야 합니다. 관내 화장장을 이용하지 않고 다른 시도 등 관외 지역 화장장을 사용하면 부담해야 할 비</u>

__용이 많아집니다.__ 관내 화장장을 이용하면 보통 10만 원 안팎이면 되는데, 관외 지역 화장장은 100만 원까지 비용이 발생할 수 있다는 사실을 알고 있어야 합니다. 관외 지역 고인의 화장신고는 관내 지역에 비해 후순위로 밀려 오후에 진행될 수 있어 이 점도 잘 고려해야 합니다. 수도권은 지방과 비교해 화장장 예약 경쟁이 더 치열하죠.

일부 지방자치단체에서는 화장장려금을 줍니다. 지자체별로 차이가 있지만, 화장문화를 장려하기 위해 유족에게 10만~42만 원을 줍니다. 신청은 1개월 이내에 해야 합니다.

매장을 원하는 유족들은 대부분 선산이 있는 경우입니다. 매장신고서는 매장 후 1개월 이내에 매장한 지역을 관할하고 있는 지역에 신고해야 합니다. 공동묘지에 매장했으면 관리사무소에 신고하면 됩니다.

화장 및 매장은 사망 후 24시간이 지난 후 가능하며, 24시간 이내에 했을 때는 1,000만 원 이하의 벌금이나 1년 이하의 징역형에 처합니다. 단, 임신 7개월이 되기 전에 태어난 태아나 뇌사판정을 받은 사망자는 24시간 매장 또는 화장이 허용됩니다. 또 전염병으로 사망한 시체로서 시군구에서 전염병 확산방지를 위해 긴급한 조치가 필요한 경우, 뇌사판정을 받은 후 장기 등의 적출이 완료된 경우는 곧바로 화장 또는 매장을 할 수 있습니다.

[별지 제1호서식] (앞쪽)

제 호					처리기간
시체·유골 ☐매장 ☐화장 신고서					즉시
※ ☐에는 해당되는 곳에 '√'표시를 합니다.					

사망자	성 명		주민등록번호		
	주 소				
	사망장소		사 망 사 유 사망연월일		
	매장 또는 화장 장소		분 묘 설 치 연 월 일		
신고인	성 명		주민등록번호	—	사망자와의 관 계
	주 소			전화번호	

「장사 등에 관한 법률」 제8조 및 같은 법 시행규칙 제2조에 따라 매장(화장)신고합니다.

20 . .

신고인 (서명 또는 인)

구청장 귀하

※ 구비서류(화장신고의 경우만 해당합니다)
「의료법시행규칙」 별지 제6호서식의 사망진단서(시체검안서) 또는 읍·면·동장의 확인서

제 호					
시체·유골 ☐매장 ☐화장 신고서					
※ ☐에는 해당되는 곳에 '√'표시를 합니다.					

사망자	성 명		주민등록번호		
	주 소		사 망 사 유 사망연월일		
신고인	성 명		주민등록번호	—	사망자와의 관 계
	주 소			전화번호	

「장사 등에 관한 법률」 제8조 및 같은 법 시행규칙 제2조에 따라 위와 같이 매장(화장)신고를 하였으므로 신고증명서를 발급합니다.

20 . .

시·도지사, 특별자치도지사, 시장·군수·구청장 ㊞

※ 구비서류(화장신고의 경우만 해당합니다)
「의료법시행규칙」 별지 제6호서식의 사망진단서(시체검안서) 또는 읍·면·동장의 확인서

210mm×297mm(일반용지 60g/㎡(재활용품))

이 신고서는 아래와 같이 처리됩니다.

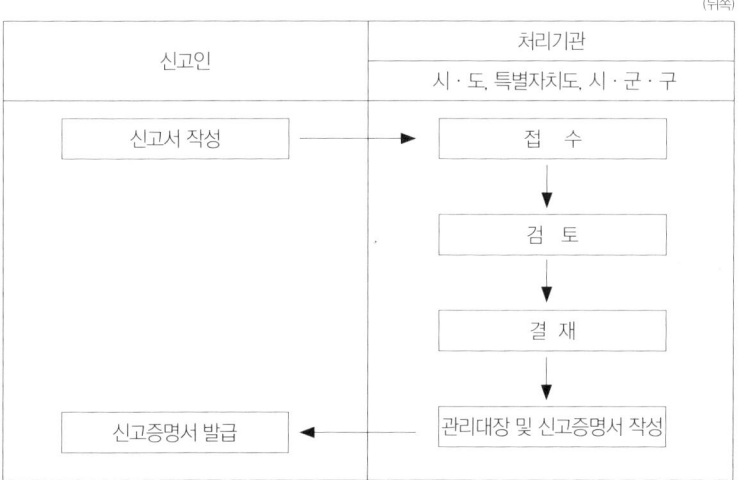

■ 장사 등에 관한 법률 시행규칙 [별지 제2호서식] 〈개정 2015.7.20.〉

죽은 태아 [ ] 매장
[ ] 화장 신고서

※ [ ]에는 해당되는 곳에 "√표시를 합니다.

접수번호	접수일	발급일	처리기간 즉시

사망자	성 명		주민등록번호	
	주 소		전화번호	
	사산장소		임신주수	
	사산 연월일		사산사유	
	매장 또는 화장장소			
신고인	성 명		주민등록번호	—	사산자(죽은 태아)와의관계	
	주 소			전화번호	

「장사 등에 관한 법률」 제8조 및 같은 법 시행규칙 제2조에 따라 매장(화장) 신고합니다.

년 월 일

신고인 (서명 또는 인)

시 · 도지사, 시장 · 군수 · 구청장 귀하

제 호

죽은 태아 [ ] 매장
[ ] 화장 신고증명서

죽은 태아	임신주수		사산사유		사산연월일	
신고인	성 명		주민등록번호		사산자(죽은 태아)와의관계	
	주 소				전화번호	

「장사 등에 관한 법률」 제8조 및 같은 법 시행규칙 제2조에 따라 위와 같이 매장(화장)신고를 하였으므로 신고증명서를 발급합니다.

년 월 일

시 · 도지사, 시장 · 군수 · 구청장 [관인]

210mm×297mm[백상지 80g/m²]

처리 절차

이 신고서는 아래와 같이 처리됩니다.

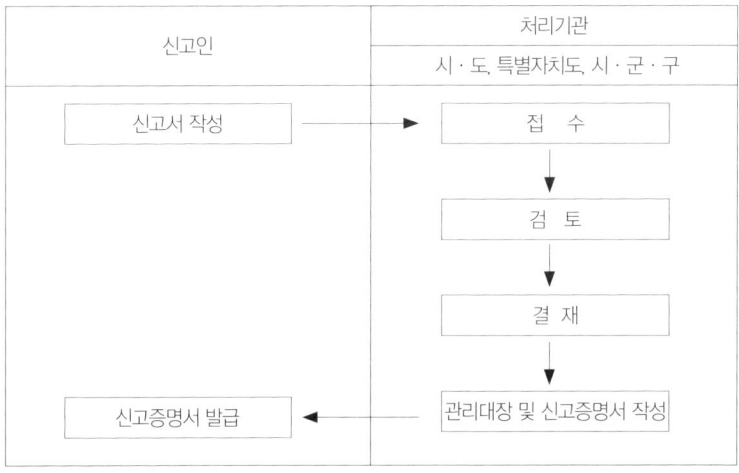

1) 매장(埋葬)

종교적 이유로 화장을 꺼리는 유족은 매장을 선호합니다. 매장이란 시신이나 유골을 땅에 묻어 장사하는 것을 말하죠. 임신 4개월 이후에 죽은 태아도 시신에 해당됩니다. 매장을 하면 30일 이내에 매장지를 관할하는 특별자치시장·특별자치도지사·시장·군수·구청장에게 신고해야 합니다. 공설묘지 또는 사설묘지 외의 구역에 매장해서는 안 됩니다.

공설묘지는 고인 또는 유족이 거주하는 지역이나 안장하고자 하는 지역의 관할 읍·면·동사무소, 시·군·구청에 소정의 절차를 밟아 사용할 수 있습니다. 공설묘지 또는 법인묘지에 매장할 경우 관리사무소에 구비서류를 접수하고 신고서를 작성하면 매장신고 대행이 가능합니다. 공설묘지는 사설묘지에 비해 사용료 등이 저렴하지만 거주기간 등 자격 제한이 있습니다.

사설묘지는 개인묘지와 집단묘지(가족묘지, 종중·문중묘지, 법인묘지)로 나뉩니다. 개인묘지는 법령상 설치 제한 지역이 아닌 지역에 매장한 후 30일 이내에 관할 읍·면·동사무소에 매장신고와 분묘설치 신고를 해야 합니다. 사망신고 시 매장신고 및 묘지설치 신고를 함께 하면 편리합니다. 개인묘지 면적은 30㎡ 이내로 하며, 집단묘지는 사전에 허가를 받아 설치한 집단묘지에 매장한 후 30일 이내에 매장신고 및 분묘설치를 신고해야 합니다.

✱ 사설묘지의 설치기준

구분	개인묘지	가족묘지	종중·문중묘지	재단법인 묘지
사용대상자	본인 배우자	민법상 친족	종중·문중 구성원	제한 없음
묘지 면적	30㎡ 이내	100㎡ 이내 1개소에 한함	1,000㎡ 이내 1개소에 한함	10만㎡ 이상
분묘 1기 점유면적	묘지구역 내	단장 10㎡ 이내, 합장 15㎡ 이내		
시설물설치기준 (묘지구역 내)	비석 1개(높이 2m, 표면적 3㎡ 이내), 상석 1개, 그 외 석물 1개 또는 1쌍 (인물상 제외)			
인허가 규정	30일 이내 신고	사전허가사항		
설치제한지역	장사법 제17조 시행령 제22조 규정			

〈출처 : 한국장례문화진흥원〉

2016년 '한시적 매장제도'의 도입으로 분묘의 설치기간을 제한하고 있다는 점도 알아야 합니다. 분묘의 설치 허용 기간은 기본이 30년이며, 30년씩 1회 연장 허용이 됩니다. 합장분묘인 경우에는 합장된 날부터 기간을 산정합니다.

분묘의 설치기간을 연장하려면 연고자가 기간 만료 이후 4개월 이내에 묘지 소재지를 파악할 수 있는 위치도(약도) 또는 사진을 첨부해 연장신청서를 작성해 신청할 수 있습니다.

설치기간이 끝난 분묘 등의 처리는 끝난 날부터 1년 이내에 『장사(葬事) 등에 관한 법령』에서 정하는 개장 절차에 따라 해당 분묘에 설치된 시설물을 철거하고 매장된 유골은 화장 및 봉안해야 합니다.

시신이나 유골을 매장하는 형태는 크게 봉분, 평장으로 구분합니다. 봉분(封墳)은 흙더미를 쌓아 만든 둥근 모양의 무덤을 말합니다. 한국 전통 장례 양식인 토장에서 흔히 볼 수 있는 무덤 형태입니다. 평장(平葬)은 봉분을 만들지 않고 평평하게 매장합니다. 매장 깊이는 지면으로부터 1m 이상이어야 하지만, 화장한 유골을 매장하려면 30㎝ 이상이면 가능합니다. 분해가 되지 않는 용기에 유골을 담아 땅에 묻으면 자연장이 아니라 매장입니다. 분묘의 형태가 평장일 경우, 시신을 땅에 묻고 지면에 수목 또는 잔디를 심더라도 자연장이 아니라 매장입니다.

2) 화장(火葬)

화장은 시신이나 유골을 불에 태워 장사하는 것을 말합니다. 장례 방법 중 화장은 현실적인 필요 때문에 생겨났습니다. 인도는 석가모니가 출생하기 이전부터 오늘날까지 전통적인 장례 방법으로 화장을 택했습니다. 무더운 지방이어서 시신이 쉽게 부패할 뿐만 아니라 매장하면 전염병이 생길 우려가 있기 때문입니다. 신분의 귀천을 가릴 것 없이 모두 화장을 했습니다.

불교에서는 화장을 정식 장례법으로 선택하고 있습니다. 흙·물·불·바람 4대 원소로 육신이 구성돼 영혼이 떠난 육신을 자연으로 돌려보내는 것이 순리라고 불교에서는 믿고 있는 것이죠. 화장이란 육신을 태워 없애는 것이 아니라 본래 모습으로 되돌리는 행위라고 해석합니다. 불교의 근본 사상은 무아(無我), 즉 나라는 존재가 원래 없다는 것입니다. 따라서 육신에 집착할 이유가 없어 화장한다고 생각합니다. 이런 불교 가르침과 전통 때문에 화장은 불교식 장례 방법으로 인식되어왔습니다.

이처럼 종교적 이유도 있지만, 화장의 편리함 때문에 화장률(火葬率)이 갈수록 증가하고 있습니다. 2017년 전국 화장률은 84.6%였습니다. 이는 1994년 화장률 20.5%에 비하면 4배 이상이 된 것입니다.

전국에서 운영되고 있는 화장시설은 60개소이고, 화장로는 990개입니다. 이는 사망자 수와 화장률을 기준으로 봤을 때 충분하지만 서울, 부산, 경기 등은 화장수요와 비교해 화장시설이 부족합니다 〈**부록 1. 전국 화장시설 참조**〉.

매장과 마찬가지로 화장도 사망 또는 사산한 때부터 24시간이 지난 후에야 가능합니다. 사찰 경내의 다비의식 등 법에 정한 특별한 경우를 제외하고는 반드시 화장시설에서만 화장이 허용됩니다. 화장하려면 화장시설을 관할하는 특별자치도지사·시장·군수·구청장에게 신고하는 것 잊지 마세요.

화장할 때 관 속에는 화학합성섬유 등 환경오염 발생물질이나 화장로의 작동 오류나 폭발 위험의 원인이 되는 휴대전화 등을 넣어서는 안 됩니다.

화장한 유골 안치 방법은 봉안시설에 안치하거나 자연장, 기타 등으로 나뉩니다. 봉안시설은 납골시설로 널리 알려져 있습니다.

✽ 유골 봉안 절차

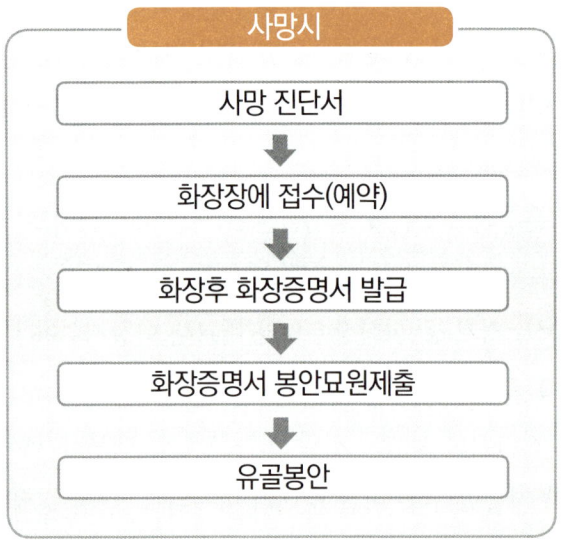

유골을 봉안시설에 안치하는 것을 봉안(奉安)이라고 합니다. 봉안시설은 시체를 화장해 유골을 그릇에 담아 안치해 두는 곳입니다. 흔히 납골당이라고 하는 건축물 형태인 봉안당이 있습니다. 시신을 화장하고 남은 유골들을 모아 놓은 곳이죠. 봉안시설은 봉안당뿐만 아니라 분묘의 형태로 된 '봉안묘'와 탑의 형태로 된

'봉안탑', 벽과 담의 형태로 된 '봉안담'도 있답니다.

✱ 봉안시설의 종류

설치 주제별	사용 대상자	수량·면적 제한	조건
개인·가족	개인 또는 민법상친족관계에 있던 자	1개소에 한함. 개인 10㎡, 가족 30㎡ 이내	
종중·문중	종중·문중의 구성원	1개소에 한함. 100㎡ 이내 재실, 사당 포함	종약, 회의록
종교단체	신도 및 그 가족관계	1개소에 한함. 500㎡ 이내	등록된 종교단체
재단법인 공공법인	제한 없음 (사용료 부담)	제한 없음	불특정 다수

〈출처 : 한국장례문화진흥원〉

✱ 사설 봉안당 설치기준(주요 내용)

설치 주제별	사용 대상자	연면적 제한	안치규모 제한
개인·가족	개인 또는 민법상친족관계에 있던 자	100㎡	제한 없음
종중·문중	종중·문중의 구성원	100㎡ 이내	제한 없음
종교단체	신도 및 그 가족관계	제한 없음	5,000구 이하
재단법인 공공법인	제한 없음(사용료 부담)	제한 없음	제한 없음

〈출처 : 한국장례문화진흥원〉

① **봉안당**(奉安堂)

봉안당은 시체를 화장해 그 유해를 항아리 등에 담아 모셔 두는 장소를 말합니다. 흔히 납골당이라고 하죠. 납골당(納骨堂)은 일본식 표현으로 '노코쓰도'란 일본식 한자어를 직역한 것입니다. 산업자원부 기술표준원은 2005년 납골당의 명칭을 '봉안당'으로 바꾸고 이를 KS규격으로 정했습니다.

사설 봉안당은 키 높이에 가까울수록 가격이 비쌉니다. 키보다 높거나 낮으면 가격이 상대적으로 싸져 비싼 봉안당은 아파트 로열층으로 비유합니다.

흔히 볼 수 있는 봉안당은 유리문으로 된 캐비닛에 유해를 담은 항아리를 넣은 형태입니다. 캐비닛 안에는 고인의 사진과 편지, 꽃 등이 주로 있습니다.

보관을 위해 자리를 많이 차지하지 않고, 벌초 등도 신경 쓰지 않아도 됩니다. 매장 등에 비해 비용도 저렴해 요즘 봉안당을 많이 이용하고 있습니다.

5장_ 장례

② 봉안묘(奉安墓)

봉안묘란 화장 후 분묘 형태의 석실에 유골함을 안치하는 묘를 말합니다. 여러 유골함을 동시에 안치할 수 있는 석물 형태의 납골묘입니다. 매장묘보다 적은 비용으로 2위부터 여러 명을 안치할 수 있습니다. 통상 2위, 4위, 6위, 8위, 12위, 16위, 20위, 24위가 보편적입니다. 독립적인 묘지로 전통적인 제례가 가능하며, 후대까지 안치 가능한 가족묘로 활용할 수 있습니다. 봉안묘 1기 비용으로 많은 유골함을 안치할 수 있어 경제적입니다. 가족묘지 개념으로 한 곳에서 성묘와 제례가 가능합니다.

③ 봉안탑(奉安塔)

봉안탑은 탑의 형태로 된 봉안시설로 불교 신자들이 주로 이용하고 있으며, 영탑(靈塔), 부도탑 등 다양한 이름으로 부릅니다. 부도탑은 덕이 높은 승려의 사리나 유골을 넣은 돌탑으로 승탑이라고도 합니다. 1분을 모시는 것보다 부부를 함께 안치하거나 4위부터 9위, 18위 등 대가족 안치가 가능합니다. 최근 안장하고 있는 봉안탑은 거의 가족형입니다. 탑 아래 석실에 유골함을 안장하는 방식입니다. 탑의 높이는 지면으로부터 2m 이내, 바닥 면적은 3㎡ 이내로 제한합니다. 다만, 사망한 승려의 유골을 안치하는 봉안탑을 설치하는 경우에는 그렇지 않습니다.

④ 봉안담(奉安墻)

봉안당과 봉안담의 가장 큰 차이점은 봉안당은 고인의 유골을 실내에, 봉안담은 실외에 안치한다는 것입니다. 봉안담은 벽과 담의 형태로 되어 있어 봉안담이라고 합니다.

가격, 관리비 등에서는 봉안담이 봉안당보다 저렴합니다. 최근 봉안당이 가지고 있는 단점들을 보완한 봉안담이 많이 만들어져 있습니다.

5장_ 장례

141

⑤ 유택동산

유택(遺澤)동산은 산이나 동산의 이름이 아니며, 여러 유골을 한꺼번에 모신 곳입니다. 무료로 이용할 수 있는 것이 장점이죠. 그런데 신중해야 할 사항이 있습니다. 서로 다른 유골을 한꺼번에 모으기 때문에 나중에 고인만의 유골을 찾을 수는 없습니다. 유택동산 용기에 분골이 모두 차면 다른 곳으로 처리합니다. 유택동산에 유골을 모실 때 유족들이 충분히 상의한 뒤 이용해야 합니다. 유족이 없는 고인이거나 고인의 뜻일 때 활용하는 장례 절차입니다.

5장_ 장례

 사람의 신체는 결국 흙으로 돌아갑니다. 인간은 자연으로 돌아가기 때문에 장사도 환경과 친화적으로 가는 것이 좋습니다. 자연과 친화적으로 장사를 지내는 것을 자연장이라 합니다. 화장한 유골의 골분(骨粉)을 무덤이 아닌 수목·화초·잔디·바위 등의 밑이나 주변에 묻어 장사하는 것을 말합니다. 자연을 훼손하지 않고 흙으로 돌아가게 한다는 의미를 담고 있습니다. 자연장은 위생적이며 경제적입니다. 육신은 없어지지만, 또 하나의 자연의 생명체에 밑거름이 되어 새롭게 태어남의 의미도 있죠.
 자연장 제도는 2008년 장사법 개정 때 친환경적 대안으로 도입하게 됐습니다. 매장보다 화장을 권장하기 위해 2001년 시행된 장사법에서 봉안시설 설치를 신고제로 완화해 적극적으로 권장했습니다. 그러나 과도한 석물 사용과 대형화로 인해 묘지보다 더 심각한 환경 훼손 문제를 일으킴에 따라 자연장 제도를 만들게 됐습니다.
 국토잠식의 폐해가 큰 기존 장법을 대신할 자연장은 환경친화적이고 선진국형 장법으로 공간 활용성 등 다른 장법에 비해 우수합니다. 자연장은 최소한 설비 이외에 인위적인 상징물의 설치를 제한하고 있습니다. 개인적인 표식이나 상징물은 자연장지에 둘 수 없습니다.
 자연장은 잔디, 화단, 수목장, 수목장림 등 자연장지에 안장합니다. 자연장의 대표적인 종류는 수목장(樹木葬)입니다. 이는 시신을 화장해 골분을 나무 밑에 묻는 장묘 방식으로 울타리나 비석 등 인공물을 사용하지 않고 나무에 이름표를 달아 기념합니다.

유골을 잔디밭, 또는 바다에 뿌리거나 삶과 연관된 집이나 학교의 정원에 뿌려 장례를 지내는 방법도 있습니다. 아름다운 공원을 조성해 의미 있는 묘원을 만들어 유골을 뿌리는 방법과 공원묘원 등에 대리석으로 벤치를 만들어 그 속에 유골함을 넣고 이름을 새겨 개인 또는 가족이 사용하기도 합니다. 기독교 장례문화에서는 기도원 등에 추모의 숲을 만들어 자연장으로 유골을 뿌립니다. 시신을 땅에 묻는다는 점은 자연장과 전통적 매장이 비슷하지만 포름알데히드가 들어 있는 약품 따위로 시신을 방부 처리하지 않습니다. 돌을 깎아서 만든 비석 대신 기념으로 나무를 심기도 합니다.

산골(散骨, 화장한 유골을 가루로 만들어 지정된 장소나 산·강·바다 등에 뿌리는 것) 하거나 해양장(海洋葬) 등도 시행되고 있지만, 「장사(葬事) 등에 관한 법령」에는 산골 또는 해양장 등을 규정하고 있지 않습니다. 산골이나 해양장 등은 간편해 좋은 방법이기는 하지만, 나중 고인을 추모해야 할 때 장소가 없어 난감할 수 있어 이 방법은 좀 더 신중하게 생각할 필요가 있습니다 **〈부록 2. 전국 공설 자연장지 설치현황 및 이용 안내 참조〉.**

① 자연장의 형태

자연장은 크게 4가지 형태로 나뉩니다.

- 수목형 자연장: 화장한 유골의 골분을 수목 밑이나 주변에 묻는 자연장
- 수목장림: 산림에 조성하는 자연장지
- 화초형 자연장: 화장한 유골의 골분을 화초 밑이나 주변에 묻는 자연장
- 잔디형 자연장: 화장한 유골의 골분을 잔디 밑이나 주변에 묻는 자연장

수목형 자연장

수목장림

정원형 자연장

5장_ 장례

잔디형 자연장

 이중 혼동하기 쉬운 자연장의 방법이 수목형 자연장과 수목장림입니다. 수목형 자연장과 수목장림은 둘 다 수목의 밑이나 주변에 묻어 장사하는 점은 같습니다. 그러나 수목장림은 「산림자원의 조성 및 관리에 관한 법률」 제2조 제1호에 따른 산림에 조성하는 자연장지라는 점에서 차이가 있습니다.
 수목형 자연장은 비산림 지역의 집 앞마당에 개인·가족 자연장지를 조성할 수 있습니다. 전용주거지역, 중심상업지역, 전용공업지역을 제외한 주거지역·상업지역 및 공업지역에는 개인·가족 자연장지 조성이 가능합니다.
 장지 앞에 표시하는 표지도 수목형 자연장지와 수목장림은 다

147

릅니다. 수목형 자연장지의 표지는 수목 1그루당 안치 예정 구수에 따라 수목에 매달거나 땅에 설치할 수 있습니다. 안치 구수에 따라 수목에 매달리는 표지가 여러 개 생길 수 있지만 수목장림은 수목 1그루당 1개만 매달아야 합니다.

② 자연장의 방법

자연장의 방법은 화장한 유골을 묻기에 적합하도록 분골합니다. 유골을 분골해 용기에 담아 묻는 경우 그 용기는 생화학적으로 분해가 되어야 합니다. 자연장의 방법은 지면으로부터 30㎝ 이상의 깊이에 화장한 유골의 골분(骨粉)을 묻되, 용기를 사용하지 않으면 흙과 섞어서 묻어야 합니다. 야생동물로 인한 훼손이나 겨울에 땅이 어는 것을 고려할 때 1m의 깊이로 파는 것이 안전합니다. 용기를 사용하지 않거나 한지를 사용하는 경우, 흙과 섞어서 묻습니다. 자연 친화적인 골분이나 용기를 묻고 흙을 메운 후 잔디나 흙으로 지면을 마무리합니다.

③ 자연장의 표시

자연장지에는 개별 또는 공동으로 표지를 설치할 수 있습니다. 개별표지는 200㎠ 이하(예시 : 10㎝ X 20㎝), 공동묘지는 안치 구수를 고려해 주위환경과 조화를 이루도록 하면 됩니다. 수목장림은 수목 1그루당 1개만 설치 가능하고 표지면적은 200cm^2 이하입니다.

④ 자연장의 장점

자연장으로 장례를 치르게 되면 묘지 관리를 거의 하지 않아도 됩니다. 벌초 등 묘지를 관리해야 할 비용이 들지 않고, 불편도 최소화할 수 있습니다. 또 생활공간 가까이 묘지를 조성할 수 있어 유족들이 더 자주 찾아 추모할 수 있습니다. 공원처럼 편안한 느낌이 들 수 있죠. 자연장은 국토를 효율적으로 이용하고 자연을 잘 보존하라는 취지로 만들어진 것입니다. 묘지 1기를 설치할 수 있는 공간에 여러 구를 자연장으로 할 수 있어 아름다운 자연을 후손에게 물려 줄 수 있는 것도 장점입니다. 자연장지는 묘지와 달리 거리 제한 규정이 없습니다. 매장과 봉안에 비교해 장례비용도 절감할 수 있습니다. 정부도 자연장을 적극적으로 권장하고 있고, 향후 이러한 방식의 장례가 많아질 것으로 예상합니다.

6. 국립묘지 안치

병적 이상 또는 금고 이상 형 확정 땐 안치 심의합니다

 어떤 사람이 국립묘지에 안치될 수 있을까요?
 전직 대통령이나 국가를 위해 공을 세웠거나 희생한 공직자 등이 대상입니다. 2006년 1월 「국립묘지의 설치 및 운영에 관한 법률」이 제정됨에 따라 국립묘지 안치 대상자는 법으로 정해졌습니다. 국가가 법률로 관리하기 위해 국립묘지 설치 운영 법률을 만든 것입니다. 국립묘지는 처음에는 전사(戰死)한 사람들을 위해 군대에서 만들었습니다. 그런데 이것이 점차 확대돼 군인뿐 아니라 공무원, 심지어 외국인까지 안치할 수 있게 됐습니다.
 국립묘지의 안장(위패봉안의 경우 제외) 기간은 60년입니다. 60년이 지난 후에는 안장대상심의위원회의 심의를 거쳐 영구안장 또는 위패봉안 여부를 결정합니다. 안장 기간은 사망일부터 시작됩니다. 하지만 벌써 이장 걱정을 할 필요가 없습니다. 60년을 규정한 국립묘지의 설치 및 운영에 관한 법률은 2006년 1월에 제정됐습니다. 이 때문에 이 법이 만들어지기 전에 사망한 사람들은 소급 대상이 아닙니다. 2066년까지는 강제 이장 우려가 없습니다. 배우자와 합장하는 경우에는 합장일을 기준으로 다시 계산하기 때문에 실제로는 안장 기한이 60년을 넘길 수도 있습니다.

국립묘지는 현충원과 호국원이 있으며, 국립묘지에 안장할 때에는 반드시 유골을 화장해 분골 처리한 후 모셔야 합니다. 유골이 없는 경우는 위패봉안을 할 수 있습니다.

봉안시설의 형태는 봉안묘, 봉안당, 실내 봉안당으로 나뉩니다. 봉안묘는 화장한 유골을 땅에 묻고 비석을 건립하는 형태(대전 현충원)입니다. 봉안당은 야외에 벽과 담의 형태로 된 시설로 이천·산청 호국원이 있습니다. 실내 봉안당은 실내 납골당 형태로 서울 현충원과 영천·임실 호국원이 있습니다.

안장 비용은 국가가 부담합니다. 안장(영정봉안 포함), 합장 또는 이장(移葬)을 하려면 유족이나 관계 기관의 장이 국가보훈처장이나 국방부 장관에게 신청하면 됩니다. 신청 절차는 먼저 인터넷(국립묘지안장관리시스템, http://www.ncms.go.kr)으로 신청(배우자 동시 합장 및 미래 합장 선택 가능)하고 사망진단서 1부를 팩스로 보내면 됩니다. 이후 해당 국립묘지에서 신원조회 등 안장 여부 확인 후 발인일 이내 안장 대상 여부를 신청서에 기재한 휴대폰으로 결과를 통지해줍니다. 유족들은 안장 당일 화장증명서 1부와 사진(3*4cm) 1매(명패 제작용)를 제출해야 합니다.

다만, 안장 대상자가 생존 당시에 병적 이상(탈영, 징계, 전역기록 이상 등) 또는 금고 이상의 형 선고(집행유예 포함)를 확정받았다면 별도로 국립묘지 안장대상심의위원회의 심의를 통해 안장 대상 여부가 결정됩니다. 결격사유가 없다면 삼일장을 치르는 데 무리

없도록 안장 승인을 하고 있으며, 승인 이후 안장 희망일과 시간은 국립묘지 측과 협의하면 됩니다.

국립묘지에 안장하려는 유족들이 늘면서 국립묘지 부족 현상이 심화되고 있습니다. 국립묘지가 들어서려는 지역 주민들이 혐오시설이라며 반대하고 있어 건립에 진통을 겪고 있는 것도 있지요. 이 때문에 안장 공간이 갈수록 부족할 것으로 보입니다. 또 안장할 묘역이 가득 차 안장을 못 할 수도 있어 사전에 안장 여부를 반드시 확인해야 합니다.

1) 국립묘지별 안장 대상자

국립묘지는 대표적으로 서울 현충원과 대전 현충원이 있습니다. 민주화 운동 유공자들을 모신 국립묘지는 서울 수유동 4·19 묘지, 광주 5·18 묘지, 마산 3·15 묘지가 있습니다. 경북 영천과 전북 임실, 경기 이천, 경남 산청의 '호국원(군경 묘역)'은 2006년 1월 30일부터 국립묘지로 승격됐습니다. 호국원은 충북 괴산군에 2019년 추가 조성됐으며, 국립제주호국원도 조성 중입니다.

국립묘지에 안장된 사람의 배우자는 본인이나 유족의 희망에 따라 합장할 수 있으며, 배우자의 요건은 안장 대상자의 사망 당시의 배우자. 다만, 배우자가 사망한 후에 안장 대상자가 재혼한 경우에는 종전의 배우자도 포함하고, 안장 대상자가 사망한 후에 다른 사람과 혼인한 배우자는 제외합니다. 또 안장 대상자와 사망 당시에 사실혼 관계에 있던 사람의 경우 합장은 안장대상심의위원회의 결정에 따릅니다.

국립묘지별 안장 대상자는 공적에 따라 달라집니다. 묘지별 안장 대상자는 다음과 같습니다.

① 서울 현충원 및 대전 현충원

- 대통령·국회의장·대법원장·헌법재판소장, 국가장으로 장례된 사람
- 순국선열과 애국지사로서 사망한 사람
- 현역군인과 소집 중인 군인 및 군무원으로 사망한 사람
- 무공훈장을 수여 받은 사람으로서 사망한 사람
- 장성급(將星級) 장교 또는 20년 이상 군에 복무한 사람 중 전역·퇴역 또는 면역된 후 사망한 사람
- 전사했거나 임무 수행 중 순직한 예비군대원 또는 경찰관
- 군인·군무원 또는 경찰관으로 전투나 공무 수행 중 상이(傷痍)를 입고 전역·퇴역·면역 또는 퇴직한 사람으로서 사망한 사람
- 화재 진압, 인명 구조, 재난·재해 구조, 구급 업무의 수행 또는 그 현장 상황을 가상한 실습훈련과 소방지원활동 및 생활

안전활동 중 순직한 소방공무원, 상이등급을 받은 소방공무원으로서 사망한 사람
- 6·25참전 재일학도의용군인으로서 사망한 사람
- 의사자(義死者) 및 의상자(義傷者)로서 사망한 사람 중 대통령령으로 정하는 요건을 갖춘 사람
- 산불진화·교정업무 등 위험한 직무를 수행하는 공무원으로서 직무 수행 중 사망해 관계 기관의 장이 순직공무원으로 안장을 요청한 사람
- 순직공무원과 공상공무원으로서 직무에 준하는 위험한 직무 수행 중 사망 또는 부상했다고 인정해 안장대상심의위원회가 안장 대상자로 결정한 사람(경찰공무원과 소방공무원은 제외)
- 국가나 사회에 현저하게 공헌한 사람(외국인 포함) 중 사망한 사람으로서 대통령령으로 정하는 요건을 갖춘 사람
- 독도의용수비대의 대원으로서 사망한 사람

② 국립 4·19민주묘지 및 국립 3·15민주묘지

- 4·19혁명 사망자와 4·19혁명 부상자 또는 4·19혁명 공로자로서 사망한 사람

③ 국립5·18민주묘지

- 5·18민주화운동 사망자와 5·18민주화운동 부상자 또는 그 밖의 5·18민주화운동 희생자로서 사망한 사람

④ 국립호국원

- 국가유공자로서 사망한 사람
- 참전유공자로서 사망한 사람
- 장기복무 제대군인으로서 사망한 사람

2) 국립묘지에 안장할 수 없는 사람

- 대한민국 국적을 상실한 사람
- 복무 중 전사 또는 순직 외의 사유로 사망한 사람
- 탄핵이나 징계처분에 따라 파면 또는 해임된 사람
- 안장대상심의위원회가 국립묘지의 영예성(榮譽性)을 훼손한다고 인정한 사람
- 단, 수형 사실 자체가 「민주화운동 관련자 명예회복 및 보상 등에 관한 법률」 제2조 제2호에 해당하는 사람으로서의 공적(功績)이 되는 경우에는 국립묘지에 안장할 수 있습니다.

• 국립묘지의 위치

1. 국립서울현충원: 서울특별시 동작구 현충로
2. 국립대전현충원: 대전광역시 유성구 현충원로
3. 국립연천현충원: 경기도 연천군 신서면 대광리
4. 국립4·19민주묘지: 서울특별시 강북구 4·19로
5. 국립3·15민주묘지: 경상남도 창원시 마산회원구 3·15성역로
6. 국립5·18민주묘지: 광주광역시 북구 민주로
7. 국립호국원
    - 가. 국립영천호국원: 경상북도 영천시 고경면 호국로
    - 나. 국립임실호국원: 전라북도 임실군 강진면 호국로
    - 다. 국립이천호국원: 경기도 이천시 설성면 노성로
    - 라. 국립산청호국원: 경상남도 산청군 단성면 목화로
    - 마. 국립괴산호국원: 충청북도 괴산군 문광면
    - 바. 국립제주호국원: 제주특별자치도 제주시 1100로(노형동)
8. 국립신암선열공원: 대구광역시 동구 동북로

7. 해외에서 사망한 고인의 국내 이송 절차

관을 이용한 시신 운송 시 항공료가 비쌉니다

해외에서 사망한 고인의 국내 이송 절차는 어떻게 진행될까요? 일단 내·외국인 사망자는 대부분 자국으로 운구됩니다. 일부는 현지에서 화장(火葬)하고 유해를 가져옵니다. 해외에서 사망한 고인의 국내 이송 절차는 다음과 같습니다.

1) 사망자 처리 절차

먼저 현지 주한 주재원 또는 재외공관과 현지 여행사에 연락을 취해 협조를 요청합니다. 주재원 또는 재외공관에서 국내의 외교부에 연락을 취할 수 있도록 조치를 취합니다. 유족이 현지로 갈 수 있도록 여권은 여권과(외교부)에, 비자는 해당국 대사관에 서면 요청해 신속한 여권, 비자를 발급받아 출국합니다.

만약 고인이 외부 요인으로 사망했다면, 현지 경찰의 입회하에 가해자의 주소, 성명, 연락처 등을 기록하고 사고 경위 조사 시 재외공관 입회하에 정확한 사고 발생 원인과 사고 발생 장소, 사고 내용 등을 파악합니다.

그리고 사망자와 동행한 사람이 피해가 있다면, 보상에 관한 합의는 대사관원의 중재로 하며 차후 후유증이 유발될 것을 감안해 될 수 있는 한 합의서에 서명은 하지 않고 사고를 일으킨 걸 인정하는 문서를 쓰게 합니다.

유족들은 병원에서 장의 확인서와 사망 확인서를 발급받고, 대사(영사)의 사망 확인서를 받아야 합니다. 이후 항공사에서 항공권과 동일하게 운송장을 작성해 유해를 운송합니다.

시신 및 유골 인수 시 구비할 서류는 △ CERTIF CATE OF DEATH(사망 증명서) △ FUNERAL DIRECT ASSIGNMENT(대사관 또는 영사관에서 작성하는 본국이전신청서) △ APPLICATION PERMIT DISPOSITION OF HUMAN REMINDS.(PERMITTING BURIAL) (신분확인서류) △ 방부처리 확인서(시신이나 화장하지 않은 유골의 경우)를 받습니다.

2) 시신 처리 규정

시신의 국내·외 운구 시 공항이나 세관에서는 시신에 대한 위생처리 대안으로 방부처리가 되지 않은 시신은 항공기에 태울 수 없는 국제항공 운송 협회의 규정을 적용하고 있습니다.

종전에 시행하던 보건복지부 관계 법규에는 시신에 대한 위생(방부)처리 규정이 없었습니다. 그러나 새로 제정된 장사 등에 관한 법률에서는 제9조(매장하려는 자가 시신에 대하여 약품 처리를 하려면 보건복지부령으로 정하는 기준에 따라 위생적으로 처리하여야 한다)에서 이 점을 명시하고 있어 위생(방부) 처리가 된 상태에서 이송합니다.

3) 사체 및 유골 국내 인수 방법

먼저 인천국제공항 화물 터미널의 해당 항공사에서 인수합니다. 이어 국내 화물 취급업체에서 사체 및 유골 인수 후 장례식장이나 상조 회사에 연락하면 됩니다.

모든 서류는 해당 국가(시신이나 유골을 보내고자 하는 국가)의 언어나 영어로 번역한 것 1통과 한글로 기재된 것 1통을 준비합니다. 또 영어로 번역한 것은 공증을 받습니다.

항공편을 이용해 시신을 국내로 운송할 때, 관을 이용한 시신으로 탑재하는 것과 병원에서 화장 후 운송하는 항공료가 다르므로 신중하게 고려합니다. 일부 국가는 화장으로만 해외 반출이 가능합니다.

8. 국내에서 사망한 고인의 국외 이송 절차

인천공항 검역소 발행 검역증과 사망자 여권이 필요합니다

국내에서 사망한 고인의 이송 절차는 크게 △ 시신 이송 △ 화장 후 유골 이송 △ 탈골 사체 운구 등으로 나뉩니다.

1) 시신 운구

① 운구 절차

고인 운구와 관련해 일주일 전에 항공사에 예약하고, 해당 항공사는 유족에게 고인과 관련된 사항을 문의해 인수 여부를 결정하고서 운송합니다. 항공사가 요구하는 별도의 포장이 필요합니다. 고인을 관에 입관한 후 항공 운송에 필요한 포장을 별도로 해 항공사에 인계합니다. 관만으로는 운송이 어렵습니다. 항공사는 검역소에 검역을 의뢰하고, 검역이 완료되면 검역증을 발급해 줍니다. 포장된 고인은 항공기 화물칸에 적재되며, 운송료는 해당 지역까지 운송하는 일반 화물 운송료의 1.5~2배입니다.

② 공항에서 수령절차

항공기가 도착하면 항공사에서 해당 국가 검역소에 검역을 의뢰합니다. 한국에서 발급받은 검역증을 첨부시킵니다. 다음으로 검역이 끝나면 B/L(선하증권, 일명 물표)과 서류를 해당 국가의 세관에 신고하고, 통과되면 유족이 시신을 인수합니다.

③ 필요서류

병원에서 사망진단서를 발행받습니다. 방부처리 허가업체에서 발행하는 방부처리 증명서도 있어야 합니다. 사망진단서를 첨부해 해당 국가의 대사관(영사관)에 사망확인서를 신청하면 발급해 줍니다. 인천공항 검역소에서 발행하는 검역증과 사망자의 여권이 필요합니다.

2) 유골 운구

① 운구 절차

유골 수송과 관련해 항공사에 예약하고(약 7일 전), 해당 항공사는 유족에게 화장 유골과 관련된 사항을 문의해 인수 여부를 결정하고서 그 후에 운송합니다. 항공사가 요구하는 유골함을 넣는 별도의 포장이 필요합니다. 항공사는 검역소에 검역을 의뢰하고, 검역이 완료되면 검역증을 발급해 줍니다. 유골함은 화물칸에 적재되며, 운송료는 통상 해당 지역까지 운송하는 일반 화물 운송료의 1.5~2배입니다.

② 공항에서의 수령절차

항공기가 도착하면 항공사에서 해당 국가 검역소에 검역을 의뢰합니다. 한국에서 발급받은 검역증을 첨부해야 합니다. 검역이 끝나면 B/L(선하증권, 일명 물표)과 서류를 해당 국가의 세관에 신고하고, 통과되면 유족이 유골을 인수합니다.

③ 필요서류

시립 화장장 관리소에서 발급해 주는 화장증명서(영문 또는 해당 국가의 언어로 번역하여 공증을 받아야 함)와 대사(영사)의 사망확인서(해당 국가)가 필요합니다. 인천공항 검역소에서 발행하는 검역증과 사망자의 여권이 있어야 합니다.

3) 탈골 사체 운구

① 운구 절차

유골 수송과 관련해 항공사에 예약하고(약 7일 전), 해당 항공사는 유족에게 유골과 관련된 사항을 문의해 인수 여부를 결정하고서 그 후에 운송합니다. 항공사가 요구하는 별도의 포장(유골을 넣은 상자와 별개의 포장)이 필요합니다. 항공사는 검역소에 검역을 의뢰하고, 검역이 완료되면 검역증을 발급해 줍니다. 포장된 유골은 항공기 화물칸에 적재되며, 운송료는 해당 지역까지 운송하는 일반 화물 운송료의 1.5~2배입니다.

② 공항에서의 수령절차

항공기가 도착하면 항공사에서 해당 국가 검역소에 검역을 의뢰합니다. 한국에서 발급받은 검역증을 첨부해야 합니다. 검역이 끝나면 B/L(선하증권, 일명 물표)과 서류를 해당 국가의 세관에게 신고하고, 통과되면 유족이 유골을 인수합니다.

③ 필요서류

방부처리 증명서와 대사(영사)의 사망확인서(해당 국가), 검역증, 사망자의 여권이 필요합니다.

9. 외국 장례

외국의 장례문화는 우리와 비슷한 점도 있지만, 다른 부분도 많습니다. 그러나 외국 장례문화에서 공통으로 나타나는 현상은 매장보다는 화장을 선호한다는 사실입니다.

일본은 정부의 장려와 국민의 적극적인 참여로 1970년대 이후 화장이 꾸준히 늘어 이제는 화장률이 99%에 이릅니다. 중국에서도 이미 매장을 법으로 금지해 화장을 많이 합니다. 유럽도 영국 70%, 스위스 70% 등 화장률이 높아지는 추세이죠.

일본의 화장비율이 많이 늘어난 것은 전통적인 관습에 기인한 부분도 있으나 정부의 강력한 화장 장려정책과 행정지도 때문입니다. 매장(埋葬) 및 화장장취체법률(火葬葬取締法律)이 제정된 이후 화장시설의 확대 및 현대화 노력을 일관되게 추진해 왔으며, 그 결과 화장에 대한 혐오 관념을 크게 불식시킨 점이 화장제도 확대의 요인으로 분석됩니다.

일본에서는 수목장이 서서히 인기를 끌면서 장례문화가 바뀌고 있습니다. 최근에 '자연으로 돌아가자.'라는 캠페인이 확산하면서 수목장이 늘고 있습니다. 수목장은 자연으로 돌아가고 싶은 일본인의 사생관과 맞는 것으로, 비용도 싸 인기입니다.

중국도 장례 때 화장을 많이 이용합니다. 매년 늘어나는 고인들의 시신을 묻기에는 땅이 부족하기 때문이죠. 화장하는 경우 시신은 장례식을 마친 다음 불에 태워지며, 시신의 유골은 3일 동안 화장장에 보관된 후 봉안당으로 옮겨집니다. 그러나 아직도 중국에서는 매장을 선호하는 사람들이 많습니다.

　인구와 비교해 넓은 국토를 가지고 있는 미국은 기독교의 영향을 받아 화장보다는 주로 매장을 하는 관습이 있습니다. 묘지는 주로 교회와 연계돼 있고 현재는 전원, 잔디, 아파트형 묘지가 증가하는 추세입니다. 다만 한국과는 달리 봉분을 만들지 않고 관의 크기만큼 땅을 파서 묻는 평장(平葬)의 형식을 취하고 있어 1기당 묘지면적은 작습니다.

　미국 사람들의 장례식 참석은 가까운 친지가 아니면 고인이 안치된 곳은 방문하지 않으며, 영결식만 참석하는 것이 보통입니다. 조문객도 가족과 친인척 위주로 조촐하게 받고 행사를 진행합니다. 부의금을 전달하는 관습은 없으나, 대신 고인의 이름으로 기금을 조성합니다. 조문 문화도 미국은 합리적이죠. 한국은 2박 3일 동안 장례를 치르지만, 미국에서는 두세 시간 내에 장례식을 끝내기도 합니다.

　이처럼 나라별, 문화별로 죽음에 대한 관점과 인식이 각각 다릅니다. 그러나 죽음에 대해 모든 나라는 상당한 의미를 부여하고 있습니다. 죽음 이후의 절차인 장례를 중요하게 생각하는 것은 죽음에 가치를 두기 때문입니다. 죽음은 단순히 '상실'이 아닌 삶의 마무리라고 생각합니다. 사는 것만큼이나 죽음은 중요한 끝맺

음으로 여기죠. 죽음 그 자체는 세계 어디에서든지 숭고한 의미를 담고 있습니다.

3부

장례비용 줄이는 방법

3부
장례비용 줄이는 방법

음식 접대비만 줄여도 비용 크게 절감됩니다

보통 장례를 치르면 장례비용이 1,000만 원을 훌쩍 뛰어넘는 경우가 많습니다. 이 때문에 유족들은 은근히 장례비용에 대한 스트레스를 많이 받을 수밖에 없죠. 죽음을 맞이하거나 장례비를 마련할 수 없을 때는 장례비 걱정부터 하게 됩니다.

한국소비자원이 2015년 조사한 자료 결과에 따르면, 평균 1,381만 원 정도가 장례식 비용으로 지출됐습니다.

장묘를 제외한 장례비용은 평균 1,013만8,000원으로 화장 이용자(485명 응답)가 989만 원인데 비해 매장 이용자(145명)는 이보다 많은 1,096만 원이 들었습니다. 장묘 비용은 화장 이용자가 338만6,000원으로 매장 이용자 462만 원보다 123만 원 이상 덜 지출했습니다.

화장 이용자의 장묘 비용(화장 비용 포함)은 봉안묘(78명)가 486

만2,000원으로 가장 높았고, 봉안당(290명) 335만5,000원, 수목장(90명) 294만1,000원, 잔디장(27명) 93만7,000원이 뒤를 이었습니다.

장례를 치르면 비용은 어떤 항목에서 크게 지출될까요?

첫째, 장례식장 사용료, 둘째, 음식 접대비, 셋째, 장례 서비스 비용, 넷째, 장지 비용 등 주로 4가지 항목입니다.

✽ 주요 장례 비용

항목	세부항목	행사 주최
장례식장 사용료	빈소료, 안치료, 영결식장 이용료 등	장례식장
음식 접대비	식사, 음료 및 과일 접대비 등	장례식장
상조 서비스	수의, 관, 상복, 입관부속품, 제단 장식비 등	상조 서비스, 장례식장
장지 비용	화장시설비 및 봉안시설 이용료, 묘지 비용 등	공원 묘역 및 선산
기타 비용	영정사진, 기본제물, 발인제사상	

▲ 장례식장 사용료

빈소, 안치실, 염습실, 영결식장 이용비용이 이에 해당합니다. 대형병원과 대도시 장례식장이 소형병원과 중소도시 장례식장에 비교해 장례 비용이 대체로 비싼 편입니다. 하지만 바가지 염려가 없고, 교통이 편리하다는 장점이 있습니다.

▲ 음식 접대비

음식 접대비가 장례를 치를 때 가장 많이 듭니다. 식사는 장례식장에서 대부분 자체적으로 공급합니다. 장례식장은 음식은커녕 음료수도 반입을 대부분 금지하고 있습니다. 이 때문에 장례비용이 터무니없이 많이 나오는 주요 원인으로 지적되고 있죠.

▲ 장례 서비스 비용

장례 서비스 비용은 병원에서 운구 및 안치부터 시작해 장례식 자체를 추진해 나가는 데 필요한 물건이나 장례 서비스에 대한 대가입니다. 주로 상조 회사나 장례식장에서 취급합니다. 수의, 관, 입관부속품과 같은 장례용품 비용, 상식, 성복제, 발인제, 삼우제 등 제수용품 비용 등입니다. 헌화 꽃송이, 영정사진 등의 제단 장식 비용은 별도로 내는 게 많습니다. 장례비용 중 장례 서비스 비용은 그리 비중이 크지 않으며, 절약의 폭도 상대적으로 작습니다. 이 비용 중에서 제단 장식 꽃과 수의, 관의 선택에 따라 비용이 크게 차이가 날 수 있습니다.

▲ 장지 비용

매장하거나 화장 이후 봉안당 등에 고인의 유품을 안치할 때 드는 비용입니다. 공설 또는 사설묘지 사용 비용으로 묘지사용료, 관리비와 부대시설비가 듭니다. 화장은 화장비용과 봉안시설 사용료와 관리비, 유골함 비용이 들어갑니다.

 장지 관련 비용은 전체 장례비용에서 많은 부분을 차지할 수 있습니다. 매장이냐 화장이냐에 따라서 가격도 달라지기 때문이죠. 장지 비용을 어떻게 절약하느냐에 따라서 전체 장례 비용에 대한 영향이 가장 큽니다. 매장은 묘지 구입 비용이 화장과 비교해 많이 들어갑니다. 화장도 산골, 납골당, 잔디장, 수목장 등 화장 후 골분의 안치 방법에 따라 가격 차이가 있습니다.

1장_ 장례 정보제공 및 지원제도

1. 보건복지부 운영 'e하늘 장사정보시스템' 활용

장례비용을 줄이기 위해서는 장례정보를 제대로 전달하고 있는 사이트를 잘 알아둘 필요가 있습니다. 정부가 운영하는 사이트도 있고, 민간이 만든 사이트도 있습니다. 그중 괜찮은 사이트로서 **보건복지부에서 운영하는 'e하늘 장사정보시스템(http://www.ehaneul.go.kr)'가 있습니다.** 민간 사이트는 대부분 'e하늘 장사정보시스템'의 내용을 참조한 것으로, 유족들은 정부에서 운영하는 사이트만 봐도 장례 때 드는 비용을 대충 파악할 수 있습니다.

e하늘 장사정보시스템에서 다루고 있는 내용을 소개합니다.

1) 화장장 예약

<u>화장장 예약 빨리 안 하면, 장례 제때 못해요</u>

이 사이트에서는 화장장 예약 현황을 알려줍니다. 임종 후 가장 먼저 알아봐야 할 장례 절차 중 하나가 화장장 예약 현황을 알아보는 것입니다. 예전에는 화장보다 매장이 많아 화장장을 빨리 예약할 필요가 없었지만, 요즘은 화장률이 굉장히 높아 때를 맞추지

못하면 삼일장이 아니라 사일장으로 장례를 치를 수 있습니다.

　그렇다고 삼일장으로 하고 싶은데 화장장 예약을 못해 사일장으로 꼭 치러야 할까요? 그렇지는 않습니다. 관내 화장장을 이용하지 않고 비교적 한가한 다른 지역 화장장을 이용하면 되기 때문입니다. 다만, 관내가 아니면 화장비용이 크게 늘 수 있다는 건 단점입니다.

　유족들은 화장장 예약을 서두르지 않으면 장례가 지연될 수 있어 고인의 임종 후 서둘러 화장장 예약을 알아봐야 합니다. 화장시설의 예약 현황을 보고 원하는 시간과 장소를 예약할 수 있습니다. 그런데 화장장 예약은 장례 서비스 업체에서 대부분 알아서 해주기 때문에 그리 걱정할 필요는 없습니다. 다만, 빨리 예약해야 한다는 것쯤은 알고 있어야 합니다.

※ e하늘 장사정보시스템 화장예약

2) 장례시설·장례용품 정보 제공

e하늘 장사정보시스템에서는 장례시설과 장례용품 정보를 제공합니다. 전국 이용 가능 장례시설 및 비용 등에 관한 현황을 파악할 수 있습니다. 장례식장, 화장장, 자연장지, 봉안시설 등 장사시설 정보를 자세히 안내하고 있습니다. 빈소, 접객실 등 시설임대

료와 안치실 이용료, 식사비, 운구 차량, 염습·입관료 등도 상세히 알려줍니다.

장례용품 가격 정보도 제공합니다. 관, 수의, 1회용품, 상주용품, 입관용품, 유골함 등의 가격 정보를 알려줘 유족들이 비교 분석할 수 있도록 돕고 있습니다. 유족들은 항목별로 사용할 의사가 있는 시설 및 용품을 고르면 됩니다.

그러나 유족들은 전문가가 아니어서 정확히 비교 분석할 수 있는 역량은 다소 부족합니다. 이에 따라 유족 대부분은 상조 회사 또는 장례식장에 일임하는 경우가 많습니다. 상조 회사에서 미리 세팅한 장례 서비스 상품은 일일이 고르는 것보다 더 나을 수 있습니다.

그렇지만 임종을 앞둔 가족이 있다면, 장례시설이나 장례용품을 미리 체크해보고 가격 비교를 한다면 좀 더 저렴하게 장례를 치를 수 있을 것입니다.

✻ e하늘 장사정보시스템 장사시설 안내

3) 장례 및 행정절차

장례 방법과 장례 이후 행정절차에 대해 안내해줍니다. 알기 쉬운 문상방법, 알기 쉬운 장례 절차, 장례 후 조치, 장례비 지원 등에 대한 정보를 알려줍니다. 과거에는 유족들이 객관적인 정보를 얻을 수 없어 상조 회사 또는 장례식장 측의 말만 들었지만, 이제는 많은 곳에서 상조와 관련해 자세히 알려줍니다. 특히 매장 방식에 대한 정보를 제공해 임종을 앞둔 가족들이 매장으로 할 것인지 아니면 화장으로 진행할 것인지 판단을 할 수 있게 도와줍니다.

✱ e하늘 장사정보시스템 장사절차 안내

2. 정부 및 광역·지방 자치단체 지원

1) 화장장려금

6개월~1년 이상 거주해야 화장장려금 나옵니다

지방자치단체에 따라 다양한 장례지원을 해주고 있습니다. 화장장려금과 장사시설 이용감면, 기타 지원 등입니다.

장례지원 제도에 대해 알고 싶으면 살고 있는 지역의 지방자치단체 홈페이지, 한국장례문화진흥원(http://www.kfcpi.or.kr), 보건복지부 e하늘 장사정보시스템(http://www.ehaneul.go.kr)의 사이트를 방문해 지원 부분을 찾아보면 됩니다.

2020년 현재 전국 86개 시군에서 화장장려금을 지급하고 있습니다. 일반시신 화장지원 55건, 일반시신+개장유골 화장지원 29건, 개장유골 화장 2건 등 모두 86건입니다 〈**부록 3. 지자체별 화장장려금 참조**〉.

지자체는 5만~100만 원 등 다양하게 화장장려금을 지원합니다.

화장장려금은 보통 6개월~1년 이상 살고 있는 주민을 위주로 지급합니다. 한국장례문화진흥원이 해당 자치단체별로 장례지원 제도를 취합해 분석하고 있습니다. 더 자세한 내용을 알고 싶으면 해당 시군 홈페이지를 참조하면 됩니다.

2) 장사시설 이용료 감면

관할 구역 이용하면 장례비 절약돼요

지방자치단체는 화장장려금에 이어 장사시설 이용감면 지원, 공영장례지원 등으로 주민들에게 혜택을 주고 있습니다.

지방자치단체가 지원해주는 사례는 봉안시설 및 자연장지 등 이용감면 117건, 장례식장 이용감면 12건 등 총 129건입니다. 서울 금천구 등 15개 지방자치단체에서는 무연고, 저소득층에게 공영장례지원을 하고 있습니다 **〈부록 4. 지자체별 장사시설지원 참조〉**.

장사시설 이용료 감면은 보통 공설 봉안당과 자연장지를 활용할 때 적용됩니다. 지방자치단체 상당수는 관할 구역에 보유한 공설 장사시설 이용료를 감면해 줍니다.

반면 서울과 같은 대도시는 관할 구역에 장사시설이 없습니다. 이 때문에 서울 11개 구는 장례시설과 계약을 맺고 저렴하게 봉안시설을 이용할 수 있도록 하고 있습니다. 종로·중동·성동·광진·성북·도봉·동작구는 경기도 화성에 있는 효원납골공원에 봉안시설을 분양받았습니다. 화장된 시신을 15년간 30만 원의 사용료, 재사용료(5년) 15만 원을 받고 안치할 수 있도록 했습니다. 구에 설치된 분묘에서 개장돼 화장한 유골을 그 유족이 신청할 때도 똑같이 적용됩니다. 서대문·동대문·강동·강남구의 봉안시설은 충북 음성군 예은추모공원에 있습니다. 이들 구청은 지역 주민들에게 시중가보다 1/10의 저렴한 비용으로 이들 봉안시설을 이용할 수 있도록 편의를 제공합니다.

서울, 고양, 파주 주민들은 파주 추모공원 자연장지를 이용할 수 있습니다. 그러나 이곳 봉안시설은 만장으로 인해 현재 일반 시민은 받지 않고 국가유공자 또는 국민기초생활수급자만 가능합니다.

울산시는 울산하늘공원 장례식장을 이용하는 유족들을 위한 다양한 혜택을 제공합니다. 영결식장(1시간)은 관내 주민 3만 원, 관외 주민 6만 원, 빈소(24시간) 관내 주민 11만2,000원, 관외 주민 22만4,000원으로 이용할 수 있습니다. 안치실과 염습실, 가족 휴게실 등도 저렴한 이용이 가능합니다.

3) 정부 지원대책

지역 주민과 다른 지역 주민에게 받는 화장장 사용 금액은 지방자치단체별로 최소 2배에서 최대 20배인데다 이용금액도 제각각입니다. 성남시 지역민은 화장비용이 5만 원인데 비해 다른 지역 주민은 100만 원으로 20배 차이가 납니다.

정부는 화장 수요가 많아진 만큼 모든 국민이 유사한 혜택을 누릴 수 있도록 정부 차원의 관리를 지속해 실시합니다. 지자체에서 정한 가격 실태에 대해 면밀 검토해 불합리한 부분이 있는지 살펴보고 있습니다.

또 '제2차 장사시설 수급 종합계획'에 따라 화장장을 설치하지 않은 지역의 경우 지역 주민의 동의를 얻어 장사서비스 확대를 위한 지역 수급 계획을 수립하도록 하고, 화장시설을 설치하도록 지원해 나갈 예정입니다.

특히 지자체 간 공동으로 화장시설을 설치하도록 유도하고, 화장장 설치에 대한 주민갈등을 완화하기 위해 장사지원센터 내에 '갈등관리자문단'을 설치·운영합니다.

그러나 지자체별로 화장비용의 차이가 크고 전체 사망자의 80~90%가 화장을 선호하고 있어 정부가 화장서비스 확충을 더 시급한 중요과제로 추진해야 한다는 의견이 제기되고 있습니다.

우리 사회에서 화장장이 기피·혐오 시설로 인식되고 있으나, 이를 설치한 지자체는 이러한 인식을 극복하고 지자체 재정을 투입하고 주민의 동의를 얻어 장사서비스를 제공하고 있습니다.

2장_ 장례비용 절감

1. 장례식장 사용료

작은 장례로 부담을 줄이세요

'작은 장례'를 치르자는 분위기가 확산되고 있습니다. 장례비용이 지나치게 많이 들어 검소한 장례를 치러야 한다는 움직임이 일어나고 있는 것이죠. 그러나 실제로 작은 장례를 치르려면, 먼저 죽음을 준비하는 사람의 의지가 확실해야 합니다. 작은 장례 의지가 확실하다면, 자식들에게 본인의 생각을 적극적으로 알릴 필요가 있습니다. 그러나 문제는 장례 규모를 축소하면 마치 불효인 것처럼 보일 수 있어 자녀들이 스스로 '작은 장례'를 꺼리고 있습니다. 이를 극복하려는 노력이 중요합니다.

단순히 형식적으로 장례비용을 줄이는 것만이 아닌, 고인의 삶을 추모하는 방식으로 장례문화가 바뀌어야 한다는 이야기입니다. 남아 있는 가족들을 위해 부담을 줄여주고 싶은 고인의 살아생전 마음이 작은 장례식을 치를 수 있는 가장 중요한 요인입니다.

유족들이 실천할 수 있는 장례비용 줄이는 방법 가운데 하나는 장례식장 시설 사용료를 아끼는 것입니다. 장례식장 시설 사용료는 크게 빈소 사용료, 안치실, 염습실, 영결식장 이용비용 등입니다. 대형병원과 대도시 장례식장은 소형병원과 중·소 도시 장례식장과 비교해 장례비용이 비싼 편입니다. 동일한 규모라도 운영 형태, 사용 평수에 따라 시설 사용료가 2~3배 이상 차이 날 수 있어 사전에 시설 사용료를 반드시 확인해야 합니다.

빈소는 조문을 하는 영안실과 조문객이 식사할 수 있는 접객실을 말합니다. 안치실은 고인을 안치하는 장소입니다. 빈소와 안치실의 사용료는 1일 단위로 계산합니다. 대형 종합병원 내의 장례식장 중에는 호텔의 특실 이용료보다 비싼 곳도 많습니다.

작은 장례 방식으로 치르려면 종교시설이나 고인이 평소에 아꼈던 장소에서 다 같이 모여 추모식을 여는 방식이 있을 수 있습니다. 비용을 아낄 수 있고, 고인을 추모하는 장소로 활용하면 되는 것입니다. 음식을 직접 마련해 고인을 추모하고 그리워하면 음식비용도 훨씬 줄어드는 장점도 있습니다. 지방자치단체 차원에서 유족들에게 경제적으로 도움이 될 작은 장례문화 운동을 적극적으로 펼치는 것도 한 방법이 될 수 있습니다.

결혼식도 간소화하게 치르는 것처럼 장례식도 점차 작은 장례로 만들어야 합니다. 그러나 유족이 비용을 절감해야겠다는 생각을 스스로 갖지 않는 한 장례비용을 줄이는 건 쉽지 않습니다.

2. 음식 접대비

음식비가 장례비 비중의 1/3 이상인 것 아세요?

장례를 치르면 음식 접대비가 의외로 많이 들어갑니다. 전체 장례비 중에서 음식비가 보통 1/3 이상으로 가장 높은 비중을 차지합니다. 외부에서 음식을 들여오는 것을 장례식장이 반대해 유족들은 음식 접대비를 장례식장에 많이 지불하는 경우가 흔합니다. 심지어 음료수 반입도 금지하고 있어, 장례비용이 많이 나오는 요인이 되고 있습니다.

장례식장에서 음식은 고인용 제수용품과 조문객들을 위한 음식 접대비로 나뉩니다. 제수용품의 가격은 장례식장에 따라 약간 차이가 있고, 별로 많이 들지 않습니다. 제사를 지내지 않으면 굳이 차리지 않아도 됩니다.

그러나 접대용 음식은 다릅니다. 장례식장의 음식은 일반식당과 달리 밥, 국, 반찬, 과일, 안주 등을 각각 주문해야 합니다. 음식 비용도 각각 책정되어 있으며, 일반식당 음식 가격보다 훨씬 비싼 편이죠.

음식 접대 1인분의 가격이 음식 도우미에 따라 크게 달라질 수 있습니다. 음식 도우미들이 음식을 많이 주면 비싸지고 적게 주면 싸집니다. 일부 상가(喪家)에서는 음식값만 1인당 평균 3만 원이 넘는 경우도 많습니다. 음식이 낭비되지 않도록 유족들은 식단을 제대로 관리 감독할 필요가 있죠. 장례식을 치르면서 수의나 관보다 음식 바가지가 훨씬 많다는 것을 의미합니다.

음식 도우미는 보통 각종 음식을 미리 담아놓고 조문객을 접대합니다. <u>1인 또는 4인 구분하지 않고 비슷하게 음식상을 냅니다. 밥과 국은 인원수대로 내지만 과일, 떡, 고기 등은 숫자에 상관없이 4인분 기준으로 차립니다. 이 때문에 1인분 접대상에 남는 음식이 그대로 버려지는 경우가 허다합니다.</u> 버리는 음식을 최대한 줄여야만 장례비용을 절감할 수 있습니다. 한꺼번에 많이 음식을 내지 않고 모자라면 더 주면 됩니다. 그러나 일부 음식 도우미들은 매출이 자신의 수입과 직결돼 유족들의 입장을 고려하지 않는 사람도 있습니다.

<u>음식 접대비를 줄이기 위해서는 가족 중 적어도 1명 정도 음식 도우미로 참여하는 것이 좋습니다.</u> 가족이라면 상주 편에서 음식을 알맞게 준비해 조문객을 맞이하므로 음식비용을 절감할 수 있습니다.

장례식장의 음식비는 일반식당보다 비싸고, 장례식장 별로 가격차가 많아 사전에 장례식장의 음식 종류와 가격을 확인하면 좋습니다. 음식비용만 절약해도 장례비용을 크게 절감할 수 있기 때문입니다. 밥이나 국, 나물 등 접객용 음식은 장례식장에서 공급받을 수밖에 없지만, 일부 과일이나 음료, 주류 등은 외부에서 반입

2장_ 장례비용 절감

할 수도 있습니다. 제수용 음식 중 과일, 건어물 등을 외부에서 구입하면 훨씬 저렴합니다. 그러나 장례식장 대부분이 외부 반입을 꺼립니다. 자신의 매출과 직결되기 때문이죠. 이 부분은 장례식장과 잘 상의해야 합니다.

유족들이 장례식장과 음식값을 놓고 충돌하기 싫으면, 상조 회사에서 자체 운영하는 음식 도우미를 활용하면 됩니다. 이들은 상조 회사 소속이기 때문에 음식의 적정량을 배식하려 합니다. 음식은 장례식장에서 공급하지만, 음식을 나르는 도우미는 상조 회사 직원으로 이원화되어 관리가 잘 될 수 있습니다. 상조 회사 도우미들은 음식비용을 줄이라는 교육도 받습니다. 사람 나름이지만, 대체로 상조 회사 소속 음식 도우미를 잘 활용하면 어느 정도 음식값을 줄일 수 있습니다. 음식 주문과 재고관리는 유족이나 친척 중에서 한 사람이 전담하면 좋습니다.

개인들이 적극적으로 음식 접대비를 줄이는 방법 외에 외부에서 음식을 가져올 수 있게 하는 문화 조성도 필요합니다. 그러나 장례식장에서는 장소 임대료 이외에 음식 제공을 통해 수익을 남겨야 하는 것 때문에 사제 음식을 공급하려 합니다. 유족과 장례식장 간 충돌이 생길 수 있는 구조이죠.

이 때문에 '작은 장례식'을 위해서는 굳이 장례식장을 이용할 것이 아니라 주변 공공성을 띠는 기관 또는 대중 공간을 활용하자는 의견도 나옵니다. 종교시설이나 추모할 수 있는 장소를 이용해 장례를 치르면, 그만큼 장례비용을 절감할 수 있을 것입니다. 값비싼 음식을 제공할 필요가 없고, 정성스럽게 차린 음식으로 조문객들을 대접하면서 충분히 고인을 추모하고 그리워하는 게 더 나은 장례 조문 방법입니다.

3. 상조 서비스 비용

상조 서비스 비용은 고인의 운구 및 안치부터 시작해 장례식 자체를 추진해 나가는 데 필요한 물건이나 장례 서비스에 대한 대가입니다. 장례용품 사용료와 장지 이동에 따른 차량 비용, 장례지도사 및 주방 도우미 인건비 등을 합한 금액입니다.

염습과 입관에 필요한 수의, 관, 입관부속품 등 고인을 위한 장례용품과 제단 꽃장식, 영정, 위패, 상복 등 빈소용 장례용품, 음식 접대를 위한 주방용 장례용품 비용 등이 상조 서비스로 제공됩니다.

상조 서비스를 제공하는 곳은 상조 회사와 장례식장입니다. 장례식장에서는 장소 임대와 음식만 제공하고, 모든 의전은 상조 회사에 일임하는 방식으로 장례가 주로 치러집니다.

전체 장례비용 중 상조 서비스 비용의 비중은 크지 않습니다. 이 때문에 절약의 폭도 상대적으로 적을 수밖에 없습니다. 이 비용 중에서 제단 장식 꽃과 수의, 관의 선택에 따라 비용 차이가 납니다. 보통 상조 회사에서 수의, 관 등 장례용품과 고인의 이송 및 운송에 필요한 차량, 유족 및 조문객의 장지 이동에 필요한 차량에 따른 비용까지 포함됩니다. 그러나 헌화 꽃송이, 영정사진 등의 제단 꽃 장식비는 별도로 내는 곳이 많습니다.

특히 상조 서비스 비용 중 많이 들 수 있는 것은 수의, 관의 비용입니다. 수의 가격은 몇만 원에서부터 수백만 원까지 천차만별입니다. 관의 경우 목관을 주로 사용하지만, 목관에 따라 수만 원에서 1,000만 원까지 다양합니다.

유족들은 상조 회사에서 제시한 수의나 관을 이용하지만, 일부는 지나친 호화 수의나 관을 사용해 대표적인 허례허식으로 지적되고 있습니다. 될 수 있으면 상조 회사가 제시한 것을 이용하면 좋습니다. 상조 회사에서 제시한 상조 서비스는 패키지 상품으로 취급하기 때문에 비교적 저렴한 편이죠. 굳이 비싼 관을 사용해 장례를 치를 필요가 없다는 말입니다.

요즘 화장을 많이 하는 추세입니다. 이 때문에 고가의 수의나 관은 큰 의미가 없습니다. 여기에 비용을 많이 쓰지 말아야 합니다. 화장을 하면 한 줌 재로 변해 값비싼 수의나 관은 낭비일 뿐입니다. 물론 고인을 화려하게 보내려는 유족이 있다면 어쩔 수 없지만요.

요즘 들어 수의 대신 고인이 즐겨 입었던 일상복을 입고 장례를 치르는 경우도 많습니다. 체면치레하지 않고 실속을 챙기는 문화 조성이 필요합니다. 수의나 관은 유족들이 비싼 것인지 싼 것인지, 거의 구별할 수 없습니다. 일부 상인들이 수의의 소재나 산지를 속여 폭리를 취하기도 하지만, 원가와 비교해 너무 비싸게 판매하는 것도 문제입니다. 일부러 고가의 수의를 구매할 필요는 없습니다. 수의를 구매할 때 동일한 상품이 매장에 따라 가격이 크게 차이가 날 수 있다는 점도 명심하면 좋습니다.

제단 꽃장식도 수십만 원에서 수백만 원에 이릅니다. 제단 꽃장식을 화려하게 하는 것도 좋지만, 저가의 제단 꽃장식도 실용적인 면에서 바람직합니다. 화려한 제단 꽃장식을 한다고 해서 고인의 품격이 더 높아지는 것은 아니기 때문이죠.

주방 도우미와 장례지도사의 인건비 등은 상조 서비스 비용에 모두 포함됩니다.

고인 이송에 필요한 장례 이송 차량은 최저 50만 원부터 시작해 거리가 멀면 추가 요금이 나옵니다. 이 또한 상조 서비스 비용에 모두 포함해 선택하는 것이기 때문에 어느 수준의 상조 서비스를 이용할 것인가를 결정하면 비용도 따로 고민할 필요가 없습니다.

전체 장례비용 중에서 음식비용이 가장 높고, 다음으로는 장지 비용, 상조 서비스 비용이 가장 적은 비중을 차지합니다. 상조 서비스 비용을 줄이는 것도 좋지만, 음식 비용과 장지 비용을 줄이는 것이 실질적으로 장례비용을 줄일 수 있는 효율적인 방법입니다.

4. 장지 비용

장지 비용은 고인을 매장이나 화장 등 최종적으로 안장하는데 드는 돈입니다. 전체 장례비용 중 20~30%를 차지하죠. 옛날에는 매장을 많이 해 장지 비용이 많이 들었지만, 요즘은 화장이 대세여서 예전과 비교해 금액이 적게 듭니다. 장지 비용을 최대한 줄이는 방법은 무엇보다 관내 시설을 잘 활용하는 것입니다. 화장 또는 매장별 장지 비용을 줄이는 방법입니다.

1) 화장

공공 봉안시설, 사설보다 훨씬 싸요

화장 이후 유골처리 방법은 여러 가지가 있습니다. 봉안당에 안치하거나 수목장, 잔디장, 해양장 등을 이용하는 방법입니다.

상조 회사나 장례식장이 유족들에게 봉안시설을 소개해주는 경우가 많습니다. 봉안당 회사는 관례처럼 10~20%의 리베이트를 소개업체에 주는 것으로 알려져 있습니다. 이 때문에 상조 회사나 장례식장과 상관없이 유족들이 봉안당 회사와 직접 계약을 맺을 수도 있습니다. 그러나 실제 더 싸지는 않다고 상조업계 관계자들은 말합니다. 봉안당 회사가 유족들에게 싸게 해준다고 하지만,

실제로는 가격이 거의 할인되지 않은 금액을 제시한다는 것이죠.

　오히려 상조 회사나 장례식장에서 소개해준 봉안시설이 비용 또는 번거로움을 줄일 수 있는 상황입니다. 극히 일부에서는 '페이백 서비스' 형태로 유족에게 돌려주고 있지만, 대부분 상조 회사 등은 봉안당 회사에서 받은 리베이트를 유족들에게 돌려주지 않습니다. **상조업체가 봉안시설 소개비를 일부 고객에게 돌려주는지 확인해 그곳 상조업체와 계약하는 것이 장지 비용을 줄이는 방법입니다.**

　이러한 논란을 피하기 위해서는 사설보다는 공설 봉안시설을 이용하는 것이 좋습니다. 봉안시설은 지방자치단체가 운영하는 곳이 훨씬 저렴합니다. 사설보다는 공설을 활용하는 것이 경제적으로 부담이 많이 줄어듭니다. 지방자치단체에서 운영하는 봉안시설 대부분은 지역에 거주하는 주민들이 이용하지만, 일부에서는 관외 주민도 개방하고 있습니다.

　사설 봉안당은 층은 따라 가격 차이가 있습니다. 봉안당은 4~6층이 가장 비싸고, 1층과 9~10층은 가격이 쌉니다. 눈높이에 맞춘 4~6층이 로얄층으로 분류됩니다. 봉안당을 로얄층으로 사용하는 것이 자식의 할 도리라고 생각하지만, 큰 의미가 없습니다. 실제 봉안당을 가면 어느 높이에 있든 중요하지 않고 마음이 중요하기 때문입니다.

　화장한 뒤 봉안당을 이용할 때 공설과 사설 비용에 차이가 큽니다. 공설 장사시설 이용비용은 지역마다 차이가 있지만, 대체로 해당 지역 시민이 이용하면 15년 안치 기준으로 15만~45만 원 정도의 사용료를 받습니다. 보통 15년 기준으로 두 번 연장이 가능해 45년 정도 봉안당을 이용할 수 있습니다. 관리비는 5년마다 10만 원 정도 내야 합니다.

그러나 사설 봉안시설 이용비용은 공설과 비교해 훨씬 비쌉니다. 위치에 따라 1기당 100만~500만 원을 받습니다. 따라서 화장과 함께 공설 장사시설의 봉안 수요는 꾸준히 늘 수밖에 없습니다.

화장은 고인의 주소에서 하면 10만 원 안팎에 할 수 있습니다. 관외에서 하면 훨씬 비쌉니다. 사전에 연고가 있는 지역에 화장장이 설치되어 있다면, 그곳으로 미리 이사한 뒤 화장을 하면 화장비용을 줄일 수 있습니다. 모든 지자체에서 화장장을 갖추고 있지는 않아 화장장을 이용하지 못하는 관내 주민들을 위한 배려라고 할 수 있습니다. 그렇다고 화장비용을 아끼기 위해 무리해 이사까지 갈 필요가 있는지는 생각해봐야겠죠.

만약 화장시설이 없는 지자체에서 화장을 했다면, 화장장려금을 지원받는 방법을 알아볼 필요가 있습니다. 화장비용을 면제해주거나 할인해주는 것도 잘 활용하면 좋습니다. 국민기초생활보장법에 따른 수급권자나 국가유공자 등은 화장료가 전액 면제되거나 할인 적용됩니다.

화장 이후 유골 안장 비용도 신경 써야 할 부분이죠. 봉안시설의 운영 주체에 따라 가격 차이가 있고, 봉안시설 별로 가격 차이도 큽니다. 수목장도 지자체에서 운영하는 것이 쌉니다. 대체로 지자체에서 운영하는 봉안시설이 사설 봉안시설과 비교해 가격이 저렴합니다.

2) 매장

묻히고 싶은 지역이 있다면, 사망 6개월 이전에 이사 가세요

매장지는 지역에 따라 가격이 천차만별입니다. 서울 인근에서는 1인당 매장지 가격이 1,000만 원 안팎에 거래됩니다. 매장할 경우 봉분 조성비용도 만만치 않다는 점을 알아야 합니다.

가족이 상(喪)을 당할 때마다 장지 문제를 걱정하는 것을 줄이려면 미리 임야를 구매해두면 좋습니다. 선산이 확보되면 가족공원 묘지로 조성하면 됩니다. 물론 공설묘지에 안장하면 좋겠지만, 관내에 주소지가 없으면 안장이 어렵거나 비싼 비용을 들여야 합니다. 매장할 경우 장묘 비용도 만만치 않기 때문에 매장을 할 것인지 화장을 할 것인지 미리 결정할 필요가 있습니다.

묻히고자 하는 공설묘지가 있는 지역으로 적어도 6개월 이전에 이사 가는 것도 장례비용을 줄이는 방법입니다. 매장은 묘지 구입

비용이 화장과 비교해 많이 들어갑니다. 될 수 있으면 화장을 하는 것이 장지 비용을 줄일 수 있는 방법이죠.

3) 수목장

수목장 이용하면 장지 비용 많이 줄어요

개인 땅에 장지를 만들어 매장해도 자연장이나 봉안당을 설치할 수 있는 곳인지 알아봐야 합니다. 장사 등에 관한 법률 등에 장례와 관련된 법이 규정돼 있어 이 부분을 잘 검토한 뒤 매장 또는 화장을 결정해야 합니다.

수목장을 활용하는 것도 장지 비용을 줄이는 방법입니다. 땅 소재지의 시·군·면사무소에 수목장이 가능한 곳인지 반드시 확인해야 합니다. 수목장을 할 수 없는 지역인데, 법률 검토도 없이 매장 또는 화장했을 경우 문제가 발생할 수 있기 때문입니다.

봉안당은 최장 45년 이후에는 다른 곳으로 모셔야 합니다. 반면 개인 소유의 선산은 이런 번거로움이 없고 관리비도 따로 없습니다. 개인 소유의 땅에 자연장지를 조성하면 후손이 관리할 수 있는 것이 최대 장점입니다.

4부

장례 후 절차

4부
장례 후 절차

1장_ 장례 후 답례 인사

조문 답례 글은 장례 이후 3일 이내에 꼭 보내세요

장례 후 문상객이나 도와준 사람들을 일일이 찾아가 답례 인사를 하는 것이 도리이지만, 그럴 형편이 안 되면 감사 인사장을 보내는 게 예의입니다. 양식은 따로 없지만, 감사의 뜻이 담긴 내용으로 편지 형태로 보내거나 엽서 크기의 종이에 인쇄해 발송합니다. 그러나 요즘 이렇게 하는 사람은 거의 없습니다.

보내는 형식이 예전과 많이 달라졌습니다. 예전에는 격식을 차리는 차원에서 직접 찾아뵙거나 전화 또는 편지로 정중하게 감사 인사말을 전했지만, 요즘은 핸드폰 문자나 SNS를 통해 많이 처리합니다. 그러나 전화 또는 만나 감사의 말을 전한다면 더욱 예의가 있다고 생각할 것입니다. 조문 답례 글은 보통 장례 이후 3일 이내에 보내는 것이 좋습니다.

조문 답례 인사 글은 간단히 하는 것이 좋습니다. 다만, 성의껏 작성해야 합니다. 본인의 상황과 느낌을 담아 작성을 하면 정성을 엿볼 수 있습니다. 인터넷에 나와 있는 조문 답례 인사를 그대로 적는 것도 관계없지만, 유족들의 정성이 들어간 글이 더 바람직합니다.

일반적으로 많이 쓰이는 조문 답례 인사말입니다.

1) 저희 아버님 장례에 조문와 주셔서 감사합니다. 바쁘신 와중에도 위로와 격려 진심으로 고맙습니다. 직접 찾아뵙고 인사드리기 전에 이렇게 문자로 먼저 인사를 드립니다. 조만간 다시 찾아뵙겠습니다. 귀댁의 평안을 기원합니다.

2) 공사다망하신 와중에도 조문해주셔서 감사합니다. 따뜻하신 위로와 후의 덕분에 장례를 무사히 마칠 수 있었습니다. 황망 중이라 이렇게 문자로라도 먼저 감사의 인사를 올립니다. 추후 직접 뵙고 인사를 드리도록 하겠습니다.

3) 이번 저희 어머님 장례에 참석해주셔서 진심으로 감사

의 말씀을 드립니다. 슬픔 가득한 저희 가족을 따뜻하게 위로와 격려해주신 덕분에 장례를 무사히 마쳤습니다. 조만간 직접 찾아뵙고 다시 인사를 드리도록 하겠습니다.

조금 더 길게 작성한 예시문입니다.

1) 삼가 감사의 인사 올립니다. 지난 0월 0일에 돌아가신 저희 어머님의 장례 때 바쁘신 중에도 직접 빈소를 찾아 고인의 명복을 빌어주셔서 고맙습니다. 어머님 살아 계실 때 자식의 도리를 다하지 못한 불초 소생에게 따뜻한 위로와 격려의 말씀 해주신 데 대하여 진심으로 감사의 인사 올립니다.

어머님에 대한 그리움과 슬픔으로 아직 경황이 없어 직접 찾아뵙지 못하고 이렇게 글로써 대신하오니 너그러운 마음으로 헤아려 주시기 바랍니다.

늘 건강하시고 댁내 평안하시기를 기원합니다.

2020년 0월 0일
홍길동 올림

2) 삼가 깊은 감사의 말씀 올립니다. 이번 저희 아버님 상사시 공사다망하심에도 불구하고 정중하신 조의와 후의를 베풀어주신 덕분에 상례를 무사히 마치게 되었습니다. 마땅히 찾아뵈옵고 인사를 드리는 것이 도리이나 황망 중이라 우선 지면으로 인사드리게 됨을 용서하여 주시기 바랍니다.

앞으로 댁내에 애경사가 있으실 때 저희에게 작은 보은의 기회를 가질 수 있도록 꼭 연락해 주십시오.

항상 건승하시옵고 만복이 깃드시길 기원합니다.

2020년 0월 0일
아무개 올림

3) 금번 저의 모친상에 바쁘신 가운데 따뜻하고 정중한 후의와 위로를 베풀어주셔서 감사합니다.

한없이 자상하셨던 어머니의 사랑을 더 이상 받을 수 없다고 생각하면 아직도 먹먹합니다. 특히 어머니와의 지난 일을 멍한 채로 생각하다 문득 현실을 깨달을 때면 영원한 이별이 이렇게 가슴 아프다는 것을 새삼 깨닫게 됩니다.

앞으로 어떻게 이 슬픔을 벗어날 수 있을지 모르겠습니다. 특히 약 1년 전부터 급성백혈병으로 투병 생활하다 잠시 호전을 보였던 최근 수개월 동안의 어머니와 보낸 시간은 선물처럼 느껴지지만, 더 잘해드리지 못했던 아쉬움에 가슴을 치게 됩니다.

베풀어주신 염려 덕분에 장례를 무사히 마쳤으며 ○○군 바닷가 양지 바른 곳에 잘 모셨습니다. 또한 20여 년 전 작고하신 아버님도 어머니 옆에 나란히 합장하여 드렸습니다. 오래간만에 어머니, 아버지 나란히 계신 것 보니 마음은 슬프지만 한편 따뜻해지는 복잡한 생각이 들었습니다.

마땅히 찾아뵙고 감사의 인사 드려야 하나 우선 글로 인사 드림을 용서하여 주시기 바랍니다.

댁내 항상 건강과 행복이 충만하시기를 기원하며 앞으로도 각종 대소사시 연락 나누며 서로 위하고 살아가면 좋겠습니다.

2019. 1. 13
나백주 드림

2장_ 행정절차

제때 신고 안하면 과태료 부과돼요

장례를 치르고 난 뒤 곧바로 각종 행정절차를 마쳐야 민·형사상 손해가 없습니다. 사망 이후 1개월 이내에 사망신고를 해야 합니다. 화장장려금 지급 신청은 30~60일 이내에 하고, 3개월 이내에 상속신고, 자동차 이전 신고 등을 마쳐야 합니다. 제때 신고하지 못하면 과태료가 부과되거나 허위로 신고했을 경우 형사상 처벌을 받을 수 있습니다.

1. 사망신고

사망 이후 대표적으로 해야 하는 행정절차 중 하나가 사망신고입니다.

1) 신고 기간

사망신고는 고인이 사망한 날로부터 1개월 이내에 해야 합니다. 경과 시 과태료가 부과됩니다.

2) 신고 장소

고인의 본적지 또는 신고인의 주소지나 현 거주지 시(구), 읍, 면, 동 주민센터입니다. 사망지, 매장지 또는 화장지 시(구), 읍, 면, 동 주민센터도 가능합니다. *인터넷 신고는 안 됩니다.*
사망 장소가 분명하지 않을 때는 사체가 처음 발견된 곳에, 기차나 그 밖의 교통기관 안에서 사망한 때에는 사체를 교통기관에서 내린 곳에, 항해일지를 비치하지 않은 선박 안에서 사망한 때에는 선박이 최초로 입항한 곳에 할 수 있습니다.

3) 신고인

호주, 친족, 동거자 또는 사망 장소를 관리하는 사람, 가족이 아니라도 세대를 같이하는 사람입니다. 단, 병원, 교도소, 기타시설에서 사망해 신고 의무자가 신고할 수 없는 경우에는 그 시설의 장 또는 관리인이 신고해야 합니다.

4) 준비서류

사망신고서는 신고 장소에 비치되어 있습니다. 사망진단서(사체검안서)와 신고인 도장, 신고인의 주민등록증 등을 함께 가져가야 합니다. 사망진단서 또는 사체검안서가 없으면 사망 사실을 증명하는 서면으로 동, 이장 또는 인우인 2명 이상이 작성한 사망증명서 또는 관공서가 발행한 사망증명서, 매장인허증, 각 군 참모총장 명의의 전사확인서 등을 첨부해야 합니다.

사망신고서에 사망 사실을 증명할 만한 서면을 첨부할 수 없어 사망신고를 할 수 없는 경우에는 주소지를 관할하는 가정법원에서 실종선고 재판을 받아야 합니다. 이후 그 재판확정일부터 1개월 이내에 재판서의 등본 및 확정증명서를 첨부해 신고해야 합니다.

사망신고 할 때 '사망자 재산 조회(안심상속 원스톱서비스)' 신청도 함께 하면 사망자의 재산을 조회할 수 있습니다.

5) 작성 시 주의사항

사망신고서를 작성할 때 주의해야 할 점은 사망 연월일 외에 사망시간까지 24시간을 기준으로 정확하게 적어야 합니다. 재산상속 등의 효력과 관련돼 사망 시기가 중요하기 때문입니다. 사망신고서에 연월일을 '미상'으로 기재한 신고서는 받아주지 않습니다.

사 망 신 고 서
(년 월 일)

※ 뒷면의 작성방법을 읽고 기재하시되 선택항목은 해당번호에 "○"으로 표시하여 주시기 바랍니다.

① 사망자	성명	*한글		성별	*주민등록번호	—
		한자		①남 ②여		
	등록기준지					
	*주소				세대주·관계	의
	*사망일시	년 월 일 시 분(사망지 시각: 24시각제로 기재)					
	*사망장소	장소				
		구분	① 주택 ② 의료기관 ③ 사회복지시설(양로원, 고아원 등) ④ 공공시설(학교, 운동장 등) ⑤ 도로 ⑥ 상업·서비스시설(상점, 호텔 등) ⑦ 농장(논밭, 축사, 양식장 등) ⑧ 병원 이송 중 사망 기타( )				

② 기타사항

③ 신고인	*성명		㊞ 또는 서명	주민등록번호	—
	*자격	① 동거친족 ② 비동거친족 ③ 동거자		*관계	
	주소	④ 기타(보호시설장/사망장소관리자 등)	전화		이메일

| ④ 제출인 | 성명 | | 주민등록번호 | — |

※ 타인의 서명 또는 인장을 도용하여 허위의 신고서를 제출하거나, 허위신고를 하여 가족관계등록부에 실제와 다른 사실을 기록하게 하는 경우에는 형법에 의하여 처벌받을 수 있으며, *표시 자료는 인구동향조사 목적으로 통계청에서도 수집하고 있는 자료임을 알려드립니다.

※ 아래 사항은 통계청의 인구동향조사를 위한 것으로,「통계법」제32조 및 제33조에 의하여 성실응답의무가 있으며 개인의 비밀사항이 철저히 보호되므로 사실대로 기입하여 주시기 바랍니다.

인구동향조사

⑤ 사망원인	㉮	직접 사인		발병부터 사망까지 기 간	
	㉯	㉮ 의 원인			
	㉰	㉯ 의 원인			
	㉱	㉰ 의 원인			
	기타의 신체상황		진단자	① 의사 ② 한의사 ③ 기타	

⑥ 사망종류 ① 병사 ② 외인사(사고사 등) ③ 기타 및 불상(   )

⑦ 외인사사항	사고종류	① 운수(교통) ② 중독 ③ 추락 ④ 익사 ⑤ 화재 ⑥ 기타( )	의도성 여 부	① 비의도적 사고 ② 자살 ③ 타살 ④ 미상
	사고일시	년 월 일 시 분(24시각제로 기재)		
	사고지역	① 현주소지와 같은 시군구 ② 다른 시군구(시도, 시군구) ③ 기타( )		
	사고장소	① 주택 ② 의료기관 ③ 사회복지시설(양로원, 고아원 등) ④ 공공시설(학교, 운동장 등) ⑤ 도로 ⑥ 상업·서비스시설(상점, 호텔 등) ⑦ 산업장 ⑧ 농장(논밭, 축사, 양식장 등) ⑨ 기타( )		

⑧ 사망자	국 적	① 대한민국(출생시 국적취득) ② 대한민국(귀화(수반포함)·인지 국적취득, 이전국적 :]		
	최종 졸업학교	① 무학 ② 초등학교 ③ 중학교 ④ 고등학교 ⑤ 대학(교) ⑥ 대학원이상		
	발병(사고)당시직업	① 관리자 ② 전문가 및 관련종사자 ③ 사무종사자 ④ 비스종사자 ⑤ 판매종사자 ⑥ 농림어업 숙련 종사자 ⑦ 기능원 및 관련 기능 종사자 ⑧ 장치·기계 조작 및 조립 종사자 ⑨ 단순노무 종사자학생가사군인무직	혼인상태	① 미혼 ② 배우자 있음 ③ 이혼 ④ 사별

※ 아래사항은 신고인이 기재하지 않습니다.

읍면동접수	가족관계등록관서 송부	가족관계등록관서 접수 및 처리
	년 월 일(인)	

작성방법	※ 사망신고서는 1부를 작성 제출하여야 합니다.
① 사 망 자	• 등록기준지: 해당자가 외국인인 경우에는 그 국적을 기재합니다. • 주민등록번호: 해당자가 외국인인 경우에는 외국인등록번호(국내거소신고번호 또는 출생연월일)를 기재합니다. • 사망일시 : 〈예시〉 오후 2시 30분(×) → 14시 30분(○), 밤 12시 30분(×) → 다음날 0시 30분(○) – 우리나라 국민이 외국에서 사망한 경우, 현지 사망시각을 서기 및 태양력으로 기재하되, 서머타임 실시기간 중 사망하였다면 사망시 시각 옆에 "(서머타임 적용)"이라고 표시합니다. • 사망장소 구분: ① 주택은 사망장소가 사망자의 집이거나 부모·친척 등의 집에서 사망한 경우를 포함 기타는 예시 외에 비행기, 선박, 기차 등 기타 장소에 해당되는 경우 • 사망장소의 기재는 최소 행정구역의 명칭(시·구의 '동', 읍·면의 '리') 또는 도로명주소의 '도로명' 까지만 기재하여도 됩니다.
② 기타사항	• 사망진단서(시체검안서) 미첨부시 그 사유 등 가족관계등록부에 기록을 분명히 하는데 특히 필요한 사항을 기재합니다.
③ 신 고 인	• 자격란에는 해당항목에 "○"표시하되 기타는 사망장소를 관리하는 자 등이 포함됩니다.
④ 제 출 인	• 제출인(신고인 여부 불문)의 성명 및 주민등록번호를 기재합니다[접수담당공무원은 신분증과 대조]
⑤ 사망원인	• 사망진단서(시체검안서)에 기재된 모든 사망원인 및 그 밖의 신체상황 내용을 동일하게 기재합니다.
⑥ 사망종류	• 사망진단서(시체검안서)에 기재된"사망의 종류"를 참고로 기재하되, 외인사는 질병 이외 의원인 즉, 사고사 등으로 사망한 경우에 해당하며, 기타 및 불상인 경우에는 그 내용을 구체적으로 기재합니다.
⑦ 외인사 사항	• 사고사 등으로 사망한 경우에는 사망진단서의 기재 사항을 동일하게 기재하되 기재된 사항이 없는 경우 사고의 종류, 사고 발생지역 및 장소를 구체적으로 기재합니다.
⑧ 사 망 자	• 사망자의 최종 졸업학교는 교육부장관이 인정하는 모든 정규기관을 기준으로 기재하되, 각급 학교의 재학(중퇴)자는 졸업한 최종학교의 해당 번호에 "○"표시를 합니다. 〈예시〉 대학교 3학년 재학(중퇴) → 고등학교에 "○"표시 • 사망자의 발병(사고)당시 직업은 사망의 원인이 되는 질병 또는 사고가 발생 한 때의 직업을 기재합니다. ① 관리자: 정부, 기업단체또는그내부 부서의정책과활동을기획지휘및조정(공공및기업고위직 등) ② 전문가 및 관련종사자: 전문지식을 활용한 기술적 업무(과학,의료,교육,종교,법률,금융,예술,스포츠 등) ③ 사무종사자: 관리자,전문가및관련종사자를보조하여업무추진,경영,보험감사상담·안내·통계 등) ④ 서비스종사자: 공공안전 신변보호, 의료보조, 이·미용, 혼례 및 장례, 운송, 여가,조리와 관련된 업무 ⑤ 판매종사자: 영업활동을통해상품이나서비스판매,인터넷,상점,공공장소등)상품의광고 · 홍보등 ⑥ 농림어업숙련종사자: 작물의재배·수확,동물의번식·사육,산림의경작및가꿀,수생동·식물번식,양식 등 ⑦ 기능원및관련기능종사자: 광업,제조업,건설업에서손과수공구를사용하여기계설치및장비,제품가공 ⑧ 장치 · 기계조작및조립종사자: 기계를조작하여제품생산 · 조립,컴퓨터에의한기계제어,운송장비의운전등 ⑨ 단순노무종사자: 주로간단한수공구의사용과단순하고일상적이며육체적노력이요구되는 업무 ★가사: 전업주부 등 군인: 의무복무중인장교및사병제외,직업군인해당 무직: 특정한 직업이 없음

2장_ 행정절차

첨부서류

1. 사망자에 대한 진단서나 검안서 1부.
2. 사망의 사실을 증명할 만한 서면(진단서나 검안서를 첨부할 수 없을 때): 아래 중 1부.
   - 사망증명서(동·리·통장 또는 인우 2명 이상이 작성한 사망증명서): 증명인이 인우인(2명 이상)인 경우에는 증명인의 인감증명서, 주민등록증사본, 운전면허증사본, 여권사본, 공무원증사본 중 1부 첨부하여야 하며, 증명인이 동·리·통장일 때에는 1명의 증명으로 족하고 원칙적으로 동·리·통장임을 증명하는 서면 첨부요.
   - 관공서의 사망증명서 또는 매장인허증.
   - 사망신고수리증명서(외국관공서에 사망신고한 경우).
※ 아래 3항은 가족관계등록관서에서 전산으로 그 내용을 확인할 수 있는 경우 첨부를 생략합니다.
3. 사망자의 가족관계등록부의 기본증명서 1통.
4. 신분확인[가족관계등록예규 제23호에 의함]
   - 신고인이 출석한 경우 : 신분증명서
   - 제출인이 출석한 경우 : 신고인의 신분증명서 사본 및 제출인의 신분증명서
   - 우편제출의 경우 : 신고인의 신분증명서 사본
※ 신고인이 성년후견인인 경우에는 4항의 서류 외에 성년후견인의 자격을 증명하는 서면도 함께 첨부해야 합니다.
5. 사망자가 외국인인 경우:국적을 증명하는 서면(여권 또는 외국인등록증) 사본

※ 재산상속의 한정승인, 포기의 안내

※ 이 안내는 사망신고와는 관계가 없는 내용 입니다. 자세한 내용은 가정법원 또는 지방법원 민원실로 문의하시기 바랍니다.

1. 의   의 : 한정승인 – 상속인이 상속으로 얻은 재산의 한도에서 상속을 승인하는 것.
          : 포기 – 상속재산에 속한 모든 권리의무의 승계를 포기하는 것.
2. 방   식 : 한정승인 – 상속재산의 목록을 첨부하여 가정법원에 신고합니다.
          : 포기 – 가정법원에 포기의 신고를 합니다.
3. 신고기간 : 상속개시 있음을 안 날로부터 3개월 이내(민법 제1019조제1항)
          : 상속인은 상속채무가 상속재산을 초과하는 사실을 중대한 과실 없이 상속개시 있음을 안 날로부터 3개월 이내에 알지 못하고 단순승인(민법 제1026조제1호 및 제2호에 따라 단순 승인한 것으로 보는 경우를 포함한다)l 한 경우에는 그 사실을 안 날로부터 3개월 이내에 한정승인을 할 수 있다.
4. 관   할 : 상속개시지[피상속인의 (최후)주소지]관할 법원

2. 사망자의 재산조회

'안심상속 원스톱서비스'는 사망자의 금융내역(예금·보험·증권 등)·토지·자동차·세금(지방세·국세)·연금(국민·공무원·사학·군인) 가입 유무 등 사망자(또는 피후견인) 재산의 조회를 시구, 읍면동에서 한 번에 통합 신청하는 제도입니다. 기존에는 읍·면·동 주민센터 또는 소관 기관을 방문해 일일이 사망자 재산조회를 신청해야 했지만, 이 서비스 시행으로 한꺼번에 받을 수 있게 되었습니다.

현장을 방문하지 않고 온라인으로 신청할 수 있습니다.

온라인 신청은 정부 서비스 통합 포털 사이트인 '정부24(https://www.gov.kr)'에서 공인인증서로 본인 확인 후 '사망자 등 재산조회 통합처리 신청(안심상속)'서를 작성하면 됩니다. 상속인 여부를 확인하기 위해 제출하는 가족관계증명서는 안심상속 서비스 온라인 신청 화면에서 담당자에게 신청인이 바로 신청할 수 있습니다.

24정부 앱을 활용해 스마트폰으로도 신청할 수 있습니다.

1) 신청 시기

사망신고와 동시에 또는 사망일이 속한 달의 말일부터 6개월 이내, 피후견인 재산조회는 기간 제한이 없습니다.

2) 신청 자격

상속인·성년후견인·권한 있는 한정후견인과 상속인·성년후견인·권한 있는 한정후견인의 대리인입니다. 상속인은 민법상 제1순위 상속인인 사망자의 직계비속과 사망자의 배우자이며, 1순위가 없으면 제2순위 상속인인 사망자의 직계존속과 사망자의 배우자가 신청 가능합니다. 제1·2순위 상속인이 없으면 제3순위 상속인(형제자매)이 할 수 있습니다.

3) 신청 방법 및 조회 내역

전국 시·구, 읍·면·동(주민센터)을 방문해 신청 가능하며, 온라인 신청도 됩니다. 단, 사망자의 관계가 자녀, 부모, 배우자가 아닌 사람은 온라인 신청을 할 수 없습니다. 온라인 신청 때 제1순위 상속인이 상속을 포기했을 때 제2순위 상속인은 온라인 신청이 안 됩니다. 제1순위 상속 포기로 인한 제2순위 상속인, 제3순위 상속인(형제, 자매), 대상습인, 후견인은 시구, 읍면동을 방문해 신청해야 합니다.

조회는 접수일 기준 사망자(피후견인) 명의의 금융, 채권과 채무입니다. 예금은 잔액(원금), 보험은 가입 여부, 투자상품은 예탁금 잔고 유무, 상조 회사 가입 유무를 알려줍니다. 금융, 토지, 자동차, 국세·지방세, 국민·공무원·사립학교교직원·군인 연금 등을 알 수 있습니다. 국세 체납세액·납기미도래 고지세액·환급세액, 지방세 체납·결손·납기미도래 고지세액·환급세액 등도 알려줍니다.

* **조회대상 기관** : 은행, 농협, 수협, 신협, 산림조합, 새마을금고, 상호저축은행, 보험회사, 증권회사, 자산운용사, 선물회사, 카드사, 리스사, 할부금융회사, 캐피탈, 은행연합회, 예금보험공사, 예탁결제원, 신용보증기금, 기술신용보증기금, 주택금융공사, 한국장학재단, 미소금융중앙재단, 한국자산관리공사, 우정사업본부, 종합금융회사, 대부업 신용정보 컨소시엄 가입 대부업체

4) 처리 기간

국세·금융내역·연금은 20일, 자동차는 근무시간 내 3시간 이내(온라인 신청 시에는 7일 이내), 토지·지방세는 7일, 금융내역·국세·연금(국민·공무원·사학) 조회는 20일 이내.

5) 확인 방법

신청 시 선택한 방법(문자·우편·방문수령)으로 결과를 받아볼 수 있습니다.
- (금융내역) 문자 또는 금융감독원 홈페이지(www.fss.or.kr)
- (국세) 문자 또는 국세청 홈택스 홈페이지(www.hometax.go.kr)
- (국민연금) 문자 또는 국민연금공단 홈페이지(www.nps.go.kr)
- (공무원·사학·군인연금) 문자
- (토지·지방세) 문자·우편·방문 중 선택
- (자동차) 접수처에서 안내(온라인 신청 시 문자·우편·방문 중 선택)

6) 제출 서류

사망자 재산조회 신청 시 : 신분증, 가족관계증명서 등 상속 관계 증빙서류

피후견인 재산조회 신청 시 : 신분증, 후견등기사항전부증명서 또는 성년(한정)후견개시심판문 및 확정증명원

대리인이 신청 시

- 사망자 재산조회 : 대리인의 신분증, 상속인의 위임장, 상속인의 본인서명사실확인서(또는 인감증명서), 가족관계증명서 등 상속 관계 증빙서류
- 피후견인 재산조회 : 대리인의 신분증, 상속인의 위임장, 상속인의 본인서명사실확인서(또는 인감증명서), 후견등기사항전부증명서 또는 성년(한정)후견개시 심판문 및 확정증명원

다음은 정부24 '사망자 등 재산조회 통합처리 신청' 화면입니다.

2장_ 행정절차

사망자 재산조회 내용

전체선택 **전체해제**

※ 전체선택을 할 경우 토지, 지방세, 자동차의 확인 방법은 문자(SMS)로 기본 선택됩니다.

금융내역

조회대상
- ☐ 금융기관 전체   ☐ 예금보험공사   ☐ 은행
- ☐ 우체국   ☐ 생명보험   ☐ 손해보험
- ☐ 금융투자회사   ☐ 여신전문금융회사 ☐ 저축은행
- ☐ 새마을금고   ☐ 산림조합   ☐ 신용협동조합
- ☐ 한국예탁원   ☐ 종합금융회사   ☐ 대부업협회
- ☐ 한국신용정보원

결과확인방법: 문자(SMS) 및 금융감독원 홈페이지 (www.fss.or.kr)

국세

조회대상: ☐ 국세 체납액 및 납부기한이 남아 있는 미납 세금, 환급금

결과확인방법: 문자(SMS) 및 국세청 홈택스 (www.hometax.go.kr)

연금

조회대상:
- ☐ 국민연금 가입 및 대여금 채무 유무
- ☐ 공무원연금 가입 및 대여금 채무 유무
- ☐ 사립학교교직원연금 가입 및 대여금 채무 유무
- ☐ 군인연금 가입 유무
- ☐ 건설근로자퇴직공제금 가입 유무

결과확인방법:
(국민연금) 문자(SMS) 및 국민연금공단 홈페이지(www.nps.or.kr)
(공무원,사립학교교직원,군인연금) 문자(SMS)
(건설근로자퇴직공제금) 문자(SMS) 및 건설근로자공제회 홈페이지(www.cwma.or.kr)

토지

조회대상: ☐ 개인별 토지 소유 현황

결과확인방법: ○ 문자(SMS) ○ 우편 ○ 지적부서 방문수령

지방세

조회대상: ☐ 지방세 체납내역 및 납부기한이 남아 있는 미납 세금, 환급금

결과확인방법: ○ 문자(SMS) ○ 우편 ○ 세무부서 방문수령

자동차

조회대상: ☐ 자동차 소유내역

결과확인방법: ○ 문자(SMS) ○ 우편 ○ 접수처 방문수령

건축물

조회대상: ☐ 건축물 정보 조회 내역

결과확인방법: ○ 문자(SMS) ○ 우편 ○ 민원부서 방문수령

신청일   2020 년 07 월 02 일

가족관계증명서 교부신청

교부신청

본인은 사망자 재산조회 통합처리를 위해 구비서류인 가족관계증명서를 대한민국 통합민원만원 장구포털에서 교부신청하고, 안심상속 접수담당자에게 제출하는데 동의합니다.
☐ 예 ● 아니오

<안내사항>
● 교부기관 담당자 : 처리(접수)기관 가족관계등록부 담당자
● 가족관계증명서상 주민등록번호 전부 기재
● 주거정보를 하나만 선택하여 주세요

● 부 또는 모의 성명
☐ 배우자 성명
☐ 첫째자녀 성명

행정정보 공동이용 사전동의

본인은 이 건 업무처리와 관련하여 담당 공무원이 「전자정부법」 제36조제1항에 따른 행정정보의 공동이용을 통하여 담당 공무원 확인사항을 확인하는 것에 동의합니다. 동의하지 않는 경우에는 신청인이 직접 관련 서류를 제출하여야 합니다.

☐ 동의합니다. ● 동의하지 않습니다.

유의사항 확인 및 개인정보 제공 동의

1. 금융회사는 사망자 재산조회 신청사실을 통보받으면 해당계좌에 대하여 거래정지 조치를 취하여 해당 계좌의 압출금(자동이체포함) 등이 제한될 수 있으며, 이후의 예금지급은 상속인 전원의 청구에 의하여 해당 금융기관에서만 지급이 가능합니다.

2. 생보 회사는 산수금을 운영에 예치또는 지급보증하여 보전하고 있는 만큼만 조회 대상이며, 상조회사 가입 사실은 신청서상의 사망자의 성명, 생년월일 휴대전화 정보가 상조회사 가입 시 제출한 정보와 모두 일치하는 경우에만 확인 할 수 있습니다.

3. 처리기간은 금원내역, 국세, 국민연금, 공무원연금, 사립학교교직원연금, 군인연금 조회의 경우 20일 이후토요일, 공휴일 제외), 지방세, 토지, 자동차 관련 조회의 경우 7일 이후토요일, 공휴일 제외입니다.

4. 신청은 이 건으로 취득한 사망자 재산조회 결과를 본래 목적 외로 사용해서는 안됩니다.

5. 사망자 재산조회 통합처리는 금원내역, 국세, 지방세, 토지, 자동차, 국민, 공무원, 사립학교교직원, 군인연금에 대한 조회만 가능합니다. 그 밖의 재산에 대해서는 신청인 본인이 별도로 확인하여야 합니다.

6. 금원내역 조회는 신청일로부터 3개월 이후에 금융감독원 홈페이지(www.fss.or.kr) 에서 조회할 수 있으며, 본인 문자 수신에 휴대폰 또는 이메일 정보가 필요합니다.

7. 국민연금 조회는 국민연금공단 홈페이지(www.nps.or.kr)에서 본인연금 후 조회할 수 있으며, 조회결과 확인을 위해서는 접수증에 기재된 접수번호가 필요합니다.

8. 국세조회는 홈택스 홈페이지(www.hometax.go.kr)에서 조회할 수 있으며 신청인의 공인인증서 필요

9. 사망자 재산조회 어플로는 무료이나 신청인과 사망자의 상속관계 확인을 위한 구비서류인 가족관계증명서 제출을 위한 발급수수료는 납부하여야 합니다.

10. 접수주체에서 재산조회 신청을 확인 접수하면 통보하신 핸드폰으로 접수 문자가 발송됩니다. 신청 대행상조회금, 공휴일 제외)까지 접수 문자가 오지 않을 경우 사망자 재산조회 신청시 핸드폰 번호가 바르게 입력되었는지 확인해시기 바랍니다.

11. 업무처리와 관련하여 개인정보 제공에 대한 정보주체의 동의가 필요합니다.(개인정보보호법 제17조) 사망자 재산조회 통합처리를 위해 각 처리기관에 신청인의 성명, 주민등록번호, 주소, 사립학교교직원, 군인연금의 생년월일, 전화번호, 주소, 전자주소, 신청인의 성명, 주민등록번호, 사망일 및 신청인과 사망자와의 관계를 제공하며, 각 처리기관에서는 업무처리를 하는 동안 개인정보를 이용합니다.

개인정보제공에 동의를 하지 않을 수 있으며, 이 경우 위 통합조회 신청을 할 수 없음을 양해바랍니다.(개인정보 보호법 제17조) 처리기관: 국세청, 국민연금공단, 공무원연금공단, 사립학교교직원연금공단, 국군재정관리단, 각 금융협회

본인은 위 유의사항에 대하여 확인하였으며 개인정보 제공에 동의합니다. ☐ 동의

- 여러 건물 신청할 경우 민원바구니에 담으신 편안제 결제할 수 있습니다.
- 임시 저장한 하는은 일주일동안, 체화하는 본나우에 관료시까지 보관됩니다.

[임시저장]   [신청하기]   [민원바구니 담기]   [취소]

3. 상속으로 인한 소유권 이전 등기

상속으로 인한 소유권 이전 등기는 사망자 소유의 부동산을 상속인 앞으로 이전하는 것입니다. 소유권 이전 등기는 두 가지로 구분할 수 있습니다. 상속을 원인으로 한 소유권 이전 등기와 협의분할 소유권 이전 등기로 나뉩니다.

1) 신청 시 필요서류

신청서, 취득세 영수필확인서, 등기 수입증지, 제적등본, 가족관계증명서, 기본증명서, 친양자 입양관계증명서(입양된 경우에 한함), 주민등록등(초)본, 토지·건축물대장등본 등을 준비합니다.

협의분할에 의한 상속을 원인으로 한 소유권 이전 등기 신청서에는 상속재산분할협의서 또는 심판서 정본과 상속인 전원의 인감증명서를 첨부합니다.

변호사, 법무사 등 대리인에게 등기신청을 위임한 경우 위임장이 필요합니다.

상속인이 재외국민 또는 외국인, 상속결격자, 특별수익자, 상속포기자, 피상속인이 유언으로 상속분을 지정한 경우, 대습상속(代襲相續, 상속을 받을 사람이 상속의 개시 이전에 사망 또는 결격으로 인해 상속권을 상실하면 그 사람의 직계비속이 상속하는 일) 등은 구비 서류가 다르거나 추가될 수 있습니다.

　소유권 이전 등기는 상속인 단독 신청이 가능합니다. 그러나 등기권리자가 단독으로 등기를 신청할 수 있다는 의미이지, 공동상속인 중 일부가 자기의 상속지분만으로 등기신청을 할 수 있다는 의미는 아닙니다.

2) 협의분할에 따른 소유권 이전 등기

　협의분할은 상속재산을 협의로 분할해 각 상속인이 단독상속하는 것을 말합니다. 공동상속에서 상속분의 계산은 배우자와 직계존비속의 비율이 다릅니다. 고인의 배우자가 직계비속과 공동으로 상속하는 경우 직계비속의 상속분에 5할을 가산합니다. 직계존속과 공동으로 상속해도 직계존속의 상속분보다 5할이 많습니다. 예를 들어 부친 사망 후 모친 및 3명 자녀의 상속분 계산은 1.5 : 1 : 1 : 1입니다.

4. 상속세

1) 상속세 계산

상속세는 상속개시일이 속하는 달의 말일부터 6개월 안에 세무서에 신고해야 합니다. 위 기간 내에 상속세를 신고하면 세금의 3%를 공제해 줍니다.

상속세 과세가액은 상속재산의 가액에서 공과금, 장례비용, 채무(상속개시일 전 10년 내 피상속인이 상속인에게 진 증여채무와 상속개시일 전 5년 내 피상속인이 상속인이 아닌 자에게 진 증여채무 제외)를 빼야 합니다. 세율은 금액에 따라 차등 계산됩니다.

상속공제액을 활용하면 *상속세를 많이 줄일 수 있습니다. 상속공제액은 기본적으로 일괄공제와 배우자상속 공제만을 받아도 최소한 10억 원까지 됩니다. 따라서 상속 재산가액이 이 금액에 미달하면 상속세는 나오지 않습니다.*

✽ 상속세 세금계산 구조

상속세 계산	상 세 내 역
총상속재산	* 본래의 상속재산* 간주상속재산* 상속개시 전 처분재산 등
(−) 비과세재산	* 금양임야(禁養林野)9)* 묘토(墓土)10)인 농지 등
(−) 상속세과세가액 불산입액	* 공익법인 등 출연재산
(−) 공과금 · 장례비용 · 채무	* 공과금* 장례비용* 채무
(+) 증여재산	* 증여재산(창업자금, 가업승계주식 포함)
(=) 상속세과세가액	
(−) 상속공제	* 기초공제 * 가업(영농) 상속공제 * 배우자 상속공제 * 그 밖의 인적공제 * 금융재산 상속공제 * 재해 손실공제 * 동거주택 상속공제 * 감정평가수수료 등(공제한도)
(=) 과세표준	
(X) 세율	(아래 표 참조)
(=) 산출세액	
(+) 세대를 건너뛴 상속에 대한 할증과세	* 30%(40%) 가산
(−) 세액공제 등	* 신고세액공제* 증여세액공제* 단기재상속세액공제* 외국납부세액공제* 문화재 자료 등 징수유예
(=) 납부할 세액	

과세표준	세율	누진공제액
1억 원 이하	과세표준의 10%	−
1억 원 초과 5억 원 이하	20%	1,000만 원
5억 원 초과 10억 원 이하	30%	6,000만 원
10억 원 초과 30억 원 이하	40%	1억 6,000만 원
30억 원 초과	50%	4억 6,000만 원

---

9) 묘지를 보호하기 위해 벌목을 금지하고 나무를 기르는 묘지 주변의 임야.
10) 묘지와 인접한 거리에 있는 것으로서 제사를 모시기 위한 재원으로 사용하는 농지.

2) 상속재산의 종류

상속재산은 본래의 상속재산과 간주상속재산, 추정상속재산으로 나뉩니다.

본래의 상속재산

사망할 당시의 재산으로 부동산, 주식 등과 같은 환산이 가능한 것과 물건과 특허권, 저작권 등과 같이 법률상·사실상의 권리 등이 있습니다.

간주상속재산

보험금, 신탁금, 퇴직금 등입니다. 국민연금법·공무원연금법·사립학교교직원연금법·군인연금법 등의 규정에 따라 지급되는 유족연금·유족일시금·유족보상금 등은 상속재산으로 간주하지 않습니다.

추정상속재산

상속인이 사용처 입증 등 소명하지 못하면 현금으로 상속받은 것으로 간주하고 상속세 과세가액에 산입하는데, 이를 추정상속재산이라고 합니다. 예를 들어 피상속인이 사망하기 직전 재산을 처분하거나 예금을 인출해 현금으로 직접 자녀에게 증여하는 등 상속세 납부 회피를 방지하기 위한 것입니다. 사망하기 전 일정한 기간 내에 소유재산을 처분하거나 예금을 인출 또는 채무를 부담할 경우 그 금액이 일정 금액 이상이면 상속인에게 자금의 사용처를 입증하도록 하고 있습니다.

사망일 전 2년 이내에 부동산을 처분하거나 예금을 인출하면 사망일 전 2년 이내에 5억 원 이상, 1년 이내에 2억 원 이상의 부동산을 처분 또는 예금을 인출하면 그 처분(인출) 가액의 사용처를 밝혀야 합니다.

3) 알아두면 도움 되는 상속세

병원비는 사망 후 지급 또는 상속받은 재산으로 납부하세요

오랫동안 병원에 입원한 뒤 사망했다면, 사망 후 내거나 피상속인의 재산에서 내는 것이 유리합니다. 자녀들의 재산으로 병원비를 지불하면 상속재산은 변동이 없어 그만큼 세금을 더 내야 할 상황이 올 수 있습니다.

사망하기 1~2년 전 증빙자료 확보는 필수

상속개시 전 일정 기간 내에 일정한 금액 이상을 처분하고 처분금액의 용도를 명확히 밝히지 못하면 상속세가 과세됩니다.

세대를 건너 상속하면 상속세 추가 부담

아들이 재산을 지킬 능력이 없어 손자에게 상속을 하면 아들에게 상속할 때보다 30%(상속인이 미성년자이며 상속재산이 20억 원을 초과할 경우 40%)를 할증해 상속세를 부과합니다. 그러나 아들이 사망해 손자가 아들을 대신해 상속을 받는 대습상속(代襲相續)은 할증 과세를 하지 않습니다.

4) 상속세 계산

구분		계산	상속금액	비고
①총상속재산 (+)	부동산	(+)	1,000,000,000	주택/토지/건물 (상속액은 시세금액)
	금융재산 ①-1	(+)	500,000,000	현금/금융권 예치금
	간주상속재산	(+)	50,000,000	퇴직금/보험금/신탁재산
	추정상속재산	(+)	100,000,000	상속개시일 전 재산처분액/예금인출액/채무부담액중 1년에 2억(2년에 5억)초과금액으로 용도 불분명한 금액
	사전증여재산	(+)	300,000,000	상속개시일 전 상속인(10년이내)에게 증여한 재산액과 비상속인(5년이내)에게 증여한 재산가액
	소계		1,950,000,000	
②공제대상재산 (-)	비과세	(-)		국가지자체에 유증재산/금양임야/묘토인 농지/문화재
	과세가액 불산입액	(-)		공익법인 출연재산,공익신탁재산
	장례비	(-)	15,000,000	최대 1,500만원 한도
	공과금	(-)		
	채무	(-)	500,000,000	피상속인의 대출금, 전세보증금 등
	소계		515,000,000	
③ 상속과세가액 = ① - ②			1,435,000,000	※산출방식 = 총상속재산 - 공제대상재산
④상속공제	일괄공제	(-)	500,000,000	5억원(상속인이 배우자만 있는 경우 일괄공제 불가)
	배우자공제	(-)	500,000,000	5억원(배우자가 실제 상속 받은 금액이 없거나 5억원 미만시)
	금융재산공제	(-)	100,000,000	금융재산 ①-1 X 20% (2억원 한도)
	가업상속공제	(-)		가업상속재산의 100% (요건 갖춘 중소기업에만 적용)
	소계		1,100,000,000	
⑤ 과세표준 = ③ - ④			335,000,000	※ 산출방식 = 상속과세가액 - 상속공제
⑥적용세율			20%	※ 상속 세율표 참고
⑦산출세액			57,000,000	※ 산출방식 = 과세표준 x 적용세율
⑧ 세액공제액	자진신고 납부공제액 (3%)		1,710,000	상속개시일이 속하는 달의 말일부터 6개월 이내 납부 세액공제 : 3%
	증여세 공제		5,000,000	배우자(2억 : 6억 한도 증여세 없음 자녀(1명) : 1억 = (1억-5천만)*10% =500만원
⑨총납부세액= ⑦ - ⑧			50,290,000	※산출방식 = 산출세액 - 세액공제액

〈출처 : blog.naver.com/bolshoy〉

5. 상속 포기 및 한정승인

상속 포기는 상속재산에 속한 모든 권리와 의무의 승계를 포기하는 것을 말합니다. 한정승인은 상속인이 상속으로 얻은 재산의 한도 내에서 피상속인의 채무를 변제하는 것입니다.

신청은 피상속인의 최후 주소지를 관할하는 가정법원에서 하며, 청구기한은 상속개시가 있음을 안 날로부터 3개월 이내에 해야 합니다. 3개월 후에 상속채무가 상속재산을 초과한 사실을 안 경우 상속인은 3개월 이내에 한정승인을 청구할 수 있습니다.

상속 포기 및 한정승인 심판청구 서류는 청구인들의 가족관계증명서, 주민등록등본, 인감증명서, 피상속인의 폐쇄 가족관계등록부에 따른 기본증명서, 피상속인의 말소된 주민등록등본, 상속관계를 확인할 수 있는 제적등본 또는 가족관계등록사항별 증명서 등을 첨부하면 됩니다. 공동상속인 중 1명이 상속 포기 신고서를 제출할 경우 나머지 상속인의 위임장을 제출해야 합니다. 한정승인 심판청구는 상속재산 목록을 추가로 내야 합니다.

1) 상속 포기

고인의 재산상의 권리와 의무를 승계하지 않는 것입니다. 상속 포기 신고는 고인의 사망일이 아니라, 상속개시를 안 날로부터 3

개월 이내에 해야 합니다. 연락이 끊겨 사망 사실을 모르면 상속개시 있음을 안 날과 사망일이 다를 수 있기 때문입니다. 상속 포기는 모든 재산을 포괄적으로 포기하는 것이며, 특정 재산만을 포기한 것은 아닙니다. 상속 포기가 한정승인보다 더 간명한 처리방법입니다. 재산과 부채를 승계하지 않기 때문이죠. 채권자가 소송을 제기해도 상속을 포기했다는 답변서를 내면 청구가 기각됩니다. 문제는 선순위자가 모두 상속을 포기하면 다음 순위 상속인에게 상속권이 내려간다는 점입니다. 다음 순위 상속인도 상속 포기 또는 한정승인을 해야 합니다. 법원의 상속 포기 수리 결정 후에는 철회할 수 없습니다. 예외적으로 의사에 하자가 있었을 경우 취소할 수는 있습니다. 신청만 하고 수리되기 전이면 취하 또는 한정승인으로 변경할 수 있습니다.

2) 한정승인

상속재산의 범위 내에서 상속채무를 변제할 것을 조건으로 상속을 승인하는 것입니다. 상속재산이 있는 만큼 상속채무를 변제하는 것이므로 상속재산이 없으면 상속채무를 전혀 갚지 않아도 됩니다. 한정승인을 하면 물려받는 재산의 범위 내에서 부채를 책임지면 됩니다. 부채와 재산을 정확히 파악하지 못할 때 좋습니다. 부채가 많으면 상속재산만 갚으면 되고, 재산이 많으면 부채를 갚고 남는 재산을 가질 수 있으므로 상속 포기보다 유리합니다. 또 선순위자 중 한 명이라도 한정승인을 하면 상속권이 더 이상 넘어가지 않습니다.

그러나 취득세와 양도세를 부담해야 하는 것은 단점입니다. 상속재산에 부동산이 있으면 취득세를 내야 하고, 경매로 매각되더라도 양도소득세가 부과될 수 있습니다. 재산을 고의로 누락시키면 한정승인이 무효가 됩니다. 따라서 한정승인을 하더라도 여러 명의 공동상속인 중에서 한 사람만 한정승인을 하는 것도 한 방법입니다.

신고서는 상속인의 주소지가 아니라 피상속인의 최종 주소지 관할 법원에 제출합니다. 한정승인은 상속개시 있음을 안 날로부터 3개월 이내에 신고서를 내야 합니다.

6. 취득세, 국민연금 청구, 자동차 소유권

1) 상속 취득세, 등록세 납부

상속으로 부동산 등을 취득하면 상속인 또는 그 대리인은 신고서를 작성해 물건지 관할 시·군·구를 방문, 취득세 및 등록세를 내야 합니다.

신고할 대상은 부동산, 차량, 기계장비, 입목(立木, 토지에 자라고 있는 나무), 선박, 항공기, 어업권, 광업권, 골프회원권, 콘도회원권 등입니다. 취득세를 내지 않는 비과세 물건은 1가구 1주택, 감면 대상이 되는 농지를 상속받는 경우입니다.

납부기한은 사망일로부터 6개월 이내이며, 구비서류는 제적등본 또는 가족관계등록부, 상속인의 신분증, 상속재산이 분할되는 경우 분할협의서 등입니다.

2) 국민연금 청구

연금급여는 상속재산이 아니고 상속인의 고유재산입니다. 유족에게 바로 지급되는 것이기 때문에 상속 포기나 한정승인 이후에도 피상속인의 빚과는 전혀 관계가 없습니다. 상속을 포기하더라도 이와 상관없이 받을 수 있는 돈입니다. 피상속인이 사망하면 곧바로 유족들이 받는 연금이라고 할 수 있습니다.

연금은 유족연금과 반환일시금, 사망일시금 등이 있습니다. 청구는 급여지급 사유 발생일로부터 5년이며, 전국 국민연금 지사를 방문해 청구하면 됩니다.

유족연금

국민연금 가입자 또는 가입했던 사람이 사망했거나, 노령연금·장애 등급 2급 이상의 장애연금 수급권자가 사망해 수급요건에 충족하면 유족에게 지급하는 연금입니다. 받을 수 있는 대상자는 △ 국민연금 노령연금 수급권자 △ 국민연금 장애 등급 2급 이상인 장애연금 수급권자 △ 가입 기간 10년 이상인 가입자(였던 자) △ 연금보험료를 낸 기간이 가입대상 기간의 1/3 이상인 가입자(였던 자) △ 사망일 5년 전부터 사망일까지의 기간 중 3년 이상 연금보험료를 낸 가입자(였던 자)입니다. 단, 전체 가입대상 기간 중 체납 기간이 3년 이상이면 유족연금을 지급하지 않습니다.

유족연금을 받을 수 있는 최우선 순위는 배우자이고, 18세 미만 자녀 또는 장애등급 2급 이상인 자녀, 60세 이상 부모 또는 장애등급 2급 이상인 부모, 18세 미만 손자녀 또는 장애등급 2급 이상인 손자녀로 이어집니다.

사망자의 가입 기간에 따라 기본연금액의 일부에 가족수당 성격의 부양가족 연금액이 합해져 매월 지급됩니다. 금액은 사망자의 가입 기간에 따라 다릅니다. △ 가입 기간 10년 미만 : 기본연금액의 40% + 부양가족연금액 △ 가입 기간 10~20년 미만 : 기본연금액의 50% + 부양가족연금액 △ 가입 기간 20년 이상 : 기본연금액의 60% + 부양가족연금액이다. 기본연금액은 가입 기간 20년인 사람이 받을 수 있는 연금 금액입니다.

반환일시금

60세 도달, 사망, 국적상실, 국외이주 사유로 국민연금에 더 이상 가입할 수 없게 되었으나 연금수급 요건을 채우지 못한 경우, 그동안 납부한 보험료에 이자를 더해 일시금으로 지급하는 급여입니다.

대상자는 △ 가입 기간 10년 미만인 자가 60세가 된 경우(단, 특례노령연금수급권자는 해당되지 않음) △ 가입자 또는 가입자였던 자가 사망했으나 유족연금에 해당되지 않는 경우 △ 국적을 상실하거나 국외로 이주한 경우 등이다. 반환일시금은 가입 기간 중 본인이 납부한 연금보험료에 대통령령으로 정하는 이자를 더해 받습니다.

사망일시금

가입자 또는 가입자였던 사람이 사망했으나 유족이 없어 유족연금 또는 반환일시금을 받을 수 없는 경우 더 넓은 범위의 유족에게 지급하는 장제부조적·보상적 성격의 급여입니다.

3) 자동차 소유권 이전

 자동차 소유자가 사망했을 때 상속인은 상속개시일로부터 3개월 이내에 이전등록을 해야 합니다. 신청은 상속인 또는 대리인이 상속인 주민등록 관할 자동차 등록 관청(차량등록사업소)에 가서 하면 됩니다. 기간 내 이전등록을 하지 않으면 과태료가 부과됩니다. 상속인이 많으면, 상속을 원하지 않는 상속인은 상속포기서에 인감을 날인해 인감증명서와 함께 제출합니다.

 상속인이 직접 신청하는 경우 등록관청에 비치된 자동차 이전등록신청서에 가족관계 기록 사항에 관한 증명서와 자동차 등록증을 첨부해 신청합니다. 가족관계 기록 사항에 관한 증명서는 공정증서 등 상속 사실을 증명하는 서류로 대체될 수 있습니다. 신청인이 동의하면 담당 공무원이 전산망을 통해 직접 확인할 수도 있습니다. 상속인 앞으로 가입된 의무(책임)보험 가입증명서를 제출해야 하고, 해당 지자체의 지하철 공채 또는 지역개발 공채를 매입해야 합니다.

7. 영업자 지위 승계 신고

사업을 했던 영업자가 사망했을 때에는 상속인이 영업자 지위를 승계 또는 폐업해야 합니다. 신고 기간은 영업자에 따라 달라, 언제 신고하는지 파악하는 것이 좋습니다. 주요 영업자인 공중위생업과 식품영업 영업자 등의 지위 승계 신고 방법 등입니다.

1) 공중위생업 영업자 지위 승계

숙박업, 목욕업, 이용업, 미용업, 세탁업, 위생관리업 등 공중위생 영업자가 사망했을 때에는 상속인이 영업 지위를 승계할 수 있습니다. 영업 지위를 승계하기 위해서는 각 광역자치단체 또는 지방자치단체를 방문해 신고해야 합니다. 신고기한은 사망일로부터 1개월 이내이며, 기간 이내에 신고하지 않으면 1년 이하의 징역 또는 1,000만 원 이하의 벌금이 부과됩니다. 구비서류는 영업자 지위 승계 신고서와 가족관계증명서 및 상속인임을 증명하는 서류를 첨부하면 됩니다. 제출 서류는 양도·양수를 증명할 수 있는 서류 및 양도인의 인감증명서(영업양도 시) 1부, 가족관계증명서 등 상속인을 증명하는 서류(상속 시), 기타 해당 사유별로 영업자의 지위를 승계했음을 증명할 수 있는 서류입니다.

2) 식품영업 영업자 지위 승계

식품위생법상 영업자가 사망했을 때에는 상속인이 영업자의 지위를 승계합니다. 신고대상 업종은 제조업, 가공업, 운반업, 판매업, 보존업, 식품 기구 또는 용기 포장의 제조업, 식품접객업 등입니다. 사망일로부터 1개월 이내에 신고해야 합니다. 신고기관은 허가를 받았거나 신고했던 기관에 하면 됩니다.

3) 사업자등록 정정 신고

상속으로 인해 사업자의 명의가 변경될 경우 사업자등록 정정신고서를 작성해 관할 세무서에 제출해야 합니다. 상속이 확정되는 때 곧바로 신고해야 하며 구비서류는 사업자등록 정정신고서, 가족관계증명서 및 상속인임을 증명할 수 있는 서류, 가족관계등록부에 상속인과 사망인의 관계 및 사망 일자가 기록되어 있어야 합니다.

4) 기타 명의변경 및 해지

고인의 소유로 된 신용카드와 휴대전화를 명의변경 하거나 해지합니다. 또 인터넷, 유선전화 명의변경 또는 해지, 기타 사망자

명의 거래계약 명의변경 및 해지를 해야 합니다. 준비서류는 해지 신청서(각 서비스사의 지정양식), 사망진단서(사본), 가족관계증명원, 신청인 신분증 등입니다. 기타 이용료 및 지불 대금 완납 시, 해지가 가능합니다. 서비스 회사별로 지점방문이나 우편, 팩스 신청을 할 수 있습니다.

2장_ 행정절차

✱ 주요 지위승계신고사항

신고기한	민원 사무	전수기관	기간
권리의무승계일로부터 15일내	국제물류주선업 상속신고	시·도	2일
승계사유발생일로부터 20일내	게임제작(배급)업 등의 영업자 지위승계 신고	시·군·구	즉시
사망일로부터 30일내	상속에 의한 광업권(조광권·저당권) 이전등록	광업등록사무소	2일
	축산물가공처리법상 영업자 지위승계신고	시·도(축산물가공업 등), 시·군·구(축산물판매업 등), 국립수의과학검역지원 (축산물수입판매업)	3일
	측량업 지위승계신고	국토지리정보원, 시·도	14일
승계일로부터 30일내	도시가스사업자 지위승계신고 (가스도매사업, 일반도시가스사업)	산업자원부(가스도매사업), 시·도(일반도시가스사업)	즉시
	액화석유가스 충전사업 등의 지위승계신고	시·군·구, 시·도	4일
	위험물제조소 등 지위승계신고	소방서	즉시
	소방시설업 지위승계신고	소방서	14일
승계일로부터 1월내	건강기능식품 영업자 지위승계신고	식품의약품안전청, 지방식품의약품안전청	즉시
	총포 등 제조업(판매업·화약류저장소) 영업자 지위승계신고	경찰서	즉시
	사행행위영업(사행기구제조·판매업) 영업자 지위승계신고	지방경찰청, 경찰서	5일
	관광사업 양수(지위승계) 신고	문화체육관광부, 시·군·구	5일
사망일로부터 60일내	화물자동차 운송(운송주선·운송가맹)사업 상속신고	국토해양부, 시·도, 시·군·구	5일
상속개시일로부터 60일내	건설업 상속신고 (일반건설업, 전문건설업)	시·도(일반건설업), 시·군·구(전문건설업)	7일
	부동산개발업 상속신고	시·도	7일
사망일로부터 90일내	여객자동차터미널사업 상속신고	시·도	2일
	여객자동차운송사업(자동차대여사업) 상속신고	국토해양부(시외고속버스), 시·도(시외고속버스 외)	5일
상속일로부터 3월내	골재채취업 상속신고	시·군·구	7일
상속개시일로부터 3월내	주류 제조·판매업 면허 상속신고	세무서	7일
승계일로부터 3월내	우표류판매소 이전 신청	우체국	2일
사망일로부터 6월내	해수면 유·도선사업 상속신고	해양경찰청, 시·도, 해양경찰서, 시·군·구	7일

〈출처 : 한국장례문화진흥원〉

장례비용 관련 영수증…1,500만 원까지 공제

장례비용이 500만 원을 넘을 때는 관련 증빙서류를 잘 챙겨야 합니다. 장례비용은 사망에 따른 필연적인 비용이며, 경비로 인정받고 있습니다. 상속세를 계산할 때도 일정 한도 내의 금액은 비용으로 공제하고 있습니다. 장례비용이 500만 원 이하이면 증빙이 없어도 공제하지만, 500만 원을 초과하면 영수증이 있는 것만 지출로 인정해줍니다. 그러나 장례비용이 1,000만 원을 넘으면 1,000만 원까지만 공제합니다.

장례비용에는 시신의 발굴 및 안치에 직접 드는 비용과 묘지 구매 비용, 공원묘지 사용료, 비석·상석 등 장례를 치르는데 직접 들어간 모든 비용도 포함하고 있습니다. 또 조문객들에게 음식을 접대하면서 발생하는 비용도 장례비용에 해당합니다. 장례비용에 직접 드는 비용뿐만 아니라 납골시설(봉안시설, 자연장지) 등의 비용도 500만 원을 한도로 해 추가로 공제해 주고 있습니다. 상속재산의 가액에서 뺄 수 있는 장례비용은 1,500만 원까지 가능합니다.

〈출처 : 한국장례문화진흥원〉

3장_ 장제비 지원

지방자치 단체별로 지원해주는 장제비 혜택 등도 적은 금액이지만 장례를 치르는 데 유익합니다.

1. 화장장려금

화장문화를 권유하기 위해 지방자치단체별로 유족에게 지급되는 장려금입니다. 금액뿐만 아니라 신청 기간, 자격요건 등도 지자체별로 약간 차이가 있습니다. 화장장려금은 통상 10만~70만 원, 사망일부터 30~90일 이내 신청이 많습니다. 지자체는 사망일을 기준으로 주소가 되어 있거나, 평균 1년 이내 해당 지자체 주소 거주자에 한하며, 허가된 화장장에서 화장할 때에 화장장 사용료를 지원합니다.

2. 기초수급 대상자 장제비 지원

국민기초생활 보장법 제5조에 따라 부양의무자가 없거나, 부양의무자가 있어도 부양 능력이 없거나 부양을 받을 수 없고, 소득인정액이 최저생계비 이하인 사람이 사망한 경우 장제비를 지원합니다. 사망한 경우 사체의 검안, 운반, 화장 또는 기타 장제 조치를 할 수 있도록 70만~75만 원이 지원됩니다. 단, 금전 지급이 적당하지 아니하다고 인정되면 물품으로 지급 가능합니다. 준비서류는 장제급여신청서, 사망진단서, 고인의 주민등록등본이며, 신청 기간은 5년 이내입니다.

3. 국가유공자 장제비 지원

국립묘지 안장 대상자(국가유공자)를 국립묘지에 안장하거나, 안장하지 않고 일반 묘역에 안치할 경우 장제비 등을 지원합니다.

4. 참전유공자 장제비 지원

참전유공자 사망 시 장제보조비 20만 원과 및 영구용 태극기를 증정합니다. 준비서류는 장제비신청서, 사망진단서, 가족관계증명서, 직계통장 사본 등이며 접수 및 문의는 각 지방보훈청에 하면 됩니다. ·

5. 기타

이 밖에 일부 지자체는 의사상자 등 예우 및 지원에 관한 법률 제15조에 의한 의사자, 장수 노인, 일본 정부 인정 또는 한국 원폭

3장_ 장제비 지원

피해자 협회 등록된 원폭 피해자 유족, 범죄행위로 피해를 입은 사람의 유족에게 장제비 등을 지원해줍니다. 해당 지자체별로 어떤 지원이 있는지 알아보면 됩니다.

4장_ 개장·이장 절차

매장한 시체를 다른 분묘에 옮기거나, 매장 또는 봉안한 유골을 다른 분묘 또는 봉안당에 옮기는 것을 개장(改葬) 또는 이장(移葬)이라 합니다. 개장·이장도 하나의 장례(葬禮)입니다. 이장을 하려면 우선 새 묫자리를 고르고 처음 장사 지낼 때와 같이합니다. 옛 묘소에서 토신제(土神祭)를 지낸 뒤 조심스럽게 파묘(破墓)하고, 시신을 새 묘지로 옮긴 뒤 다시 토신제를 지냅니다.

✱ 개장 유골 봉안 절차

개장·이장을 꼭 '손 없는 날'에 해야 할까요? 꼭 그렇지만은 않습니다. 편안한 날을 선택하는 것이 더 좋습니다. 격식을 따지고 '손 없는 날'을 택하는 것이 더 좋다고 여겨지겠지만 굳이 그렇게 하지 않아도 됩니다.

개장·이장 비용은 약간의 차이가 있겠지만, 개장·이장 비용, 유골함, 납골함 등에 따라 100만 원에서 수백만 원이 들어갈 수 있습니다.

개장 후 시체의 살이 썩어 뼈만 남았을 경우 유골함에 수습하면 되겠지만, 그렇지 않으면 운구차 등을 통해 화장장으로 이동해야 합니다.

개장·이장 소요시간은 보통 오전 7시부터 시작해 2~3시간의 파묘 작업을 한 뒤 이동시간, 화장시간 등을 거치면 하루가 꼬박 걸립니다.

개장·이장을 하려면 시체 또는 유골의 주소지와 개장지의 관할 시장, 군수에게 신고해야 합니다. 화장신고증 또는 개장·이장 신고증을 화장장 관리인에게 제출하고, 유골을 봉안합니다.

개장·이장한 시신을 10여 기 이상의 유골을 함께 모시는 봉안 가족묘를 만들어 함께 봉안해 사용할 수도 있습니다. 봉안 가족묘를 만들면 장례 때마다 장지를 새로 준비하는 어려움을 해결할 수 있고, 여러 후손을 함께 모실 수 있어 무연고 묘를 방지할 수 있습니다. 시공비용이 저렴하고 단 한 번의 시공으로 몇 대에 걸쳐 사용할 수 있어 경제적입니다.

 실제 개장을 하게 되면 여러 문제에 부딪힐 수 있습니다. 개장하는 사람들은 대부분 고인을 매장한 뒤 화장 등을 거쳐야 합니다. 그러나 중요한 것은 선산이 대부분 불법이라는 사실입니다. 선산이라고 하지만, 묘지설치 및 자연장 허가를 받고 매장해야 하는데 현실은 그렇지 않습니다. 불법으로 매장하는 경우가 대부분이죠. 가족들도 선산에 묻는 것을 불법으로 인식하지 못하고 그냥 묻으면 되는 것으로 생각합니다. 하지만 이는 불법입니다. 산으로 되어 있는 지목을 묘로 바꾸어야 합니다. 묘지로 허가받는 과정에서 돈이 많이 들어갑니다. 1,000만 원이 그냥 깨집니다. **_현재 우리나라에는 정식 허가를 받은 문중 선산이나 가족 선산은 거의 없습니다. 산지 전용 허가에서 개발행위를 허가받아야 합니다. 법에 정한 문화재관리법, 도로법, 상수도원법 등 통과해야 할 법이 많습니다._** 이 때문에 선산은 정식 허가를 받지 않고 그냥 불법으로 매장합니다. 불법묘지가 대한민국 곳곳에 있는 셈이죠. 이 때문에 그냥 편하게 선산보다는 납골당으로 이장하는 사람이 많습니다.

4장_ 개장·이장 절차

■ 장사 등에 관한 법률 시행규칙 [별지 제3호서식] 〈개정 2016. 8. 30.〉

개장 [ ] 신고서
[ ] 허가신청서

※ [ ]에는 해당되는 곳에 "√표시를 합니다.

접수번호	접수일	발급일	처리기간 · 개장신고 : 2일 · 개장허가 : 3일

사망자	성 명		주민등록번호	-	사망연월일	
	묘지 또는 봉안된 장소			매장 또는 봉안연월일		
	개장장소			개장방법 (매장·화장등)	□ 매장 → 매장 □ 매장 → 화장 □ 매장 → 봉안 □ 매장 → 자연장 □ 봉안 → 매장	
	개장의 사유			매장(봉안)기간		

신고인 (허가 신청인)	성 명		주민등록번호	-	사망자와의 관계	
	주 소			전화번호		

「장사 등에 관한 법률」 제8조·제27조 및 같은 법 시행규칙 제2조·제18조에 따라 개장신고(허가 신청)를 합니다.

                                                    년   월   일

                      신고인 (신청인)   (서명 또는 인)

시·도지사, 시장·군수·구청장   귀하

신고인 제출서류	개장신고의 경우	1. 기존 분묘의 사진 2. 통보문 또는 공고문(설치기간이 종료된 분묘의 경우만 해당합니다)
	개장허가의 경우	1. 기존 분묘의 사진 2. 분묘의 연고자를 알지 못하는 사유 3. 묘지 또는 토지가 개장허가 신청인의 소유임을 증명하는 서류 4. 「부동산등기법」 등 관계 법령에 따라 해당 토지 등의 사용에 관하여 해당 분묘 연고자의 권리 가 없음을 증명하는 서류 5. 통보문 또는 공고문
담당 공무원 확인사항		1. 토지(임야)대장 2. 토지등기부 등본

245

제　　호

개장 [ ] 신고서
　　　[ ] 허가증

	성명		사망연월일	．　．　．
	묘지 또는 봉안된 장소		매장 또는 봉안연월일	．　．　．
	개장장소		매장(봉안)기간	
신고인 (신청인)	성　명		주민등록번호		사망자와의 관계	
	주소				전화번호	

「장사 등에 관한 법률」 제8조·제27조 및 같은 법 시행규칙 제2조·제18조에 따라 위와 같이 개장신고(허가)를 하였으므로 신고증명서(허가증)를 발급합니다.

년　월　일

시·도지사, 시장·군수·구청장　[관인]

210mm×297mm[백상지 80g/㎡]

처리 절차

이 신고서는 아래와 같이 처리됩니다.

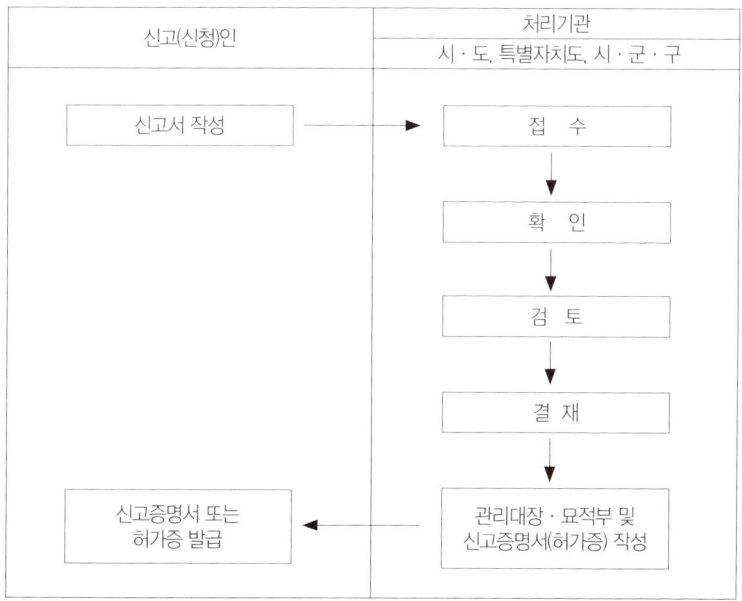

개인 또는 가족묘지를 자연장지로 변경하세요

개인묘지의 경우, 개장한 다음 개인 자연장지를 조성하고 조성을 마친 후 30일 이내에 조성신고를 하면 됩니다. 가족묘지는 장사시설 폐지신고 및 개장 후 동일 구역을 소재지로 가족 자연장지 조성신고를 하고 신고가 수리되면 자연장지를 조성합니다. 불법묘지일 경우 기존 분묘를 개장 신고하고, 개인 또는 가족 자연장지 조성신고를 하면 됩니다.

〈장례 용어〉

가첨석(加檐石) 비석을 세우고 그 비석 위에 지붕 모양처럼 만든 돌

개장(改葬) 매장한 사체, 유골을 다른 분묘 또는 봉안시설에 옮기거나 다시 화장, 자연장으로 하는 것

개장유골(改葬遺骨) 시신을 매장한 이후 개장할 때 수습한 뼈

결관(結棺) 영구(靈柩)를 운반하기 편하도록 묶는 일

고복(皐復) 고인의 소생을 바라는 마음에서 시신을 떠난 혼을 불러들이는 것

고인(故人) 장례를 진행하는 과정에서 죽은 이에 대하여 높여 부르는 말

관(棺) 시신을 담아서 장지까지 운반(운구)하는 상자

관보(棺保) 관을 덮는 흰색 천

구(具) 입관이 끝난 뒤 관을 부르는 명칭

구지 장례 행렬이 묘지에 도착해서 치르는 일

권시 시신이나 뼈를 유실하지 않기 위해 뼈를 싸는 것

권포 이장할 때나 개장할 때 시신이나 뼈를 싸는 포

궤연(几筵) 주상이 상복을 입는 기간 동안 영좌를 모시는 장소

굴건(屈巾) 상주가 머리에 쓰는 베로 만든 건, 두건 위에 쓰는 것

굴건제복(屈巾祭服) 전통적인 상복

근조(謹弔) 초상을 마음껏 애도한다는 뜻

금침(金枕) 시신의 머리를 편하게 하는 베개

기일(忌日) 1년 단위로 고인이 돌아가신 날

기제사(忌祭祀) 고인이 돌아가신 날을 기일(忌日)이라고 하는데, 대상(大祥)을 지낸 일 년 후부터 매년 이날 지내는 제사

기중(忌中) 상중(喪中)임을 알리기 위해 상가의 대문이나 상주가 경영하는 점포의 문 앞에 붙여놓는 안내표

납골(納骨) 화장유골 또는 개장유골을 납골시설에 안치하는 일

납골당(納骨堂) 화장한 유골을 안치하는 장소

노제(路祭) 상여로 운구할 때 묘지까지 가는 도중에 길가에서 지내는 제사

담제(禫祭) 대상 후 석 달 안에 지내는 제사

대기(大朞) 죽은 지 두 돌 되는 제사, 같은 말 대상(大祥)

대렴(大殮) 상례에서 소렴이 끝난 후 시신을 묶어서 관에 넣는 의식

두건(頭巾) 상복을 입을 때 머리에 쓰는 건

망건(網巾) 상주가 상투를 틀 때 머리카락을 싸는 것

만장(輓章) 고인을 슬퍼하여 쓰는 글. 장사 지낼 때 비단이나 천에 적어서 깃발로 만듦

매장(埋葬) 시체(임신 4개월 이후의 죽은 태아 포함)를 땅에 묻어

장사하는 것

멱목(幎目) 시신의 얼굴을 덮는 천

면모악수(面帽握手) 시신의 얼굴을 싸서 손톱을 깎아 담는 주머니를 손에 쥐어주고 감아주는 장갑

멸절 불교에서 말하는 죽음

명당(明堂) 풍수지리적으로 볼 때 무덤으로 쓰면 가장 좋은 땅

명정(銘旌) 고인의 관직이나 본관, 관직, 성명 등을 쓴 붉은 색 깃발

목관(木棺) 나무로 만든 시신을 넣는 상자

묘제(墓祭) 무덤에서 드리는 제사

묘지(墓地) 분묘를 설치하는 구역

문상(問喪) 고인의 명복을 빌고 유족을 위로하는 일

문상객(問喪客) 고인의 명복을 빌고 유족을 위로하러 온 사람

반함(飯含) 염습할 때 고인의 입에 쌀이나 동전 또는 구슬 등을 넣는 의식

반혼제(返魂祭) 시신의 부패와 세균번식 등을 막기 위해 시신보관용 냉장시설을 갖춘 장소

발인(發靷) 상가 또는 장례식장에서 영구를 운구하여 장지로 떠나는 일

발인제(發靷祭) 상여가 집에서 떠나기 바로 전에 상여 앞에 차려놓고 지내는 제사

보공(補空) 시신이 움직이지 않도록 관의 빈 곳을 채우는 일

복건(幅巾) 시신의 머리에 씌우는 건
복상(服喪) 상복을 입는다는 말
복인(服人) 고인과의 친인척 관계에 따라 상복을 입어야 하는 사람들
봉분(封墳) 무덤을 둥글고 높게 만든 흙더미
봉안(奉安) 유골을 봉안시설에 안치하는 것
봉안당(奉安堂) 시신을 화장한 후 유골을 모셔 두는 곳
봉안묘(奉安墓) 분묘의 형태로 된 봉안시설
봉안시설(奉安施設) 봉안묘, 봉안당, 봉안탑 등 유골을 안치(매장은 제외)하는 시설
봉안탑(奉安塔) 탑의 형태로 된 봉안시설
부고(訃告) 고인의 죽음을 알리는 것.
부의(賻儀) 초상집에 부조를 보내는 위로금
부의록(賻儀錄) 문상객들의 이름과 부의금을 기록한 명부
분골(粉骨) 화장한 유골을 분골기로 갈아 분말 형태로 만드는 행위
분골장(粉骨葬) 분골한 미세한 가루를 자연에 돌려주는 형태의 장례 방법
분묘(墳墓) 시체나 유골을 매장하는 시설
비신(碑身) 비석
빈소(殯所) 문상객의 문상을 받기 위하여 고인의 영정을 모셔 놓은 장소

사망진단서(死亡診斷書) 의사가 사람의 사망을 의학적으로 증명할 때에 작성하는 문서

사체검안서(死體檢案書) 의사의 치료를 받지 아니하고 사망한 사체를 살펴서, 의사가 사인(死因)을 의학적으로 검증하여 사망을 확인하는 증명서

삭망(朔望) 매달 초하루와 보름에 상식보다 낫게 상을 차려 올리는 것

산골(散骨) 화장한 유골을 분골하여 산골시설에 뿌리는 장례법

삼우제(三虞祭) 장례를 치른 후 3일째가 되는 날 지내는 제사로 첫 번째의 성묘

삼일장(三日葬) 운명한 지 3일 만에 장례를 치르는 예식

상가(喪家) 장례를 치르는 장소로 상을 당한 자택이나 장례식장

상복(喪服) 상주가 입는 옷

상석(床石) 무덤 앞에 있는 제물을 놓는 돌

상식(上食) 고인이 생시에 식사하듯 빈소에 올리는 음식

상장(喪杖) 상주 또는 복인이 짚는 지팡이

상장(喪章) 양복 형태의 상복을 입을 때 가슴에 부착하는 리본

상주(喪主) 장례를 주관하는 사람으로 고인의 자손

석관(石棺) 돌로 만든 관

성묘(省墓) 무덤을 찾아가는 것

성복(成服) 초상이 나서 처음으로 상복을 입음

성복제(成服祭) 초상이 나서 처음으로 상복을 입을 때에 차리는 제사

성분(成墳) 시신을 하관하여 봉분을 만드는 것

소기(小朞) 죽은 지 한 돌이 되는 제사

소렴(小殮) 상례 절차에서 반함이 끝난 후 시신에 수의를 입히는 일

소상(小祥) 초상을 치른 후 만 1년이 되는 날에 드리는 제사

소천(召天) 하나님의 부르심을 받고 돌아가셨다는 뜻

소향(燒香) 향을 태우며 추모하는 것

속광(屬纊) 마지막 숨을 거둔 것을 확인하기 위해 솜을 코앞에 놓고 지켜보는 것

속포 시신을 묶는 것

속절(俗節) 명절 때를 비롯한 제삿날 외에 차례를 지내는 날

수목장(樹木葬) 산림자원의 조성 및 관리 법률에 따른 산림에 조성하는 자연장지

수시(收屍) 시신이 굳어지기 전에 팔과 다리 등을 가지런히 하는 행위

수의(壽衣) 시신에게 입히는 옷

습골(拾骨) 화장 후 유골을 유골 용기 또는 분골 용기에 담아 수습하는 행위

습신 시신에게 신기는 신발

승화원 화장장, 연화장

시신(屍身) 죽은 사람의 몸체를 높여 부르는 말

신주(神主) 죽은 사람의 이름을 적어놓은 나무판(위패)

악수(幄手) 시신의 손을 싸는 손 싸개

안치(安置) 시신의 부패와 세균번식 등을 막기 위하여 냉장시설에 시신을 모시는 것

안치실(安置室) 시신의 부패와 세균번식 등을 막기 위해 시신보관용 냉장시설을 갖춘 장소

염습(殮襲) 시신을 목욕시켜 수의를 입히고 입관하는 일

염습실(殮襲室) 시신을 목욕시키고, 수의를 입히며, 입관하는 장소

영구(靈柩) 시신이 들어있는 관

영구차(靈柩車) 영구를 운반하는 자동차

영정(影幀) 고인을 상징하는 초상화 또는 사진

예단(禮緞) 청실(남자)과 홍실(여)로 만들어 이승을 결별하고 저승과의 결연을 의미하는 비단제품

완장(腕章) 두루마기 대용으로 왼쪽 팔에 차며, 상주와 복인의 표시로 검은 줄을 넣음

운구(運柩) 영구를 화장장이나 장지로 운반하는 절차

운명(殞命) 숨을 거두는 것

위패(位牌) 죽은 사람의 이름을 적은 나무패

유골(遺骨) 죽은 사람의 뼈

유족(遺族) 고인과 친인척 관계에 있는 사람

유족참관실(遺族參觀室) 염습할 때 유족이 참관하는 장소

이장(移葬) 이미 매장한 시신을 다른 곳으로 옮기는 장례로 개장(改葬)이라고도 한다.

임종(臨終) 운명하는 순간을 지켜보는 것

입관(入棺) 시신을 관에 모시는 일

자연장(自然葬) 화장한 유골의 골분을 수목, 화초, 잔디 등의 밑이나 주변에 묻는 것

자연장지(自然葬地) 자연장으로 장사할 수 있는 구역

장례(葬禮) 죽음을 처리하는 과정에서 행해지는 일련의 의례

장례식장(葬禮式場) 장례의식을 행하고 서비스를 제공할 수 있는 시설을 갖춘 장소

장례용품전시실(葬禮用品展示室) 유족이 직접 장례용품을 확인하고 구입할 수 있도록 전시·판매하는 장소

장사(葬事) 시신을 매장하거나 화장하는 등의 시신을 처리하는 일련의 행위

장사시설(葬事施設) 묘지, 화장시설, 봉안시설, 자연장지, 장례식장

장지(葬地) 시신을 매장 또는 화장하여 납골하는 장소

접객실(接客室) 문상객을 대접하기 위한 장소

조등(弔燈) 상가(喪家)임을 표시하기 위하여 거는 등(燈)

조발낭(爪髮囊) 시신을 목욕시킬 때 빠진 머리카락·손톱·발톱 등을 넣는 작은 주머니

지금(地衾) 시신 밑에 까는 겹이불
천금(天衾) 시신을 덮는 이불
초상(初喪) 사람이 죽어서 장사 지낼 때까지를 말함
초석(草席) 충해(蟲害)가 없다는 야생초를 건조해 여러 묶음으로 만든 것
추도(追悼) 고인을 생각하며 슬퍼한다는 뜻
충이(充耳) 시신의 귀를 막는 솜뭉치로 된 귀마개
칠성판(七星板) 시신을 받치기 위해 관 바닥에 놓는 널빤지
평토(平土) 관을 매장하고 유족과 조객들이 흙을 뿌려 땅을 메우는 일
평토제(平土祭) 장례 의식에서 평토를 끝내고 나서 드리는 제사
한지(漢紙) 일명 염습지라고도 하며 시신의 결박이나 입관 전후 사용
합장(合葬) 부부의 시신을 같이 매장하는 장례
호상(好喪) 장수하다 돌아가신 것
호상(護喪) 장례에 관한 모든 일을 맡아서 진행하는 사람. 친족이나 친지 중에서 상례에 밝고 경험이 많은 사람으로 정한다. 호상은 부고와 장례에 관한 안내, 연락, 조객록, 사망신고, 매장(화장)허가 신청 등을 맡아서 처리한다.
혼백(魂帛) 고인 영혼을 상징하기 위해 빈소에 모시는 삼베나 명주로 접어서 만든 패

효건(孝巾) 복인이 머리에 쓰는 건
화장(火葬) 사체나 유골을 불에 태워 장사하는 것
화장시설(火葬施設) 시체나 유골을 화장하기 위한 시설
화장유골(火葬遺骨) 영구를 화장한 후 남는 뼈
횡대(橫帶) 매장할 때 영구 위에 흙이 직접 닿지 않도록 덮는 나무 토막 혹은 널빤지

〈에필로그〉

　도시화, 핵가족화 등으로 장례문화가 변하고 있습니다. 전통 장례문화가 나눔정신을 바탕으로 서로 상부상조했다면, 오늘날의 장례문화는 거의 개별적입니다. 젊은 층이 장례문화를 제대로 알지 못하는 것은 당연한 이치일 수밖에 없는 상황입니다.

　2026년에는 대한민국이 초고령사회에 진입하며, 2043년에는 연간 사망자 수도 30만 명에서 60만 명으로 늘어날 것으로 보입니다. 장례 수요가 급증할 것으로 예상됨에 따라 품격 있는 장례, 실속 있는 장례가 치러져야 할 것입니다.

　장례문화는 시대적 배경과 사회, 문화, 가치관에 따라 변해왔습니다. 최근에는 화장이 매장보다 훨씬 많죠. 앞으로 장례문화는 점점 화장 중심으로 바뀔 수 있다는 것을 의미합니다. 화장이 주요 매장문화로 바뀌면서 납골당 등 봉안시설이 크게 늘었습니다. 그러나 일부에서는 묘지의 변형된 형태인 봉안시설에 대해 우려하는 목소리도 나옵니다. 묘지와 봉안시설이 국토잠식과 환경 훼손 등의 문제를 일으킬 수 있다는 것입니다.

정부에서는 국토의 많은 부분을 차지하고 있는 매장과 환경을 훼손하는 봉안시설을 줄이기 위해 자연장을 권장하고 있습니다. 화장한 유골의 골분을 나무, 화초, 잔디 등의 밑이나 주변에 묻어 장사하는 장례 방법인 자연장 제도를 활성화한다는 방침입니다.

이러한 시대적 흐름에 맞춰 우리의 장례문화도 변해야 할 때가 왔습니다. 인간과 자연이 공존하는 선진 장례문화 정착을 위해 자연장지를 활용한 장례문화가 활성화되어야 할 필요가 있습니다. 정부는 자연장 활성화를 위한 규제 완화 조치를 마련했으며, 공원과 같은 묘역조성이 가능한 친자연적 장례문화로 발전시킬 계획입니다. 올바른 방향이라고 생각합니다.

그렇다면 앞으로 우리의 장례문화는 어떻게 변해야 하고, 바람직한 장례식은 어떤 형태로 진행되어야 할까요?

답을 내리기는 쉽지 않습니다. 다만, 우리 사회 구성원 모두가 장례의 품격을 위해 노력해야 한다는 사실은 분명합니다. 하지만 몇 가지 당부하고 싶은 말이 있습니다.

먼저 올바른 장례문화 정착을 위해서는 유족들이 허례허식을 배제한 검소한 장례 정착에 우선 노력해야 한다는 것입니다. 장례는 고인의 삶을 기리며 고인 중심으로 엄숙하고 의미 있게 치르는 것이 중요합니다. 혐오·기피시설로 인식해온 묘지를 공원 형태로 조성함으로써 건전하고 품위 있는 자연 친화적 장례문화가 확산되기를 기대합니다.

  장례비용을 줄이는 것도 중요합니다. 유족들의 가장 민감한 부분은 장례비용입니다. 우후죽순으로 생겨나는 부실한 상조 회사로 인해 유족들은 제대로 된 판단을 못 하는 경우가 많습니다. 특히 일부 선불제 상조 회사의 문제점은 심각한 수준입니다. 고객들을 상대로 무조건 상조회비를 걷은 뒤 그 뒤에는 책임 없이 부도를 내거나 함부로 유용하는 사례도 자주 있습니다. 부도나면 지금까지 납부했던 상조회비를 돌려받지 못할 수도 있어 소비자들은 주의해야 합니다.

  계약했던 약정 상조회비를 채우지 못하면, 장례가 치러진 이후 나머지 부족한 금액을 내야 한다는 사실을 모르는 유족들도 있었습니다. 그런 측면에서 봤을 때 장례를 치르고 난 뒤 비용을 나중에 지불하는 후불제 상조가 편할지 모릅니다. 단, 영세한 후불 상조업체들은 유족에게 '바가지'를 씌울 우려가 있으니 조심해야 합니다.

  장례비용 절감 방법 중 가장 중요한 것은 음식비용을 줄이는 것입니다. 음식은 장례식장에서만 독점적으로 공급합니다. 음식이 낭비되지 않도록 유족이 음식도우미로 직접 참여해 낭비 여부를 지켜봐야 장례비용을 조금이라도 줄일 수 있습니다.

  장지 선택에도 주의가 필요합니다. 매장 방식에 따라 장지 비용이 차이가 클 수 있습니다. 납골당이 우후죽순으로 생겨나고 있지만, 비용 또한 만만치 않습니다. 이 때문에 정부는 자연장을 적극적으로 육성해 자연도 살리고 비용도 줄이려는 방향으로 나아가고 있습니다.

  핵가족화로 인해 장례 절차를 알고 있는 사람들이 많지 않습니다. 결국, 장례식장이나 상조 회사에 전적으로 맡길 수밖에 없는 상황이 된 셈입니다. 그렇지만 장례 절차 등을 유족들이 어느 정도 알지 못하면 바가지를 쓸 우려가 있다는 점을 명심하세요. 장례에 대해 많이 알면 알수록 비용을 절감할 수 있고, 고인을 편안히 모시는 길입니다.

부록 1. 전국화장시설

부록 2. 전국공설자연장지 설치현황 및 이용안내

부록 3. 화장장려금 현황

부록 4. 장사시설 이용감면 현황

부록 1 전국화장시설

〈출처 : 한국장례문화진흥원〉

지역	화장시설	화장로
서울	서울시립승화원(고양시)	86
서울	서울추모공원(서초구원지동)	50
부산	부산영락공원	63
대구	대구명복공원	41
인천	인천가족공원	64
광주	광주시영락공원	36
대전	대전시정수원	28
울산	울산하늘공원	24
세종	세종시은하수공원	32
경기	수원시연화장	29
경기	성남시영생관리사업소	46
경기	용인평온의숲	27
강원	춘천안식원	12
강원	원주하늘나래원	15
강원	동해시공설화장장	8
강원	태백시화장장	8
강원	속초시화장장	8
강원	정선군하늘화장터	3
강원	인제하늘내린도리안	6
강원	강릉솔향하늘길	9
충북	청주시목련공원	18
충북	충주시공설화장장하늘나라	12
충북	제천시영원한쉼터	9
충남	천안시시설관리공단천안추모공원	16
충남	홍성군추모공원관리사업소	17
충남	공주나래원	10
전북	전주시승화원	16
전북	군산시승화원	8
전북	남원시승화원	6
전북	익산시공설화장장정수원	9
전북	서남권추모공원	10

지역	화장시설	화장로
전남	목포추모공원	14
전남	여수시영락공원승화원	12
전남	순천시립추모공원	16
전남	국립소록도병원화장장	0
전남	광양시화장장	8
전남	재단법인청계원	0
전남	남도광역추모공원	7
경북	포항시립우현화장장	12
경북	포항시구룡포화장장	3
경북	김천시공설화장장	5
경북	안동장사문화공원	9
경북	영주시화장장	5
경북	상주시승천원	6
경북	문경예송원	6
경북	의성군공설화장장	6
경북	울릉하늘섬공원	8
경북	경주하늘마루관리사무소	12
경북	구미시추모공원	12
경남	창원시립마산화장장	6
경남	진주시안락공원	24
경남	통영시추모공원	8
경남	사천시누리원(화장시설)	9
경남	밀양시공설화장시설	9
경남	고성군공설화장장	6
경남	김해추모의공원	12
경남	창원시립상복공원	21
경남	함안하늘공원	6
제주	제주특별자치도양지공원	16
합계		990

부록2 전국 공설 자연장지 설치현황 및 이용안내 (출처 : 한국장례문화진흥원)

※ 상기 기재된 사항은 참고용으로 작성된 것으로, 상세 기준과 내용은 해당 시설 및 관리부서에 문의하시기 바랍니다.

구분		시설명	자연장 형태	시설 위치 및 전화	이용요금(일반/개인 기준) (단위 : 천원)					추가 사항		사용대상
					관내		관외		연장기준	유공자 수급자		
시도	시군구				사용료	관리비	사용료	관리비				
산림청		국립 하늘숲 추모원	수목형 (공동목)	경기 양평군 양동면 소재 ☎ 031-775-6638	A등급 735 B등급 723 C등급 711		A등급 735 B등급 723 C등급 711		15년	-	① 지역 지급 제한 없음 *추모목 위치와 생육상태에 따라서 3등급 *수목형(공동목) : - 사용료는 추모목 1그루를 기준으로 선정된 금액(인치 유골 5인) *수목료는 추모목 1그루를 기준으로 선정된 금액(인치 유골 1-3인/기본, 최대 10인)	
			수목형 (가족목)		A등급 2,325 B등급 2,265 C등급 2,205		A등급 2,325 B등급 2,265 C등급 2,205		15년3회 최장60년	-		
서울		용미리묘지 자연장지	잔디형	경기 파주시 광탄면 소재 ☎ 031-943-1930	500	-	-	-	40년	-	관내 50%	① 서울 고양 파주주민(6개월 이상 거주)으로서 화장한 유골 ② 시립장사시설(벽안, 마장)에 안치된 유골
			임석원		20	-	-	-	-	-		
대구		시립공원묘지	수목형	칠곡군 지천면 낙산로 87 ☎ 053-803-6262	-	-	-	-	-	-	관내 50%	③ 2008.5.26 이후 회장 유골 *장원형, 수목형, 연덕형 만장
			잔디형		-	-	-	-	-	-		*미사용
인천	인천	수목장림 (만장)	수목장림	부평구 평온로 소재 ☎ 032-510-1956	150	30년	500	50	-	-	50%	① 인천시 관내 주민(6개월 이상) ② 인천가족공원의 단계별 묘지 재개발 사업으로 인해 분묘이장이 긍규된 유골 ③ 시 소재 병원, 노인요양시설에 입원 중 사망한 자로 그 부모, 자녀, 배우자가 관내 주민인 경우
		정원형수목장 (만장)	수목형		1,000	30년	-	-	-	-		
		늘푸른잔디장 (만장)	잔디장		250	30년	-	-	-	-		
		하늘정원 잔디장(만장)	잔디장		600	30년	-	-	-	-		
		별미루 잔디장	잔디장									

구분		시설명	자연장 형태	시설 위치 및 전화	이용요금(일반,개인 기준) (단위 : 천원)					추가 사항		사용대상
					관내				관외	유공자		
시도	시군구				사용료	관리비	(기준)	사용료	관리비	연장기준	수급자		
	옹진군	연평리 공설묘지	잔디형	연평리 소재 ☎ 032-899-2333	60	30	30년	이용불가			관내 50%	① 옹진군 관내 주민(6개월 이상) ② 관내 공공시설으로 분묘를 개장한 경우 ③ 시설 안치 중인 고인의 배우자
		이작리 공설묘지	잔디형	이작리 소재 ☎ 032-899-2333								
		선재리 공설묘지	잔디형	선재리 소재 ☎ 032-899-2333								
		정봉리 공설묘지	잔디형	정봉리 소재 ☎ 032-899-2333								
광주		영락공원 청마루동산	정원형 잔디형 가족장	북구 영락공원로 소재 ☎ 062-572-4384	171	177	45년	171	177	-	-	① 제한 없음
대전		대전추모공원 자연장지	잔디형 화초형 수목형	대전 상보안옛길 소재 ☎ 042-583-4708	650 1,000 1,500	- - -	30년	800 1,300 2,000	- - -	-	관내무공자, 수급자 100% 관외유공자 50%	① 대전시 관내 주민(1개월 이상) ② 사망 직전 부모, 자녀, 배우자가 관내에 6개월 이상 주민등록 되어 있던 자 ③ 관내 분묘 개장에 따른 유골 ④ 관외 분묘 개장유골(사망당시 관내주민) ⑤ 시설 안치 중인 고인의 배우자
울산		울산하늘공원 자연장지	잔디형 수목형	울주군 삼동면 소재 ☎ 052-255-3800	300 1,400	-	30년	1,000	-	-	감면 50%	① 제한없음 ② 사망당시 관내 거주자 (관외 불가)
세종		세종시 은하수공원	잔디형 수목형	세종시 연기면 소재 ☎ 044-901-1712	510 730	140 200	30년	765 1,090	210 310	15년 1회	-	① 제한없음
경기	수원시	수원시연화장 자연장지	잔디형	영통구 광교호수로 소재 ☎ 031-218-6500	300	-	30년	1,000	-	-	관내 유공자 (1년 이상)	① 수원시 관내주민(1년 이상) ② 관내주민(1년)의 부모, 배우자, 자녀 ③ 시설내 자연장에 안치중인 고인의 배우자 ④ 관외 부모 개장 유골 중 사망당시 관내 거주한 시설을 입증하는 유골 ⑤ 관내 기존 묘지에서 개장된 유골
	용인시	용인평온의숲	잔디형 수목형	이동면 평온의숲로 소재 ☎ 031-329-5920	500 750	600 600	30년	750 1,100	900 900	-	-	① 용인시 관내 주민(6개월 이상) ② 관내 · 외 개장 및 봉안유골 부모, 자녀, 배우자가 용인시 6개월 이상 거주 ③ 화장시설을 이용한 관내주민 (사망구역에 한하여 사용 가능)

구분		시설명	자연장 형태	시설 위치 및 전화	이용요금(일반 개인 기준) (단위 : 천원)					추가 사항		사용대상
시도	시군구				관내			관외		연장기준	유공자 수급자	
					사용료	관리비	(기준)	사용료	관리비			
안산시		꽃빛공원 수목장림	수목형	안산시 단원구 소재 ☎ 031-481-3359	606	-	45년	1,212	-	-	관내 감면	① 안산시 관내주민(6개월 이상) 또는 배우자, 직계자녀(다만, 사망자가 미혼이거나 자녀가 없는 경우에는 최근친 연고자) ② 시에서 발생한 대형사고(재난, 재해 등)로 인한 사망자 ③ 관내 기존 묘지에서 개장된 유골 ④ 관외에서 개장된 유골을 안치하려는 자 중 사용하가 신청일 현재 시에 6개월 이상 계속하여 주민등록을 두고 거주한 연고자(배우자 또는 직계존비속 한정함)
시흥시		정왕공원묘지	잔디형	시흥시 정왕동 소재 ☎ 031-310-2262	489	-		978	-	-	전역감면	① 시흥시 관내주민만 사용(3개월 이상) ② 관내 대향사고 사망자 ③ 부부중 자연장지에 안치중인 고인의 배우자
김포시		김포시 추모공원 자연장지	잔디형	통진읍 예기봉로5가번길 소재 ☎ 031-980-2216	97	203	30년	600	400	-	전액감면	① 김포시 관내 주민(6개월 이상) ② 배우자중의 1인이 관내 장사시설에 안치되어 있는 상태에서 관리 주거 배우자가 사망하여 합장 하고자 하는 경우 ③ 관내 분묘를 개장한 유골의 연고자 ④ 김포시 관내 주민(6개월 이상)이 연고지 배우자, 직계자녀, 자녀가 사용하는 경우
광주		중대공원 (만장)	잔디형	광주시 중대동 소재 ☎ 031-760-2844	300	200	30년	300	-	-	전역감면	① 광주시 관내 주민(6개월 이상) ② 광주시에 주소를 두고 6개월 이상 계속하여 거주한 직계재사가 장사시설을 사용하고자 하는 경우(사망자, 관외거주) ③ 안치중인 고인의 배우자
		신월자연장	잔디형	광주시 초월읍 소재 ☎ 031-760-2844	300	-	30년	450	-	-		
의왕시		의왕하늘쉼터 수목장림	잔디형 수목장림	의왕시 오전동 소재 ☎ 031-345-3831	380	300	30년	<직계> 760	<직계> 600	15년1회	관외유공자 50% 관내수급자 100%	① 의왕시 관내 주민(1년 이상 계속) ② 관내 주민(1년 이상)의 배우자 또는 직계존속 ③ 관내 공설묘지에서 개장한 유골을 확장할 경우(50% 감면)
여주		여주추모공원	잔디형	여주시 가남읍 소재 ☎ 031-881-4063	200	150	30년	400	300	-	관내 100%	① 여주시 : 여주시 관내 주민(6개월 이상)
양주시		경신 하늘물 공원	잔디형	양주시 남면 소재 ☎ 031-861-5716	400	-	30년	600	-	-	연제	① 양주시 관내 주민(1년 이상) ② 관내 설치된 묘지에서 개장된 유골의 경우

구분		시설명	자연장 형태	시설 위치 및 전화	이용요금(일반·개인 기준) (단위 : 천원)						추가 사항		사용대상
시도	시군구				관내			관외			유골자 수급자		
					사용료	관리비	(기준)	사용료	관리비	연장기준			
강원	포천시	내촌공설 자연장지	수목형	포천시 내촌면 소재 ☎ 031-538-2269	400	-	30년	600	-	-	관내 면제		① 포천시 관내 주민(6개월 이상) ② 안치중인 고인의 배우자 ③ 관내 분묘를 개장한 경우 ④ 관내 주민(1년 이상)의 직계자녀
	춘천시	춘천시 안식공원	잔디형	춘천시 동산면 소재 ☎ 033-250-4795	161	52	30년	-	-	-	관내 면제		① 춘천시에 주민등록을 두고 거주하다 사망한 자 ② 춘천시 관내 분묘에서 개장하여 유골 ③ 춘천시 관내 타 시설에 안치된 화장 유골
	강릉시	청솔공원 자연장지	잔디형	사천면 석교리 소재 ☎ 033-660-3857	90	96	30년	-	-	-	사용료 면제		① 사망자 그 배우자 및 직계존비속이 사망일 현재 2명이 주소를 두고 6개월 이상 계속 거주 ② 안치된 고인의 배우자 ③ 관내 개장유골
	동해시	동해시 하늘정원	잔디형	동해시 강원남부로 소재 ☎ 033-530-2796	280	100	15년	-	-	15년2회	사용료 면제		① 사망자나 그 직계존비속이 사망일 현재 동해시에 주소를 두고 6개월 이상 계속하여 거주한 자 ② 관외에서 사망하였으나 시 공설묘지에 기존(배우자, 직계존비속)이 매장되어 있는 자
	태백시	태백공원묘원 자연장지	잔디형	태백시 백두대간로 소재 ☎ 033-550-2844	300	180	15년	1,000	180	-			① 태백시 관내 주민(6개월 이상) ② 태백시 관내 주민(준)의 배우자 또는 등록중인 고인의 배우자 ③ 태백시 외국인 무연고 사망자 ④ 관내 공공사업으로 분묘를 개장한 경우
	삼척시	삼척시 추모공원 자연장	잔디형	삼척시 강원남부로 ☎ 033-574-7912 ☎ 033-570-0089	130	100	30년	-	-	-	면제		① 삼척시 관내 주민 ② 타 지역에서 사망하였으나 시 추모공원에 직계존비속이 매장되어 있는 경우 ③ 본적 또는 원적을 시에 두고 사망한 사람 중 시에 직계존비속이 거주하고 있는 경우
	화천군	화천군 공설자연장지	잔디형	하남면 영사로 소재 ☎ 033-441-2315	170	-	30년	-	-	15년 3회	관내 100%		① 화천군 관내 주민(6개월 이상) ② 관내 주민(1년이상)의 직계존비속 ③ 봉안(매장)중인 고인의 배우자 ④ 관내 분묘를 개장한 경우 ⑤ 관내에서 사망한 무연고 행려자
	양구군	양구 공설 자연장지	잔디형 수목형 정원형	양구군 양구읍 소재 ☎ 033-480-2576	174	75	15년	349	75	15년1회	관내 검연 50%이하		① 제한 없음 ※ 관내 주민(양구군) 외 관외

구분		시설명	자연장형태	시설 위치 및 전화	이용요금(일반, 개인 기준) (단위 : 천원)					추가 사항		사용대상
시도	시군구				관내			관외		유공자 수급자		
					사용료	관리비	(기준)	사용료	관리비	연장기준		
충북	청주시	청주시 목련공원 자연장지	잔디형	청주시 상당구 소재 ☎ 043-270-8578-9	390	-	45년	-	-	-	관내 연제 (30일이상 관내 주소를 둔자에 한함) 관외 50%	① 청주시 관내 주민(주민등록) ② 사망일 기준 1년전에 청주시에 주민등록이 되어있는 자의 가족과 무연고분에 기인치된 자의 가족 ③ 관내 분묘의 개장유골(유, 무연)
	제천시	제천 공원자연장지	잔디형	제천시 송학면 소재 ☎ 043-641-4882	500	-	40년	1,000	-	-	전액면제 (송학면 포함하여 1년 이상 거주자)	① 제천시 관내 주민 ② 관내 주민의 가족(부모, 배우자, 자녀) ③ 안장된 고인의 배우자 ④ 관내 거주 외국인
충남	공주시	공주시 나래원	잔디형 수목형	공주시 이인면 소재 ☎ 041-840-9980	300	-	15년	500	-	15년 1회	-	① 제한없이 이용가능 ② 관내 : 사망일 현재 공주시에 주민등록한 자이거나 직계존비속 배우자 자가 1년 이상 주민등록되어있을 경우 우
	아산시	아산시 공설봉안당 자연장지	잔디형	아산시 외암로 소재 ☎ 041-538-1940	300	-	15년	500	-	15년	50%	① 아산시 관내 주민 ② 6개월 이상 주민등록을 하고 있는 시의 연고자(부모, 배우자 직계자녀) 함의 시에 체류 신고한 외국인
	서산시	희망공원	잔디형	인지면 무학제2로 소재 ☎ 041-660-2719	450	-	45년	-	-	-	관내 면제	① 서산시 관내 주민(3개월 이상) ② 안장된 고인의 배우자 ③ 서산시 체류 신고된 외국인 ④ 관내 개장유골
	당진시	대호지 공설묘지	잔디형	대호지면 봉선길 소재 ☎ 041-353-3044	134	67	45년	-	-	-	-	① 당진군 관내 주민 ② 관내 주민 배우자, 직계존비속, 형제자매 ③ 관내 분묘 개장한 경우
		남부권 공설묘지	잔디형	신평면 신오로 소재 ☎ 041-362-7387	147	104	45년	-	-	-	수급자연외 유공자50%	
전북	전주시	전주 효자 자연장	잔디형	전주시 완산구 소재 ☎ 063-239-2690	300	-	40년	-	-	-	-	① 전주 · 완주 관내 주민(6개월 이상) ② 전주 · 완주 관내 외국인 ③ 전주 · 완주 관내 분묘를 개장한 경우 ④ 공설묘지, 공설봉안당 안치유골 ⑤ 안치중인 고인의 배우자
		전주 효자 자연장(2차)	잔디형									
	익산시	익산시 공설 자연장	잔디형	익산시 석왕동 소재 ☎ 063-859-3840	350	-	45년	-	-	-	-	① 익산시 관내 주민(1개월 이상) ② 관내 분묘를 개장한 경우

구분		시설명	자연장 형태	시설 위치 및 전화	이용요금(일반,개인 기준) (단위 : 천원)					추가 사항		사용대상
					관내		관외		연장기준	유공자 수급자		
시도	시군구				사용료	관리비	사용료	관리비	(기준)			
전북	정읍시	서남권 추모공원 자연장	잔디형 수목형	감곡면 정읍북로 소재 ☎ 063-539-6726	500	-	<도내> 800 <관외> 1,000	-	45년	-	관내 50%	① 제한없이 이용가능 ② 관내 : 정읍시 ③ 도내 : 정읍시 제외 전북도 내 지역 ④ 관외 : 전북도 외 지역
	남원시	남원시 추모공원	잔디형 수목형 화초형	광치동 소재 ☎ 063-620-5730	500	-	-	-	40년	-	-	① 남원시 관내 주민(6개월 이상) ② 관내 개장유골 ③ 남원시승화원에 안치된 기간 만료 유골 ④ 남원시 명예시민
	완주군	완주군 공설자연장	잔디형	완주군 봉동읍 소재 ☎ 063-290-2208	500	-	-	-	40년	-	감면50%	① 전주·완주 관내 주민 또는 직계가족(6개월 이상 주민등록 또는 본적) ② 전주·완주 개장유골
	무주군	무주 추모의 집	잔디형 수목형 화초형	무주군 무주읍 소재 ☎ 063-322-2303	450	-	1,200	-	45년	-	관내 100%	① 제한없이 이용가능 ② 관내 : 무주군 1년 이상 거주한 자
	고창군	고창 무룡숲 자연장	잔디형 수목형 정원형	고창군 신림면 소재 ☎ 063-564-7852	100	200	-	-	40년	-	감면50%	① 사망자 또는 유족이 고창군에 본적이 있거나 당월 기준 주민등록자
	순천시	순천시립 자연장지	잔디형	순천시 용수동길 소재 ☎ 061-749-4520	400	-	700	-	40년	-	관내 50%	① 관내 - 사망 현재 순천시에 1년 이상 주민등록된 자 - 시에서 사망하거나 발견된 무연고 변사자 - 시에 소재한 분묘에 매장되어 있는 유골 - 사망자 직계 존속·비속 배우자가 순천시에 주민등록을 두고 있는 사람 - 사망자 등록기준지가 시인 경우
	광양시	광양시립 명세공원 자연장	잔디형	광양읍 죽림리 소재 ☎ 061-762-4449	100	225	300	225	45년	-	관내 면제	① 광양시에 1개월 이상 주민등록을 둔 자 ② 광양시에 생활하다 사망한 외국인 ③ 등록기준지가 광양인 관외거주자 ④ 광양시 주민등록자 직계존비속 ⑤ 광양시 공공사업 개장유골
	담양군	오룡군립묘원 자연장지	잔디형	무정면 오룡리 소재 ☎ 061-380-3383	320	80	640	160	30년	-	감면	① 담양군 관내 주민(1년 이상) ② 국가유공자 ③ 관내 사망한 행려사망자, 외국인 ④ 관내 공공사업으로 분묘를 개장한 경우

구분		시설명	자연장 형태	시설 위치 및 전화	이용요금(일반, 개인 기준) (단위 : 천원)						추가 사항		사용대상
					관내			관외			유공자 수급자		
시도	시군구				사용료	관리비	(기준)	사용료	관리비	연장기준			
전남	구례군	구례군 공설 자연장지	잔디형	마산면 당몰샘로 소재 ☎ 061-782-7712	300	-	40년	-	-	-	관내 면제 (30일이상 주소를 둔자)		① 구례군 관내 주민(주민등록과 자계존비속 ② 관내에서 사망한 유골 ③ 관내 사망한 외국인(무연고)
	완도군	추모공원 자연장지	수목형	완도군 군외면 소재 ☎ 061-550-5323	1,500	300	15년	1,500	300	15년3회	수급자 감면50%		① 제한없이 이용가능 ② 관내 : 사망일기준 관내 주민등록을 둔 자 이거나, 구 관내에 개성한 유골이 있는 연고자
	진도군	보해숲 추모공원	잔디형	진도읍 진도대로 소재 ☎ 061-540-3123	400	450	15년	800	450	15년3회	관내 독립유공자 감면50%		① 제한없이 이용가능 ② 관내 : 진도군인, 진도군에 거주하다 사망한 무연고자 및 외국인, 관내 개성유골
	여수시	여수시 자연장지	수목형	여수시 소라면 의곡길 ☎ 061-659-1801	416	-	40년	624 <특례자> 480	-	-	100%		① 여수시 주민(1년 이상) ② 관내 개성유골 ③ 관내 무연고 ④ 특례자
			잔디형		320	-	40년		-	-			
경북	의성군	천체공원	잔디형 수목장림	의성군 의성읍 소재 ☎ 054-830-6167	600	-	30년	-	-	연장불가	감면 관내 유무연분묘		① 사망일 전 관내 주민등록을 둔 자 ② 등록(준)자가 사망 당시 군으로 되어 있는 자 ③ 관내 유무연분묘
	사천시	사천시 공설자연장지	잔디형	해안관광로 208-66 ☎ 055-831-2690	300	-	30년	-	-	15년 2회	관내 100%		① 사망일 기준 주민등록 또는 등기기준지를 사천시에 두고 사망한 사람 ② 사천시 관할 구역 또는 공설묘지에 있는 분묘를 개장하여 자연장 하는 경우
	함양군	함양하늘공원 자연장지	수목형	함양군 가야읍 함마대로 ☎ 055-585-7182	300	-	40년	450	-	연장불가	100%		① 사망일 현재 함안군에 주민등록한 자 ② 사망일 직계 존비속 및 배우자가 주민등록 함안군에 주소지를 둔 경우 ③ 출향인가 함안군인 경우
	남해군	남해추모누리 자연장지	잔디형	남해군 서면 소재 ☎ 055-860-3681	300	-	60년	-	-	15년1회	수급자 100% 유공자 50%		① 남해군 관내 본적 또는 외국인 ② 관내 관활구역 또는 공설묘지에 있는 분묘를 개장하는 경우 ③ 공설 묘지에 안치된 유골을 자연장하는 경우
	거창군	웅양공설 공원묘지	잔디형	웅양면 죽림리 소재 ☎ 055-940-3124	100	100	15년	100	100	15년3회	전액감면		거창군 웅양면 거주자

구분		시설명	자연장 형태	시설 위치 및 전화	이용요금(일반·개인 기준) (단위 : 천원)					추가 사항		사용대상
					관내			관외		연장기준	유공자 수급자	
시도	시군구				사용료	관리비 (기준)	관리비	사용료	관리비			
제주	제주시	여승생한울 누리공원	잔디형 화초형 수목형 정원형	제주시 연동 소재 ☎ 064-728-2566	100	-	40년	200	-	연장불가		1. 제한없이 이용가능 2. 관내 : 사망 당시 제주특별자치도에 주민 등록이 되어 있는 자 3. 수급 외 관외
	서귀포시	서귀포 추모공원 자연장지	잔디형	서귀포시 상효동 소재 ☎ 064-760-6522	100	-	40년	200	-	연장불가	전액감면	

* 자연장의 특성상 안치된 골분의 반출 및 반환은 불가합니다. 일반적으로 사용기간이 만료되면, 권한이 관할 자치단체로 귀속됩니다.

부록 3 화장장려금 현황

〈출처 : 한국장례문화진흥원〉

연번	시도	시군구	구 분	지원대상	지원금액
1	인천광역시	옹진군	시신화장	사망일 6개월 전에 관내 주민등록이 되어 있는 주민	관내사망자는 1구당 1,000,000원 범위 내 관외사망자는 인천광역시 장사시설에 관한조례 규정에 따른 화장시설 사용료
2	인천광역시	남동구	시신화장	1. 차상위계층 2. 사망일 기준 1년 이전부터 주민등록이 되어 있는 사람	인천광역시 화장시설 사용료의 50%
3	경기도	안양시	시신/개장유골 화장	사망일을 기준으로 주민등록이 되어 있는 사람	화장비용의 60%
4	경기도	부천시	시신/개장유골 화장	사망일 현재 주민등록이 되어 있는 사람	화장비용의 70%
5	경기도	안산시	개장유골 화장	관내에 설치된 분묘를 개장해 화장을 한 연고자	1구당 200,000원
6	경기도	과천시	시신/개장유골 화장	과천시에 주민등록이 되어 있는 주민	화장비용의 50%
7	경기도	구리시	시신화장	1년 이전부터 주민등록 되어있는 사람	화장장 이용료의 30% 차상위계층인 경우 50%
8	경기도	군포시	시신화장	사망일 현재 주민등록이 되어 있는 사람	1구 당 300,000원 화장장 이용금액이 지급기준 금액 이하일 경우 실 소요비용
9	경기도	의왕시	시신화장	1년 전부터 계속해 주민등록이 되어 있는 사람	화장장 이용료의 50%
10	경기도	하남시	시신화장	사망일 1년 이전부터 주민등록이 되어 있는 자	화장비용의 50%
11	경기도	이천시	시신/개장유골 화장	주민등록이 되어 있는 시민	1구당 600,000원, 개장유골 300,000원
12	경기도	안성시	시신화장	6개월 이전부터 주민등록이 되어 있는 사람	화장비용의 60% (300,000원 초과할 수 없음)
13	경기도	여주시	시신화장	1년 이전부터 주민등록이 되어있는 자	차상위 계층 : 화장장 사용료 전액 이외 시민 : 500,000원(단, 화장장 사용료가 500,000원 미만인 경우 실 소요비용 전액)
14	경기도	김포시	시신화장	1년 이전부터 주민등록이 되어있는 자	화장비용의 50%(500,000원 미만)
15	경기도	광주시	시신화장	1년 이전부터 주민등록이 되어있는 자	1구당 500,000원 화장장 이용금액이 지급기준 금액 이하일 경우 실 소요비용

연번	시도	시군구	구 분	지원대상	지원금액
16	경기도	양주시	시신/개장유골 화장	주민등록이 되어있는 주민	1구당 300,000원, 개장유골 100,000원
17	경기도	연천군	시신화장	사망일 기준 6개월 이전부터 주민등록이 되어 있는 사람	1구당 화장장 사용료 전액
18	경기도	가평군	시신화장	차상위계층에 해당하는 사람	1구당 300,000원
19	경기도	양평군	시신화장	6개월 이전부터 주민등록이 되어 있는 주민	1구당 최저 300,000원 최고 1,000,000원 한도 내에서 이용 실비 (화장 이용실비 외에 부대비용은 제외)
20	경기도	남양주시	시신/개장유골 화장	1. 1년 이상 계속해 주민등록이 되어 있는 기초생활수급자 또는 차상위계층 2. 시 관할 구역 내에 설치된 분묘를 개장하여 화장할경우	1구당 최고100만원 한도 내에서 지급 1. 화장의 방법으로 장례를 치른 경우 화장시설 이용비용의 100분의 50 2. 개장하여 화장한 경우 : 화장시설 이용비용전액
21	경기도	평택시	시신화장	1년 이상 주민등록이 되어 있는 사람 시에 체류지 신고가 되어있는 외국인이 3년 전부터 계속 시에 거주하다가 사망하여 화장을 직접한 연고자 또는 그 외 연고자	화장비용의 70%(최대 300,000원)
22	강원도	삼척시	시신화장	1년 이상 주민등록이 되어 있는 사람	화장비용의 80%
23	강원도	횡성군	시신/개장유골 화장	1년 이상 주민등록이 되어 있는사람	화장장 소재지 지역주민의 사용료보다 추가부담하는 비용을 예산의 범위에서 지원, 기초생활수급자 및 행려사망자는 전액 지원
24	강원도	영월군	시신/개장유골 화장	1년 이상 주민등록이 되어 있는사람	1구당 200,000원, 개장유골 100,000원단. 화장장 소재지 지역 주민의 사용료 보다 추가 부담하는 비용이 지원금액 이하인 경우 실제 화장요금을 지급
25	강원도	평창군	시신/개장유골 화장	1년 이전부터 주민등록이 되어있는 자	화장장 소재지 지역주민의 사용료보다 추가부담하는 비용전액, 기초생활수급자 및 행려사망자는 전액 지원
26	강원도	철원군	시신화장	주민등록이 되어 있는 주민	1구당 500,000원 이내 실제 화장장 사용금액이 지원금액 이하인 경우 실소요비용
27	강원도	화천군	시신화장	6개월 이상 거주한 자	기초생활수급자 및 유공자 : 전액 차상위계층 : 80% 일반주민(화천군공설장례식장이용) : 80% 일반주민(타 장례식장이용) : 30%
28	강원도	양구군	시신화장	6개월 이전부터 주민등록이 되어 있던 사람	기초생활수급자 : 실 소요비용 전액 차상위계층 : 실 소요비용의 70% 일반주민 : 실 소요비용의 50%

연번	시도	시군구	구분	지원대상	지원금액
29	강원도	고성군	시신화장	주민등록이 되어 있는 자	화장장 이용료의 50%
30	강원도	양양군	시신화장	주민등록이 되어 있는 자	화장비용의 50%
31	충청북도	보은군	시신/개장 유골화장	1년 이상 주민등록이 되어 있는자	1구당 200,000원, 개장유골 100,000원 실제 화장비용이 지원기준 이하인 경우에는 실제 화장비용
32	충청북도	옥천군	시신/개장 유골화장	1년 이상 주민등록이 되어 있는사람	1구당 500,000원 범위 내에서 실제 화장비용
33	충청북도	영동군	시신/개장 유골화장	1년 이상 주민등록이 되어 있는사람	1구당 500,000원 범위 내에서 실제 화장비용
34	충청북도	진천군	시신/개장 유골화장	6개월이상주민등록이되어있는사람	1구당 300,000원, 개장유골 100,000원 지원금액 이하인 경우 실제 화장비용
35	충청북도	괴산군	시신화장	1년 이상 주민등록이 되어 있는 자	1구당 자연장인 경우 300,000원, 그 외는 200,000원 지원금액 이하인 경우 실제 화장비용
36	충청북도	음성군	시신/개장 유골화장	1년 이상 주민등록이 되어 있는 사람	1구당 300,000원, 개장유골 100,000원 실제 화장비용이 지원기준 이하인 경우에는 실제 화장비용만 지급
37	충청북도	단양군	시신/개장 유골화장	1년 이상 주민등록이 되어 있던 사람	화장장 소재지 지역주민의 사용료보다 추가부담하는 비용을 전액 지급하되, 200,000원을 초과하여서는 아니됨
38	충청북도	보령시	시신화장	1년 이상 주민등록이 되어 있던 사람	1구당 300,000원
39	충청북도	아산시	시신/개장 유골화장	1년 이상주민등록이 되어 있는사람	1구당 100,000원, 개장유골 50,000원 지원금액 이하인 경우 실제 화장비용
40	충청북도	서산시	개장유골 화장	희망공원 내 매장묘지에 매장한 유골을 개·화장하는 경우	개장지원금 : 500,000원 화장지원금 : 유골의 화장비용 200,000원
41	충청북도	계룡시	시신/개장 유골화장	1년 이상 주민등록이 되어 있는 사람	1구당 100,000원, 개장유골 50,000원 지원금액 이하인 경우 실제 화장비용
42	전라북도	완주군	시신화장	「국민기초생활 보장법」제7조제1항에 따른 생계·의료급여 수급자가 사망하여 화장한 경우 예산의 범위에서 최고 300,000원까지 실비로 화장보조금을 지원할 수 있다 (단, 일반수급자에 한정한다)	1구당 최고 300,000원까지 실비 지원
43	전라북도	진안군	시신화장	1년 이전부터 주민등록이 되어있는 사람	실제 화장비용의 70%
44	전라북도	무주군	시신화장	군민	1구당 500,000원
45	전라북도	장수군	시신화장	1년 이상 주민등록이 되어 있는 사람	예산의 범위 내에서 1구당 화장사용료의 50%

연번	시도	시군구	구 분	지원대상	지원금액
46	전라북도	순창군	시신화장	1년 이상 주민등록이 되어있는 사람	1구당 250,000원
47	전라북도	고창군	시신/개장유골화장	군민	시신 화장에 대한 장려금 및 개장 유골 화장에대한 장려금은 서남권추모공원 시설 사용료(고창군민) 기준으로 지급한다.
48	전라북도	부안군	시신/개장유골화장	군민	서남권 추모공원 화장장 사용료(관내 지역)기준으로 예산의 범위에서 지원
49	전라북도	임실군	시신화장	1년 이상 주민등록이 되어 있는 사람	화장비용의 70%(상한액 300,000원)
50	전라남도	나주시	시신/개장유골화장	1년 이상주민등록이되어있는사람	1구당 200,000원. 실제 화장요금이 지원금액 이하인 경우에는 실소요 비용
51	전라남도	곡성군	시신화장	1년 이상 주소를 두고 거주한 사람	1구당 300,000원
52	전라남도	구례군	시신화장	1년 이상 주소를 두고 거주한 자	1구당 500,000원
53	전라남도	고흥군	시신/개장유골화장	1년 이상주민등록이되어있는사람	1구당 200,000원, 개장유골 100,000원 실제 화장비용이 지원금액 이하인 경우 실소요비용
54	전라남도	보성군	시신화장	1년 이상 주민등록이 되어 있는 사람	시신 1구당 200,000원 실제 화장요금이 지원금액 이하인 경우에는 실소요비용
55	전라남도	장흥군	시신/개장유골화장	1년 이상 주민등록이 되어 있는 사람	화장장 사용료의 50%를 예산의 범위에서 지급하되, 시신 1구당 200,000원, 개장 1기당 50,000원을 지급 한도액으로 한다. 다만 화장장 사용료가 200,000원 미만인 경우에는 실제 화장장 사용료를 지급
56	전라남도	강진군	시신화장	1년 이상 주민등록이 되어 있는 사람	예산의 범위 내에서 지원
57	전라남도	영암군	시신/개장유골화장	1년 이상 주소를 둔 자	1구당 200,000, 개장유골 100,000원
58	전라남도	무안군	시신화장	1년 이상 주소를 두고 거주한 자	1구당 200,000원
59	전라남도	함평군	시신화장	1년 이상 거주하고 있는 자	1구당 100,000원
60	전라남도	영광군	시신화장	1년 이상 주민등록이 되어 있는 사람	1구당 300,000원
61	전라남도	장성군	시신/개장유골화장	1년 이상 주민등록이 되어 있는 자	사망자 1구당 200,000원, 개장은 1기당 50,000원을 지급하며, 실제 화장요금이 지원금액 이하인 경우에는 실소요 비용을 지급
62	전라남도	완도군	시신화장	1년 이상 주민등록이 되어 있는 사람	예산의 범위
63	전라남도	진도군	시신화장	1년 이상 계속하여 주민등록이 되어있는 사람	1구당 200,000원
64	전라남도	신안군	시신/개장유골화장	1년 이상 주민등록이 되어 있는 사람	시신화장 1구당 200,000원 개장유골화장 1구당 50,000원

연번	시도	시군구	구 분	지원대상	지원금액
65	경상북도	김천시	시신화장	김천시민이 김천시화장장 가동중지로 타지역 화장장 사용하는 경우	김천시화장장 관내비용 초과분 단, 지급액이 김천시화장장 관외비용을 초과하여서는 아니됨
66	경상북도	영천시	시신화장	1년 이전부터 주민등록이 되어 있는 사람	타 지역(전국) 화장장을 영천시민이 이용할경우 그 지역주민이 부담하는 화장장사용료를 제외한 비용의 50%
67	경상북도	상주시	시신화장	주민등록이 되어 있는 사람	상주시 외의 지역에 설치된 화장시설을 사용하는 데 든 실비(實費)에서 「상주시 승천원설치 및 사용조례」 별표에 따라 사망자가 상주시민일 경우 내어야 하는 승천원 사용료를공제한 금액으로 한다. 다만, 그 지급한도는 같은 조례 별표에 따른 다른 지방자치단체의 사람이나 외국인의 사용료에 해당하는 금액으로 한다.
68	경상북도	경산시	시신화장	1년 이전부터 주소를 가진 사람	지원대상자가 시 지역 외의 화장장을 이용한 해당 사용료 중에서 그 지역주민이 부담하는 사용료를 공제한 후 남은 비용 전액
69	경상북도	군위군	시신화장	1년 이상 주민등록이 되어 있는 사람	1구당 200,000원
70	경상북도	청송군	시신화장	1년 이전부터 주민등록이 되어 있는 사람	타 지역(전국) 화장장을 청송군민이 이용할 경우 그 지역주민이 부담하는 화장장사용료를 제외한 비용의 50%
71	경상북도	영양군	시신화장	1년 이전부터 주민등록이 되어 있는 사람	타 지역(전국) 화장장을 영양군민이 이용할 경우 그 지역주민이 부담하는 화장장사용료를 제외한 비용의 50%
72	경상북도	영덕군	시신화장	1년 이상 주소를 둔 사람	전국 화장장 소재 지역주민의 화장료보다 추가 부담하는 비용 반액
73	경상북도	청도군	시신화장	1년 이전부터 주민등록이 되어 있는 사람	타 지역(전국) 화장장을 청도군민이 이용할 경우 그 지역주민이 부담하는 화장장사용료를 제외한 비용의 50%
74	경상북도	고령군	시신화장	1년 이전부터 주민등록이 되어 있는 자	타 지역(전국) 화장장을 고령군민이 이용할 경우 그 지역주민이 부담하는 화장장사용료를 제외한 비용의 50%
75	경상북도	성주군	시신화장	1년 이전부터 주민등록이 되어 있는 사람	타지역 화장장을 성주군민이 이용할 경우 그 지역주민이 부담하는 화장장 사용료를 제외한 비용의 50%
76	경상북도	칠곡군	시신화장	1년 이전부터 주민등록이 되어 있는 사람	타 지역(전국) 화장장을 칠곡군민이 이용할 경우 그 지역주민이 부담하는 화장장 사용료를 제외한 비용의 50%

연번	시도	시군구	구 분	지원대상	지원금액
77	경상북도	울진군	시신/개장유골 화장	주민등록이 되어 있는 사람	전국 화장장 소재 지역주민의 화장료보다 추가 부담하는 비용 전액
78	경상남도	거제시	시신/개장유골 화장	주소를 두고 거주한 사람	1구당 200,000원, 개장유골 50,000원
79	경상남도	양산시	시신화장	주민등록이 되어 있는 자	각 화장장의 관외 거주자 사용료에서 관내 거주자 사용료를 제외한 금액
80	경상남도	의령군	시신화장	의령군내 주소를 둔 15세 이상 사망자의 연고자가 화장신고를 한 경우	1구당 300,000원 화장장 사용료가 300,000원 미만의 경우 그 지역 화장장 사용료에 해당하는 금액
81	경상남도	창녕군	시신화장	창녕군에 주소를 둔 15세 이상 사망자의 연고자가 화장신고를 한 경우 타지역에 주소를 둔 미혼자일 경우 연고재직계존속 및 형제자매가 본 군에 주소를 두고 화장신고를 한 경우	전국 화장장을 창녕군민이 이용할 경우 그 지역 주민의 사용료를 제외한 사용료 전액
82	경상남도	하동군	시신/개장유골 화장	하동군에 주민등록이 되어있는 사람이 사망하여 화장의 방법으로 장례를 치른 연고자 다른 지역에 주소를 둔 미혼자일 경우 연고재직계존속 및 형제자매에 한함)가 군에 주소를 두고 화장신고를 한경우	1구당 최고 300,000원(실제화장비용) 개장유골 100,0000원
83	경상남도	산청군	시신화장	15세 이상 사망자	화장장려금은 화장장 사용료에 해당하는 금액으로 하며, 예산의 범위에서 지원한다. 단, 인접시·군화장장 사용료의110%를 초과하여 지급할 수 없다.
84	경상남도	함양군	시신화장	함양군 관할구역 내에 주소를 둔 자가 사망한 경우 함양군 관할구역 내에 주소를 둔 자의 배우자 또는 직계존비속이 사망한 경우	1구당 200,000원
85	경상남도	거창군	시신/개장유골 화장	주민등록이 되어있는 사람이 사망해 화장한 경우 다른 지역에 주소를 둔 미혼자일 경우 연고재직계존속및 형제자매에 한함)가 군에 주소를 두고 화장신고를 한 경우	1구당 300,000원 자연장 한 경우 100,000원까지 추가 지급 개장유골 100,0000원
86	경상남도	합천군	시신화장	합천군내 주소를 둔 15세 이상 사망자의 연고자가 화장신고를 한 경우 타지역에 주소를 둔 15세 이상 미혼자일 경우 연고재직계존속 및 형제자매에 한함)가 본 군에 주소를 두고 화장신고를 한 경우	1구당 타지역 화장장 사용료

※일반시신 화장지원 55건, 일반시신+개장유골 화장지원 29건, 개장유골 화장만 지원 2건(총 86건)

부록 4 장사시설 이용감면 현황

〈출처 : 보건복지부 e하늘장사정보시스템, 한국장례문화진흥원〉

※ 상세 기준과 내용은 변경될 수 있으며, 자세한 내용은 해당 기관에 문의하시기 바랍니다.

서울 | 시설구분 : 봉안시설, 자연장지

■ **시설명 및 이용대상**
- 시설명 : 서울시립승화원(봉안시설 및 자연장지)
- 이용대상

① 봉안시설
- 신규봉안 : 사망일 현재 서울·고양·파주시민으로서「국가보훈기본법」에 따른 희생·공헌자(또는 그의 배우자) 또는「국민기초생활보장법」에 따른 수급자인 경우
- 시립장사시설(봉안·매장)에 부부가 각각 다른 곳에서 동일장소로 합동봉안 안치하는 경우
- 부부중 한쪽 배우자가 시립장사시설에 기봉안·매장되어 있는 자로서 사망자(배우자)가 서울·고양·파주 시민으로 국가유공자 또는 국민기초생활수급자인 경우
  ★ 봉안시설은 만장으로 인해 현재 일반시민은 받지 않고 국가유공자 또는 국민기초생활수급자만 가능

② 자연장지
- 관내(서울·고양·파주)시민으로서 화장한 유골
- 시립장사시설(봉안,매장)에 안치된 유골

■ **사용기간 및 비용**
- 사용기간
  - 봉안시설 : 15년(5년 단위로 3회 연장 가능)
  - 자연장지 : 40년(연장 불가)
- 사용료

① 봉안시설
- 신규봉안(15년) 사용료 : 10만원
- 재사용(5년) 사용료 : 일반인 10만원
- 재사용(5년) 사용료 : 국민기초생활보장수급자 및 국가보훈기본법에 따른 희생, 공헌자

및 그의 배우자 5만원
        - 관리비(5년) : 일반인 10만원
        - 관리비(5년) : 국가보훈기본법에 따른 희생,공헌자 및 그의 배우자 5만원
        - 관리비(5년) : 국민기초생활보장수급자 25,000원
    ② 자연장지
        - 일반인 : 50만원
        - 국가보훈기본법에 따른희생, 공헌자 및 그의 배우자, 국민기초생활보장수급자 : 25만원
▣ 면제 및 감면사항
    • 감면대상
        - 국가보훈법에 따른 희생.공헌자 및 그의 배우자
        - 국민기초생활보장 수급자

서울 종로구 | 시설구분 : 봉안시설

▣ 시설명 및 이용대상
    • 시설명 : 종로구 추모의집(효원납골공원, 경기 화성시 향남읍)
    • 이용대상
    ① 구에 주민등록을 둔 사람과 그 사람의 배우자, 직계존비속 및 형제자매가 사망하여 화장후 5일 이내에 신청한 경우
    ② 구에 설치된 분묘에서 개장되어 화장한 유골을 그 유족이 신청한 경우
    ③ 다른 지역에 설치된 분묘에서 화장한 유골 또는 다른 장사시설에 안치된 유골을 구에 주민등록을 둔 그 유골의 직계존비속이나 배우자가 신청한 경우
    ④ 부부중 한명의 유골이 이미 장사시설에 안치되어 있어 그 배우자가 같은 시설에 안치를 원하는 경우. 단, 이 경우 사용기간은 나중에 안치한 배우자의 안치 시점부터 계산한다.
    ⑤ 그밖에 구청장이 필요하다고 특별히 인정하는 화장한 유골
▣ 사용기간 및 비용
    • 사용기간 : 15년(5년 단위로 3회 연장가능)
    • 사용료 및 관리비
    ① 일반주민
        - 사용료(15년) 20만원, 재사용료(5년) 10만원
        - 관리비(15년) 45만원, 재사용관리비(5년) 16만원
    ② 국가유공자, 독립유공자, 국민기초생활보장수급자, 차상위계층, 장애인연금 수급자
        - 사용료 10만원(15년), 재사용료(5년) 5만원
        - 관리비(15년) 45만원, 재사용관리비(5년) 16만원

◼ 면제 및 감면사항
- 감면대상
  - 「국민기초생활보장법」에 의한 수급권자(차상위 계층을 포함한다)
  - 「국가유공자등예우 및 지원에관한법률」에 의한 국가유공자
  - 「독립유공자 예우에 관한법률」에 의한 독립유공자
  - 「장애인연금법」에 따른 장애인 연금수급자
  - 그밖에 구청장이 천재지변·재해 등 특별한 사정이 있다고 인정하는 사람

서울 중구 | 시설구분 : 봉안시설

◼ 시설명 및 이용대상
- 시설명 : 중구 추모의집(효원납골공원, 경기 화성시 향남읍)
- 이용대상
  - 서울특별시 중구에 주민등록을 둔 사람과 그의 배우자, 직계 존·비속 및 형제자매가 사망하여 화장 후 5일 이내 신청한 경우
  - 장사시설을 기 사용 중인 유골의 배우자가 합골을 원하는 경우. 단, 합골한 경우 사용기간은 합골한 시점부터 기산한다.
  - 분묘에서 개장되어 화장한 유골 또는 다른 봉안시설에서 개장된 유골로 그 직계 존·비속 또는 배우자가 중구에 주민등록을 둔 경우
  - 그 밖에 구청장이 필요하다고 인정하는 경우

◼ 사용기간 및 비용
- 사용기간 : 15년(5년 단위로 3회 연장 가능)
- 사용료 및 관리비
  - 일반주민 사용료(15년) 20만원, 연장(5년) 7만원
  - 국가유공자, 독립유공자, 국민기초생활보장수급자 사용료(15년) 10만원, 연장(5년) 35,000원
  - 관리비(15년) 45만원, 재사용(5년) 16만원

◼ 면제 및 감면사항
- 감면대상
  - 「국민기초생활보장법」에 따른 수급자(생계, 의료, 주거 및 교육 급여) 및 차상위계층
  - 「국가보훈 기본법」에 따른 희생 · 공헌자
  - 그 밖에 구청장이 천재지변·재해 등 기타 특별한 사정이 있다고 인정하는 자

서울 성동구 | 시설구분 : 봉안시설

◼ **시설명 및 이용대상**
- 시설명 : 성동구 추모의집(효원납골공원, 경기 화성시 향남읍)
- 이용대상
  ① 사망 당시 성동구에 주민등록을 둔 사람과 그의 배우자 및 직계존속·비속으로서 화장후 5일 이내 신청한 경우
  ② 성동구에 설치된 분묘로서 개장되어 화장한 유골
  ③ 이미 설치된 분묘에서 개장되어 화장한 유골이나 봉안시설에서 개장된 유골로 그 직계존속·비속이나 배우자가 성동구에 주민등록을 둔 경우
  ④ 부부중 1명의 유골이 이미 봉안시설에 안치되어 있을 때 그 배우자가 사망하여 같은 시설에 안치하는 경우

◼ **사용기간 및 비용**
- 사용기간 : 15년(5년 단위로 3회 연장 가능)
- 사용료 및 관리비
  - 일반주민 사용료(15년) 20만원, 연장(5년) 10만원
  - 국가유공자, 독립유공자, 국민기초생활보장수급자 사용료(15년) 10만원, 연장(5년) 5만원
  - 관리비(15년) 45만원, 재사용(5년) 10만원

서울 광진구 | 시설구분 : 봉안시설

◼ **시설명 및 이용대상**
- 시설명 : 광진구 추모의집(효원납골공원, 경기 화성시 향남읍)
- 이용대상
  ① 광진구에 주민등록상 주소지를 둔 사람
  ② 광진구에 주민등록상 주소지를 둔 사람의 타지역 거주 배우자와 직계존비속
  ③ 광진구에 소재한 사업체에서 근무하는 직원 및 배우자와 그 직계 존·비속
  ④ 관내와 타 지역에 설치된 분묘중 개장되어 화장한 유골로서 유족이 광진구에 거주하는 경우
  ⑤ 장사시설 사용중인 유골의 배우자가 합골을 원하는 화장한 유골. 단,합골한 경우 사용기간은 합골한 시점부터 기산한다
  ⑥ 구청장이 필요하다고 특별히 인정하는 화장한 유골

◼ **사용기간 및 비용**
- 사용기간 : 15년(5년 단위로 3회 연장 가능)

- 사용료 및 관리비
    - 일반 주민 사용료(15년) 20만원, 연장(5년) 7만원
    - 국가유공자, 독립유공자, 장애인연금수급자, 국민기초생활보장수급자 사용료(15년) 10만원, 연장(5년) 35,000원
    - 관리비(15년) 45만원, 연장(5년) 16만원

서울 동대문구 | 시설구분 : 봉안시설

■ **시설명 및 이용대상**
- 시설명 : 동대문구 추모의집(예은추모공원, 충북 음성군 금왕읍)
- 이용대상
    - 동대문구에 주민등록을 둔 사람 및 배우자와 그 직계존속·비속
    - 동대문구 소속 공무원 및 배우자와 그 직계존속·비속
    - 동대문구에 사업자등록을 한 임직원 및 배우자와 그 직계존속·비속
    - 기봉안시설을 사용중인 유골의 배우자가 사망하여 그 유족이 화장한 유골의 합골을 신청하는 경우
    - 그밖에 구청장이 필요하다고 인정하는 화장한 유골

■ **사용기간 및 비용**
- 사용기간 : 최초 20년(10년 단위 계속 연장가능)
- 사용료 및 관리비
    - 일반주민 : 20만원
    - 관리비 : 년 36,000원(부부단 72,000원)

■ **면제 및 감면사항**
- 감면대상(50%)
    - 「국민기초생활보장법」에 따른 수급권자(차상위 계층을 포함한다)
    - 「국가유공자등 예우 및 지원에 관한법률」에 따른 국가유공자
    - 「독립유공자 예우에 관한법률」에 따른 독립유공자
    - 그밖에 구청장이 천재지변·재해 등 특별한 사정이 있다고 인정하는 사람

서울 성북구 | 시설구분 : 봉안시설

■ 시설명 및 이용대상
- 시설명 : 성북구 추모의집(효원납골공원, 경기 화성시 향남읍)
- 이용대상
  ① 서울특별시 성북구에 주민등록을 둔 자 및 그 배우자 사망시 화장후 5일 이내에 신청한 경우
  ② 성북구에 주민등록을 둔 자의 직계존속,비속(배우자 포함),형제자매 사망시 화장후 5일 이내 신청한 경우
  ③ 성북구에 설치된 분묘 중에 개장되어 화장한 유골로서 그 유족이 성북구에 신청한 경우
  ④ 이미 설치된 분묘에서 개장되어 화장한 유골 또는 다른 봉안시설에서 개장된 유골로 그 직계 존ㆍ비속 및 배우자가 성북구에 주민등록을 둔 경우
  ⑤ 부부중 1인의 유골이 이미 봉안시설에 안치되어 있어 그 배우자가 동일시설에 안치를 원하는 경우. 단, 이 경우 사용기간은 나중에 안치한 배우자의 안치시점부터 기산한다.
  ⑥ 구청장이 필요하다고 특별히 인정하는 화장한 유골

■ 사용기간 및 비용
- 사용기간 : 15년(5년 단위로 3회 연장 가능)
- 사용료
  - 일반주민 사용료(15년) 20만원, 연장(5년) 7만원
  - 국민기초생활보장수급자, 장애인, 국가유공자사용료(15년) 10만원, 연장(5년) 3,500원
  - 관리비(15년) 45만원, 재사용(5년) 16만원

■ 면제 및 감면사항
- 감면대상
  - 「국민기초생활보장법」에 의한 수급자(차상위 계층을 포함한다)
  - 「장애인」에 따라 등록된 장애인,「국가유공자등 예우 및 지원에관한법률」에 의한 국가유공자
  - 그밖에 구청장이 천재지변·재해 등 특별한 사정이 있다고 인정하는 자

서울 도봉구 | 시설구분 : 봉안시설

■ 시설명 및 이용대상
- 시설명 : 도봉구 추모의집(효원납골공원, 경기 화성시 향남읍)
- 이용대상
  ① 사용신청 당시 서울특별시 도봉구에 주민등록을 둔 사람과 그의 배우자 및 직계존속·비속
  ② 서울특별시의회 도봉구 지역 구의원과 그 배우자 및 직계존속·비속
  ③ 도봉구 소속 공무원과 그 배우자 및 직계존속·비속

④ 도봉구에 사업자등록을 한 임직원과 그 배우자 및 직계존속·비속
⑤ 도봉구에 설치된 분묘중에 개장되어 화장한 유골
⑥ 이미 설치된 분묘에서 개장되어 화장한 유골 또는 다른 봉안시설에서 개장된 유골로 그 직계존속·비속 또는 배우자가 도봉구에 주민등록을 둔 경우
⑦ 부부중 1명의 유골이 이미 봉안시설에 안치되어 있을 때 그 배우자가 사망하여 같은 시설에 안치하는 경우

■ **사용기간 및 비용**
- 사용기간 : 15년(5년 단위로 3회 연장 가능)
- 사용료
  - 일반주민 사용료(15년) 20만원, 연장(5년) 10만원
  - 국가유공자, 독립유공자, 국민기초생활보장수급자,
    장애인연금 수급자 사용료(15년) 10만원, 연장(5년) 5만원
  - 관리비(15년) 45만원, 재사용(5년) 16만원

■ **면제 및 감면사항**
- 감면대상
  - 「국민기초생활보장법」에 따른 수급자(차상위 계층을 포함한다)
  - 「국가유공자등예우및지원에관한법률」에 따른 국가유공자
  - 「독립유공자예우에관한법률」에 따른 독립유공자
  - 「장애인연금법」에 따른 장애인연금 수급자
  - 그밖에 구청장이 천재지변·재해 등 특별한 사정이 있다고 인정하는 경우

서울 서대문구 | 시설구분 : 봉안시설

■ **시설명 및 이용대상**
- 시설명 : 서대문구 추모의집(예은추모공원, 충북 음성군 금왕읍)
- 이용대상
  - 사망 당시 주민등록상 주소지를 서울특별시 서대문구에 둔 사람
  - 주민등록상 주소지를 서대문구에 둔 사람 및 그 가족
  - 서대문구에 소재한 사업체에서 근무하는 직원 및 그 가족
  - 분묘를 개장하여 화장한 유골로 그 유골의 가족이 주민인 경우
  - 부부중 1명의 유골이 이미 장사시설에 봉안되어 있어 그 배우자가 동일시설에 봉안을 원하는 경우. 이 경우 사용기간은 나중에 봉안한 배우자의 봉안시점부터 기산한다.
  - 그밖에 구청장이 필요하다고 인정하는 경우

◼ 사용기간 및 비용
- 사용기간 : 최초15년(연장 5년 단위로 3회 연장 가능)
- 사용료 및 관리비
  - 일반주민 : 20만원, 재사용료 7만원
  - 관리비 : 54만원(15년)

◼ 면제 및 감면사항
- 감면대상(50%)
  - 「국민기초생활보장법」 제2조에 따른 수급자(차상위 계층을 포함한다)
  - 「국가유공자등 예우 및 지원에 관한법률」제4조에 따른 국가유공자 및 그 배우자
  - 「장애인연금법」에 의한 장애인연금 수급자
  - 그밖에 구청장이 천재지변·재해 등 특별한 사정이 있다고 인정하는 사람

서울 동작구 | 시설구분 : 봉안시설

◼ 시설명 및 이용대상
- 시설명 : 동작구 추모의집(효원납골공원, 경기 화성시 향남읍)
- 이용대상
  ① 서울특별시 동작구(이하"구"라한다)에 주민등록이 되어 있는 사람 및 배우자
  ② 구에 주민등록이 되어 있는 사람의 직계존·비속
  ③ 구에 설치된 분묘를 개장하여 화장한 유골을 신청한 경우
  ④ 이미 봉안시설을 사용중인 유골의 배우자를 합골신청한 경우.단,합골한 경우 사용기간을 합골한 시점부터 기산한다.
  ⑤ 이미 설치된 분묘에서 개장되어 화장한 유골 또는 다른 봉안시설에서 개장된 유골로 그 직계 존·비속 또는 배우자가 구에 주민등록을 둔 경우
  ⑥ 구청장이 필요하다고 인정하는 경우

◼ 사용기간 및 비용
- 사용기간 : 15년(5년 단위로 3회 연장 가능)
- 사용료
  - 일반주민 사용료(15년) 20만원, 연장(5년)7만원
  - 국가유공자, 독립유공자, 국민기초생활보장 수급자 사용료(15년) 10만원, 연장(5년) 35,000원
  - 관리비(15년) 45만원, 재사용(5년) 16만원

■ 면제 및 감면사항
- 감면대상
  - 「국민기초생활보장법」 제7조 제1항에 따른 수급자
  - 「국가유공자등 예우 및 지원에 관한법률」에 따른 국가유공자
  - 「독립유공자 예우에 관한법률」에 따른 독립유공자〈개정2009.12.30〉
  - 그밖에 구청장이 천재지변·재해 등 특별한 사정이 있다고 인정하는 사람

서울 강남구 | 시설구분 : 봉안시설

■ 시설명 및 이용대상
- 시설명 : 강남구 추모의집(예은추모공원, 충북 음성군 금왕읍)
- 이용대상
  - 강남구에 주민등록을 둔 사람 및 배우자와 그 직계존·비속
  - 강남구 소속 공무원 및 배우자와 그 직계존·비속
  - 강남구에 소재한 사업체에서 근무하는 직원 및 배우자와 그 직계존·비속
  - 강남구 관내에 소재한 분묘에서 개장되어 화장한 유골로서 유족이 강남구에 신청한 경우
  - 장사시설에 안치된 유골의 배우자가 합골을 원하는 화장한 유골(단, 합골한 경우 사용기간은 합골한 시점부터 기산한다)
  - 그밖에 구청장이 필요하다고 인정하는 화장한 유골

■ 사용기간 및 비용
- 사용기간 : 최초15년(연장 5년 단위로 3회 연장 가능)
- 사용료 및 관리비
  - 강남구에 주민등록을 둔 자 및 배우자 20만원
  - 강남구에 주민등록을 둔 자의 직계 존·비속, 강남구에 소재한 사업체에 근무하는 직원 및 배우자와 그 직계 존·비속 30만원
  - 국가유공자, 독립유공자, 국민기초생활보장 수급자, 장애인 5만원
  - 연장시(매 5년) 일반 주민 7만원, 국가유공자·독립유공자·국민기초생활보장수급자·장애인 2만원
  - 관리비 45만원

서울 강동구 | 시설구분 : 봉안시설

■ 시설명 및 이용대상
- 시설명 : 강동구 추모의집(예은추모공원, 충북 음성군 금왕읍)
- 이용대상
  - 구에 주민등록을 둔 사람과 그 배우자
  - 구에 주민등록을 둔 사람의 직계존속·비속 및 형제자매
  - 구에 소속된 공무원(퇴직한공무원을 포함한다)과 그 배우자 및 직계존속·비속,형제자매.
  - 분묘에서 개장하여 화장한 유골로 유족이 구에 거주하는 경우
  - 구립봉안시설을 사용중인 유골의 배우자가 사망하여 그 유족이 화장한 유골의 합골을 신청하는 경우. 단, 합골한 경우 사용기간을 합골한 시점부터 계산한다.
  - 그밖에 구청장이 필요하다고 인정하는 화장한 유골

■ 사용기간 및 비용
- 사용기간 : 최초15년(연장 5년 단위로 3회 연장 가능)
- 사용료 및 관리비
  - 일반주민사용료(15년) 20만원, 연장(5년) 10만원
  - 감면대상주민사용료(15년) 10만원, 연장(5년) 5만원
  - 관리비(15년) 54만원

■ 면제 및 감면사항
- 감면대상
  - 국민기초생활보장법」에 따른 수급권자(차상위 계층을 포함한다)
  - 「국가유공자등 예우 및 지원에 관한법률」에 따른 국가유공자
  - 「독립유공자 예우에 관한법률」에 따른 독립유공자

부산 | 시설구분 : 봉안시설

◼ 시설명 및 이용대상
- 시설명 : 부산영락공원, 부산추모공원
- 이용대상
① 공설가족 봉안묘 및 공설봉안담을 사용할수 있는 자는 사용허가 신청일 3개월 전부터 시 또는 경상남도 양산시 동면 여락리·법기리 및 개곡리에 주소를 둔 자
  1. 신청자와 그 배우자
  2. 신청자의 직계혈족 및 그배우자
  3. 신청자의 4촌 이내의 혈족 및 그 배우자
  4. 신청자 배우자의 직계 혈족 및 형제자매
② 공설봉안담의 봉안대상은 봉안하려는 개인 또는 부부중 1명이 사망 당시 시 또는 경상남도 양산시 동면 여락리·법기리 및 개곡리에 주소를 둔 자
③ 공설봉안당을 사용할 수 있는 자는 사망 당시 시에 주소를 두고 사망한 자를 봉안하려는 자
④ 공설묘지,공설화장장,공설장례식장을 사용할수 있는 자는 사망 당시 시에 주소를 두고 사망한 자를 매장·화장하거나 장례하려는 자로 하되,시설의 수급상 지장이 없으면 시외 거주자와 외국인 사망자를 매장·화장하거나 장례하려는 자에 대해서 사용 가능
⑤ 다음에 해당하면 공설장사시설을 사용할 수 있다.
  1. 사망 당시 경상남도 양산시 동면 여락리·법기리 및 개곡리에 주소를 두고 사망한 자를 부산추모공원 봉안당에 봉안하려는 경우(부산추모공원만 해당)
  2. 「출입국관리법」제10조에 따른 영주의 체류자격을 취득한 외국인으로서「출입국관리법」제31조에 따라 등록을 하는 국내체류지를 시로하여 3년 이상 거주하다가 사망한자를 부산영락공원 화장장에 화장하거나 부산추모공원 봉안당에 봉안하려는 경우
  3. 울산광역시 또는 경상남도에 주소를 둔 사람이 사망하여 부산영락공원 화장장 및 장례식장을 사용하려는 경우

◼ 사용기간 및 비용
- 사용기간
  − 공설봉안당 : 15년(5년씩 3회 한정 연장 가능), 무연고의 경우 사용기간 : 10년
  − 공설가족봉안묘 : 15년, 한번에 5년씩 총사용기간내에 연장가능
    · 6위용 가족봉안묘(2.15㎡)의 총사용기간 : 70년
    · 12위용 가족봉안묘(4.90㎡)의 총사용기간 : 100년
  − 공설봉안담 : 15년, 한번에 5년씩 총사용기간내에 연장가능
    · 개인단의 총사용기간 : 35년
    · 부부단의 총사용기간 : 50년
  − 연장하려면 그 기간이 끝나기 60일전까지 연장허가를 신청해야함.

- 사용료 및 관리비
  - 조례참조
▣ 면제 및 감면사항
- 면제대상
  - 「국민기초생활보장법」 제7조 제1항 제1호 및 제3호에 따른 생계·의료급여 수급자
  - 「국가유공자등예우및지원에관한법률」의 적용을 받는 국가유공자
  - 연고자가 없는부랑인 및 노숙인
  - 「부산광역시장기및인체조직기증장려에관한조례」에 따른 장기 등 기증자로서 뇌사 및 사망한 자와 인체조직 기증자.단,공설 장사시설중 공원묘지 및 장례식장은 제외
  - 「부산광역시일제하일본군위안부피해자지원및기념사업에관한조례」제4조에 따른 지원대상자
- 감면대상(50%)
  - 부산영락공원 장사시설의 경우 금정구 남산동·청룡노포동·선두구동 주민
  - 부산추모공원 봉안당의 경우 기장군 정관면 주민
  - 「5·18민주유공자예우에관한법률」제4조에 따른 5·18민주유공자와 배우자
  - ※ 공설 가족봉안묘 및 공설봉안담을 사용하려는 자에게는 사용료 등의 감면을 하지 아니한다.

대구 | 시설구분 : 봉안시설

▣ 시설명 및 이용대상
- 시설명 : 대구광역시 낙산추모의집, 낙산 제2추모의 집(봉안당)
- 이용대상
  ※ 2012. 8. 1. 부터 ~ 봉안시설 확충시까지 공설봉안당 사용 제한
  - 기초생활수급자 및 국가유공자(배우자)
  - 시 관할 구역안에 「사회복지사업법」에 의하여 설립된 사회복지시설 수용자 중 사망자
  - 시관할 구역안에서 사망한 외국인 및 무연고 시체
  - 기타 재난 등 특별한 사유가 있다고 시장이 인정하는 사망자
▣ 사용기간 및 비용
- 사용기간 : 10년(10년 단위로 2회 연장 가능)
- 사용료 및 관리비
  - 일반주민 : 20만원
  - 기초생활수급자, 국가유공자 : 10만원
▣ 면제 및 감면사항
- 감면대상

- 대구광역시 거주자 중 「국민기초생활보장법」제7조 제1항 제1호에 따른 생계급여 수급자 및 의료급여 수급자: 50%
- 대구광역시 거주자 중 「국민기초생활보장법」제2조 제10호에 따른 차상위 계층 : 50%
- 대구광역시 거주자중 국가유공자(배우자) : 50%
- 「대구광역시 병역명문가 예우에 관한 조례」에 따른 병역 명문가 : 50%

인천 | 시설구분 : 봉안시설, 자연장지

■ **시설명 및 이용대상**
- 시설명 : 인천 가족공원(봉안시설 및 자연장)
- 이용대상

① 봉안시설
- 관내주민. 다만, 부부용안치단에 대하여는 한쪽의 배우자가 관외주민일 경우에도 안치 가능
- 기존에 안치된 배우자와 합골하는 다른 배우자
- 관외 거주 사할린 한인 영주 귀국 동포 사망자
- 인천가족공원 안의 분묘에서 개장한 유골
- 시관할 구역 안에서 도시계획사업 등에 따라 발생한 연고자가 없는 유골(이하 "무연고 유골"이라 한다)
- 관외 주민 중 「장사등에관한법률」 제12조에 따른 사망자(무연고 시신)
- 시에 「주민등록법」에 따라 주소를 두고 30년 이상 거주한 사실이 있는 사망자(개장 유골은 제외한다)로서 그 부모, 자녀 또는 배우자가 관내 주민인 경우
- 그밖에 시장이 특별한 사유가 있다고 인정하는 경우

② 자연장지
- 관내 주민. 다만, 부부용 안치단에 대하여는 한쪽의 배우자가 관외 주민일 경우에도 안치 가능
- 기존에 안치된 배우자와 합골하는 다른 배우자
- 관외 거주 사할린 한인 영주 귀국 동포 사망자
- 인천가족공원 안의 분묘에서 개장한 유골
- 시에 「주민등록법」에 따라 주소를 두고 30년 이상 거주한 사실이 있는 사망자(개장유골은 제외한다)로서 그 부모, 자녀 또는 배우자가 관내 주민인 경우
- 그밖에 시장이 특별한 사유가 있다고 인정하는 경우
- 관외 거주 사망자(개장유골은 제외한다). 이 경우, 사망 당시 시 소재병원 또는 노인요양시설에 입원중 사망한 자로 그 부모, 자녀 또는 배우자가 관내 주민인 경우에 한정

■ **사용기간 및 비용**

① 봉안시설
- 봉안당(1기, 30년) : 사용료 95만원, 관리료 30만원
- 봉안담(1기, 30년) : 사용료 55만원, 관리료 30만원
- 가족봉안묘(16위, 90년) : 사용료 880만원, 관리료 450만원
- 계단식 가족봉안묘(8위, 90년) : 사용료 440만원, 관리료 270만원

① 자연장지
- 수목장림 및 자연장(30년):사용료 60만원,관리료

▣ 면제 및 감면사항
- 면제 대상
  - 관내주민 중 「사회복지사업법」에 따른 사회복지시설 입소자 중 무연고자
  - 관내 주민 중 그밖에 재난 등으로 인해 특별한 사유가 있다고 시장이 인정한 자
- 감면대상
  - 수급자,유공자,의사자:50%
  - 인천가족공원 안의 분묘를 개장하여 화장 및 봉안시설 또는 자연장지에 안치하는 경우 봉안시설 30% 감면,자연장지 50% 감면
  - 인천가족공원 안의 봉안시설 또는 자연장지에 부부합골 안치하는 경우 : 1기만 징수

광주 | 시설구분 : 봉안시설. 자연장지

▣ 시설명 및 이용대상
- 시설명 : 광주영락공원봉안당, 청마루동산(자연장지)
- 이용대상
① 봉안시설
- 봉안시설 사용허가 신청 당시를 기준으로 관내에 「주민등록법」에 따른 주소를 두고 30일 이상 계속하여 거주하다 사망한 사람의 유골. 다만,사망 전에 거주를 목적으로 「주민등록법」에 따라 전세대가 전입(재등록포함)을 한 경우는 예외로 한다.
- 관내에 소재한 분묘의 개장에 의한 유골
- 관내에서 사망한 외국인 및 행려자의 유골
- 그밖에 시장이 인정하는 경우의 유골
- 영락공원내 봉안시설에 안치된 유골은 영락공원내의 다른 봉안시설로 이전할수 없다. 다만,부부 및 가족봉안의 경우는 예외로 하되, 허용기준은 시장이 따로 정한다.
- 다른 지역 장사시설로 유골을 봉안하기 위해 임시봉안할 경우 60일의 기간을 정하여 봉안할수 있으며, 제1추모관 임시봉안실에 안치하여야 한다. 단,임시봉안은 봉안기간이 60일 이내인 경우를 말한다.

② 자연장지
- 국내 거주자(외국인 포함) 및 분묘개장 유골(봉안유골 포함)

■ **사용기간 및 비용**
- 사용기간
  - 봉안시설 : 15년(15년 단위로 2회 연장 가능)
  - 자연장지 : 45년(연장불가)
- 사용료 및 관리비
① 봉안당
  - 사용료(1기당) : 관내 28만원, 전남 60만원, 그외 90만원
  - 관리비(1기당) 4만원
② 자연장지
  - 사용료(1기당) 171,000원, 관리비(1기당)177,000원

■ **면제 및 감면사항**
- 면제대상(관내 거주자, 봉안당 사용료면제)
  - 「국민기초생활보장법」 제7조 제1항 제1호에 따른 생계급여 수급자 또는 같은항 제3호에 따른 의료급여 수급자
  - 「국가유공자등 예우 및 지원에 관한법률」 제4조에 따른 국가유공자와 그 배우자
  - 광주광역시 시민대상 수상자
  - 관내에서 사망한 행려자
  - 「5·18민주유공자 예우에 관한 법률」 제4조에 따른 5·18민주유공자와 그 배우자
  - 「광주광역시헌혈 및 장기기증등록권장에 관한조례」 제13조에 따른 장기 기증자
  - 「광주광역시 일제하일본군위안부피해자에 대한 생활안정지원 및 기념사업에 관한조례」 제4조 제2항에 따른 지원 대상자
  - 「병역법」 제5조 제1항에 따른 현역 및 보충역으로 병역의무를 수행하던 중 사망한 사람
  ※ 시에 주소를 둔 시민이 사망 후 다른 지역에 안치된 경우라도 사용권자 가시에 거주하고 있는 경우에는 관내 사용료 등으로 장사시설을 사용할수 있다.

대전 | 시설구분 : 봉안시설, 자연장지

■ **시설명 및 이용대상**
- 시설 : 대전추모공원(봉안당 및 자연장지)
- 이용대상
  - 사망 당시 관내에 1개월 이상 주민등록이 되어 있던 사람의 유골
  - 관내에 소재한 분묘의 개장에 따른 유골

- 사망 당시 관내에 주민등록이 되어 있던 사람 중 관외지역 묘지에서 개장된 유골
- 사망 당시 관내에 1개월 미만 주민등록이 되어 있던 사람의 유골 또는 관외 거주 사망자의 유골(개장유골은 제외한다).이 경우 사망 당시 부모,자녀 또는 배우자가 관내에 6개월 이상 주민등록이 되어 있는 경우에 한정한다.
- 부부중 1명이 기존시설에 안치되어 있는 경우 그 배우자의 유골
- 그밖에 시장이 특별한 사유가 있다고 인정하는 사람의 유골

▣ 사용기간 및 비용
- 사용기간
  - 봉안당 : 15년(15년 단위로 3회 연장 가능)
  - 자연장지 : 30년
- 사용료 및 관리비
  ① 봉안당
  - 관내 20만원
  - 관외 40만원
  ② 자연장지
  - 잔디장 : 관내 65만원, 관외 80만원
  - 화초장 : 관내 100만원, 관외 130만원
  - 수목장 : 관내 150만원, 관외 200만원

▣ 면제 및 감면사항
- 면제대상(전액)
  - 관내에 주민등록이 되어 있는 「국민기초생활보장법」에 따른 수급자, 「국가유공자등 예우 및 지원에 관한법률」에 따른 국가유공자, 「독립유공자 예우에 관한법률」에 따른 독립유공자, 「대전광역시장기등기증 장려조례」에 따른 장기 등 기증자
  - 무의탁 사회복지시설 입소자
  - 연고자가 없는 행려 사망자
  - 그밖에 천재·지변 등의 사유로 사용료를 납부할 능력이 없다고 인정되는 사람
- 감면대상(관외사용료의 50%)
  - 관외 거주자로서 「국가유공자등 예우 및 지원에 관한법률」에 따른 국가유공자, 「독립유공자 예우에 관한법률」에 따른 독립유공자

울산 | 시설구분 : 봉안시설, 자연장지

◼ 시설명 및 이용대상
- 시설명 : 울산하늘공원(봉안당 및 자연장지)
- 이용대상
  ① 추모의집(봉안당)
    - 사망 당시 울산시민만 가능
    - 부부단은 부부중 한명이 개인단 이용대상이 되면 부부단에 안치 가능
  ② 자연장지(수목장,잔디장)
    - 잔디장 : 관내, 외주민
    - 수목장 : 사망 당시 관내에 거주한 자

◼ 사용기간 및 비용
- 사용기간
  - 추모의집(봉안당) : 최초 15년(5년 단위로 3회 연장 가능)
  - 자연장지 : 최초 30년(연장 불가)
- 사용료 및 관리비
  ① 추모의집(봉안당)
    - 개인단(1구당) : 관내 주민 최초 사용료(15년) 33만원,연장 사용료(5년) 11만원
    - 부부단(1구당) : 관내 주민 개인단과 동일, 관외 주민 최초 사용료(15년) 100만원,연장사용료(5년) 40만원
  ② 자연장지(수목장,잔디장)
    - 잔디장(1구당) : 관내 주민 30만원,관외 주민 100만원
    - 수목장(1구당) : 관내 주민 140만원

◼ 면제 및 감면사항
- 감면대상(50%,사망 당시 관내 주민등록)
  - 「국민기초생활보장법」제7조 제1항 제1호에 따른 생계급여 수급자 또는 같은항 제3호에 따른 의료급여 수급자
  - 「국가보훈기본법」에 따른 희생·공헌자
  - 시 관내에서 사망한 무연고자
  - 「사회복지사업법」에 따른 사회복지시설 입소자 중 무연고자
  - 그밖에 재난 등의 특별한 사유가 있다고 시장이 인정하는 사람
  - 양산시에 주민등록 주소지를 둔 사람은 관외 자연장지 및 장례식장 요금의 50% 감면

울산 | 시설구분 : 장례식장

■ **시설명 및 이용대상**
- 시설명 : 울산하늘공원 장례식장

■ **사용기간 및 비용**
- 장례식장 사용료
  - 영결식장(1시간) : 관내주민 3만원, 관외주민 6만원
  - 빈소(24시간) : 관내주민 112천원, 관외주민 224천원
  - 안치실(24시간) : 관내주민 4만원, 관외주민 8만원
  - 염습실(1회) : 관내주민 3만원, 관외주민 6만원
  - 가족휴게실(24시간) : 관내주민 3만원, 관외주민 6만원

■ **면제 및 감면사항**
- 장례식장 사용료면제 및 감면대상
  ① 면제대상
   - 「국민기초생활보장장법」 제7조에 따른 생계급여 수급자, 의료급여 수급자
   - 「국가보훈기본법」에 따른 희생·공헌자
   - 관내에서 사망한 무연고자, 「사회복지사업법」에 따른 사회복지시설 입소자 중 무연고자
   - 재난 등 특별한 사유가 있다고 시장이 인정하는 사람
  ② 감면대상(50%)
   - 양산시에 주민등록 주소지를 둔 사람은 관외 사용료의 50% 감면

세종 | 시설구분 : 봉안시설. 자연장지

■ **시설명 및 이용대상**
- 시설명 : 은하수공원(봉안시설 및 자연장지)
- 이용대상
  - 은하수공원내 장사시설은 사용자의 자격에 제한을 두지 아니함
  - 관내에 소재하는 종중묘는 5대 이상으로서 10기 이상인 경우 잔디장지 중 종중장지를 사용할 수 있다.

■ **사용기간 및 비용**
- 사용기간
  - 봉안당 및 봉안담 : 15년(15년 단위로 1회 연장가능)

- 자연장지 : 30년
- 잔디장지중 가족장지 : 30년 연장가능
- 잔디장지중 종중장지 : 15년 연장가능
- **사용료 및 관리비**
① 봉안시설
  - 개인단사용료 : 관내 27만원, 그외 81만원
  - 개인단관리비 : 관내 11만원, 그외 33만원
  - 부부단사용료 : 관내 41만원, 그외 123만원
  - 부부단관리비 : 관내 16만원, 그외 48만원
② 자연장지
  - 개인장지 사용료 : 관내 51만원, 그외 765,000원
  - 가족장지(4기)사용료 : 관내 204만원, 그외 306만원
  - 종중장지(1기당)사용료 : 관내 36만원
  - 관리비(1기당) : 관내 14만원, 그외 21만원
  ※부부합장시 종중장지(180,000원), 관내(260,000원), 관외(390,000) 추가요금 발생
③ 수목장지
  - 공동목 사용료 : 관내 73만원, 그외 109만원
  - 가족목(4위) 사용료 : 관내 292만원, 그외 436만원
  - 관리비(1위당) : 관내 20만원, 그외 31만원

■ **면제 및 감면사항**
- **봉안당사용료 면제대상**
  - 사망일 6개월 이전부터 세종시에 주민등록을 두고 계속하여 거주하다가 사망한 희생·공헌자
  - 관내에 소재한 희생·공헌자의 개장유골
  - 관내에 거주하는 제1항 제2호에 따른 수급자
  - 관내 사회복지시설 의무위탁 수용자
  - 행려 사망자 등 무연고자(관내에서 발생된 자로 한정한다)
  - 그밖에 시장이 특별히 이유가 있다고 인정하는 자
- **봉안당 사용료 감면대상(50%)**
  - 희생·공헌자로서 전액 감면에 해당하지 않는 자

경기 수원시 | 시설구분 : 봉안시설, 자연장지

▣ 시설명 및 이용대상
- 시설명 : 수원시 연화장추모의 집(봉안시설), 자연장
- 이용대상

① 봉안시설
- 사망시 까지 관내에 주민등록을 두고 1년이상 계속하여 거주한 사실이 있는 사망자의 유골
- 관외에 주민등록을 두고 사망한 경우 사망일 현재 부모, 배우자, 자녀가 신청시까지 관내에 주민등록을 두고 1년이상 계속하여 거주하고 있는 경우
- 관외 사망자 또는 관외 개장유골의 경우 배우자가 기존의 추모의 집에 안치되어 있는 유골
- 관내에서 사망한 행려사망자의 유골
- 관내 기존묘지에서 개장된 유골
- 개장신고일 현재 부모, 배우자, 자녀 중 1명이 수원시에 1년 이상 계속해서 거주하고 사망 당시 관내에 거주한 사실 등이 입증 가능한 관외 개장유골
- 「수원시 지방공무원 복무 조례」에 따라 1년 이상 근무한 수원시 공무원 중 관외 거주자로써 재직기간 중 사망하였을 경우
- 시장이 필요 하다고 특별히 인정하는 경우

② 자연장지
- 사망할 때까지 관내에 주민등록을 두고 1년이상 계속하여 거주한 사실이 있는 사망자의 유골
- 관외에 주민등록을 두고 사망한 경우 사망일 현재 부모나 배우자 또는 자녀가 신청할 때까지 관내에 주민등록을 두고 1년이상 계속하여 거주하고 있는 경우
- 관외 사망자 또는 관외 개장유골의 경우 배우자가 자연장에 안치되어 있는 유골
- 관내 기존묘지에서 개장된 유골
- 개장신고일 현재 부모, 배우자, 자녀 중 1명이 수원시에 1년 이상 계속해서 거주하고 사망 당시 관내에 거주한 사실 등이 입증 가능한 관외 개장유골
- 「수원시 지방공무원 복무 조례」에 따라 1년 이상 근무한 수원시 공무원 중 관외 거주자로써 재직기간 중 사망하였을 경우
- 시장이 필요 하다고 특별히 인정하는 경우.

▣ 사용기간 및 비용
- 사용기간
  - 봉안시설 : 15년(15년 단위로 1회 연장 가능)
  - 자연장지 : 30년
- 사용료
  - 봉안시설 1기당(15년) : 관내 30만원, 관외 100만원
  - 봉안담 1기당(15년) : 관내 25만원, 관외 80만원

- 봉안시설 및 봉안당 관리비(1년) 1기당 관내 1만원, 관외 2만원
- 자연장지 1기당(30년) : 관내 30만원, 관외 100만원

■ **면제 및 감면사항**
- 「국가유공자등 예우 및 지원에 관한법률」제4조에 따라 국가유공자 중 사망시까지 관내에 주민등록을 두고 1년이상 계속하여 거주한 사실이 있는 경우에는 전액 감면한다.
- 그 밖에 시장이 사용료등을 납부 할 능력이 없다고 인정하는 경우

경기 성남시 | 시설구분 : 봉안시설

■ **시설명 및 이용대상**
- 시설명 : 성남시 영생관리사업소 하늘누리제1추모원, 제2추모원(봉안시설)
- 이용대상
  1. 시에 주민등록을 두고 전입일부터 6개월을 초과하여 계속 거주하다 사망한 사람
  2. 「출입국관리법」 제31조에 따라 외국인 등록을 한 사람으로 사망한 날 전날까지 시 외국인 등록대장에 등재되어 시에 주소를 두고 6개월을 초과하여 계속 체류한 사람
  3. 「재외동포의 출입국과 법적 지위에 관한 법률」 제6조에 따라 국내거소 신고를 한 사람으로서 사망한 날 전날까지 시에 거소를 두고 6개월을 초과하여 계속 거주한 사람
    - 관내 거주망자의 유골을 안치하려는 사람
    - 자신이 설치한 묘지에서 개장 유골을 안치하려는 관내 거주 연고자
    - 시 외의 지역(이하 "관외지역"이라 한다)에 거주하는 사람의 경우 부부 중 한 명이 기존의 추모원에 안치되어 있는 사람
    - 관외 거주자 유골을 추모원에 안치하려는 관내 거주자인 연고자
    - 관외지역에 설치된 묘지에서 개장된 유골 및 허가된 봉안당에 안치된 유골을 추모원에 안치하려는 관내거주자인 연고자
    - 그밖에 시장이 안치를 인정한 사람

■ **사용기간 및 비용**
- 사용기간 : 15년(1회연장 가능)
- 사용료
  ① 하늘누리제1추모원
    - 관내 10만원
    - 관외 100만원
  ② 하늘누리제2추모원
    - 개인단 : 관내 10만원, 관외 100만원
    - 부부단(1위당) : 관내 10만원, 관외 100만원

※ 관내사용료
- 시체는 사망당시 관내거주자로 한다.
- 개장유골(봉안시설포함)은 성남시 현존지로 한다.
※ 관외사용료
- 관외지역에 설치된 묘지(봉안시설포함)에서 개장된 유골을 관내거주자인 연고자가 안치하는 경우
※부부단 사용료
- 부부단 사용료는 1위당 사용료를 각각 적용하여 합한 금액으로 한다.
- 부부가 관내, 관외 서로 다를 경우 사용료를 각각 적용하여 합한금액으로 한다.
- 감면이나 면제 될 경우 각각 적용후 합한 금액으로 한다.

◼ 면제 및 감면사항
- 면제대상
  - 무연고망자로서 시장이 인정하는 경우
  - 성남시 중원구 갈현동에 주민등록을 두고 전입일을 기산일로 하여 6개월 이상 계속하여 거주한 망자
  - 시장이 특별히 인정하는 경우

경기 안양시 | 시설구분 : 봉안시설, 자연장지

◼ 시설명 및 이용대상
- 시설명 : 안성 유토피아추모관(봉안시설 및 자연장지)
- 이용대상
  - 사망일 현재 안양시에 주민등록된 본인과 배우자, 자녀, 부모, 형제, 자매 및 외국인
  - 안양시에 소재한 분묘를 개장한 유골
  - 안양시에 재직하고 있는 공무원, 배우자 및 직계존·비속
  - 관외사망자 또는 관외개장 유골의 경우 배우자가 안양시 협약에 의해 유토피아 추모관내에 안치되어 있는 배우자의 합장
  - 기타 시장이 필요 하다고 인정하는 경우

◼ 사용기간 및 비용
- 사용료 및 관리비
  - 봉안당(1단, 8단 저소득층) : 사용료 80만원(10년)
  - 봉안당(2단~7단 일반인) : 사용료 280만원(영구), 관리비 25만원(5년 선불)
  - 자연장(수목장) : 저소득층 사용료 80만원(영구), 관리비 10만원(5년 선불)
    일반인 사용료 100만원(영구), 관리비 10만원(5년 선불)

■ **면제 및 감면사항**
- 면제대상
  - 저소득층

경기 광명시 | 시설구분 : 봉안시설

■ **시설명 및 이용대상**
- 시설명 : 광명시 메모리얼파크(봉안당)
- 이용대상
  - 사망일 현재 6개월이상 계속하여 광명시에 주민등록이 되어있는 사망자
  - 배우자중 1명의 유골이 시의 공설장사시설에 매장 또는 봉안되어 있는 상태에서, 나머지 관외거주 6개월 미만의 관내거주 배우자가 사망하여 부부의 유골을 함께 봉안하고자 하는 경우. 다만, 이 경우 부부임을 증명하는 서류를 시장에게 제출하여야 한다.
  - 관내에 주민등록을 두고 6개월이상 계속하여 거주하고 있는 사람이 관외에있는 직계존·비속이나 배우자가 사망하여 봉안하고자 하는경우
  - 관내 6개월이상 계속하여 거주한 사람이 사망하여 관외에 매장 또는 봉안되어 있는 배우자를 함께 봉안하고자 하는경우
  - 관내에서 10년이상 거주 했던자 및 배우자가 사망하여 봉안하고자 하는 경우
  - 관내 초등학교, 중학교 또는 고등학교를 졸업한 사망자 및 배우자
  - 출생지가 관내인 사망자 및 배우자. 다만, 이 경우 출생지가 관내임을 증명하는 서류를 시장에게 제출하여야 한다.
  - 관내 기존묘지에서 개장된 유골
  - 체류지가 시로 등록 된 외국인사망자
  - 관내에서 사망한 무연고행려자
  - 주민등록을 두고 5년이상 계속하여 거주하고 있는 사람의 관외에 있는 기존묘지에서 개장된 부모,배우자 및 배우자부모의 유골
  - 그 밖에 시장이 특별한 사유가 있다고 인정하는 경우

■ **사용기간 및 비용**
- 사용기간 : 15년(15년 단위로 2회 연장가능)
- 사용료 및 관리비
  - 개인단관내 50만원, 관외 100만원
  - 부부단관내 75만원, 관외 150만원

■ **면제 및 감면사항**
- 면제대상

- 이용대상에 따른 사용자중「국민기초생활보장법」에 따른 생계급여 또는 의료급여 수급자 (단, 부부단의 경우 배우자중 1명의 유골이 봉안되어 있는 상태에서 다른 배우자가 수급자에서 제외되거나 관외거주할 경우에는 그러하지 아니하다) 및「국가보훈기본법」등에 따른 국가 보훈 대상자
- 이용대상에 따른 사용자중 만90세이상의 사망자. 다만, 부부단의 경우 배우자중 1명의 유골이 봉안되어있는 상태에서 다른 배우자 90세이상으로 관외거주 할 경우에는 그러하지 아니하다.
- 관내 공설묘지에서 개장된 유골(단, 공익사업등으로 보상받은 경우는 제외)
- 관내에서 사망한 무연고행려사망자
- 공설봉안시설 조성지인 묘지에서 개장된 유골
- 시정발전에 현격한 공적이 있는 사망자로 시장이 인정하는 경우
- 재난이나 그 밖에 부득이한 사유로 인해 시장이 인정한 경우
• 감면대상(50%)
- 「국민기초생활보장법」에 따른 생계급여 또는 의료급여수급자
- 「국가보훈기본법」등에 따른 국가보훈대상자
- 공설봉안시설조성지 이외의 관내 사설묘지에서 개장 된 유골 (단, 공익사업등으로 보상받은 경우는 제외)
- 관내 공설묘지에 매장되어 있는자의 배우자. 단, 매장증명서를 제출한자에 한하며, 공익사업등으로 보상받은 경우는 제외한다.
- 그 밖에 시장이 특별한 사유가 있다고 인정하는 경우

경기 평택시 | 시설구분 : 봉안시설

■ 시설명 및 이용대상
- 시설명 : 평택시립추모공원(봉안시설)
- 이용대상
  - 사망일 현재 3개월 이전부터 시에 주민등록을 두고 계속하여 거주하다가 사망한 사람
  - 배우자중의 1명이 시의 공설장사시설에 매장 또는 안치되어 있는 상태에서 부부를 합장하고자 하는 경우. 다만 ,이 경우 부부임을 증명하는 서류를 시장에게 제출하여야 한다.
  - 관내에 주소를 두고 6개월이전(안치하고자하는 사망자의 사망일을 기준으로 한다)부터 계속하여 거주하고 있는 사람의 연고자(부모, 배우자, 직계자녀에 한함)가 사망하여 추모공원에 안치하고자 하는경우
  - 시에 소재한 분묘를 개장한 유골을 추모공원에 안치하는 경우 다만, 무연분묘를 개장한 유골의 경우에는 그러하지 아니하다.

- 시에 체류지 신고가 되어 있는 외국인이 사망일 현재 6개월 이전부터 계속하여 거주하다가 사망한 경우
- 시에서 발생한 무연고 행려사망자의 경우
- 출생신고가 되지 않은 신생아로서, 부 또는 모의 주소가 신생아의 사망일 3개월 이전부터 시에 주민등록을 두고 거주하는 경우
- 시장이 특별한 사유가 있다고 인정하는 사망자의 경우

◙ 사용기간 및 비용
- 사용기간 : 5년(10년 단위로 3회 연장가능)
- 사용료 및 관리비(관내)
  - 봉안당(1인용) : 1기당사용료 327천원, 관리비 200천원
  - 봉안당(부부용) : 1기당사용료 490천원, 관리비 300천원
  - 옥외봉안(1인용) : 1기당사용료 179천원, 관리비 100천원
  - 옥외봉안(부부용) : 1기당사용료 268천원, 관리비 150천원
  - 관외 : 관내거주자의 50%가산

◙ 면제 및 감면사항
- 면제대상
  - 「국가보훈기본법」에 따른 희생·공헌자
  - 「국민기초생활보장법」제7조 제1항 제1호에 따른 생계급여수급자 또는 같은항 제3호에 따른 의료급여수급자
  - 「사회복지사업법」에 따른 사회복지시설 입소자중 무연고자
  - 무연고행려 사망자
  - 기관(읍·면·동)장이 인정하는 무연고 사망자
- 감면대상(50%)
  - 「고엽제후유의등 환자지원 및 단체설립에 관한법률」제3조에 따른 적용대상자
  - 「특수임무유공자예우 및 단체설립에 관한법률」제3조에 따른 적용대상자
  - 「재해구호법」에 따른 재해발생으로 인한 사망자
  - 「국가보훈 기본법」에 따른 희생·공헌자의 배우자

경기 동두천시 | 시설구분 : 봉안시설

◙ 시설명 및 이용대상
- 시설명 : 동두천시 안흥동 공설봉안시설봉안담)
- 이용대상
  - 사망자가 사망당시 시에 주민등록상의 주소를 두고 1월이상 거주한 경우

- 부부중 1명이 시의 공설장사시설에 매장 또는 봉안상태에서 시외 거주한 배우자가 사망하여 합장하거나 봉안시설을 사용하고자 하는 경우(이 경우 부부임을 증명하는 서류를 시장에게 제출하여야 한다.)
- 동두천시 안에 소재한 분묘를 개장한 유골의 경우
- 시에 1년이상 주민등록을 두고 계속하여 거주하고 있는사람의 배우자 또는 직계존비속이 다른 지역에 주민등록을 두고 사망하여 장사시설을 사용하고자 하는 경우
- 무연고행려사망자
- 외국인중「출입국관리법」제31조에 따라 시에 체류지 신고를 하고 거주한자
- 시장이 시의 발전 및 위상에 현격하게 이바지하거나 공헌하는등 특별한 사유가 있다고 인정하는 자

■ **사용기간 및 비용**
- 사용기간 : 15년(15년 단위로 3회 연장 가능)
- 사용료 및 관리비
  - 관내일반 : 사용료 38만원, 관리비 15만원
  - 관외일반 : 사용료 76만원, 관리비 30만원
  - 수급자 및 국가유공자 : 면제
  - 표식대 14,300원 별도

■ **면제 및 감면사항**
- 감면대상
  - 「국민기초생활보장법」제7조 제1항 제1호 생계급여 및 제3호 의료급여 수급자
  - 「국가유공자등 예우 및 지원에 관한법률」제4조에 따른 국가유공자
  - 무연고행려사망자
  - 「동두천시 병역명문가 예우조례」에 따른 예우대상자
  - 그 밖에 시장이 특별한 사정이 있다고 인정하는 자

경기 안산시 | 시설구분 : 봉안시설, 자연장지

■ **시설명 및 이용대상**
- 시설명 : 안산시 공설공원묘지(봉안시설 및 자연장지)
- 이용대상
  ① 다음 각호의 어느 하나에 해당하는 경우에는 공설장사 시설에 안치될 수 있다.
  1. 사망자가 사망당시 시에 6개월이상 계속하여 주민등록을 두고 거주한 경우
  2. 관외에서 사망한 자로서 그의 배우자가 이미 시의 공설장사 시설에 안치되어 있어 합장을 하고자 하는 경우(이 경우 부부임을 증명하는 서류를 시장에게 제출하여야 한다)

3. 시에 6개월이상 계속하여 주민등록을 두고 거주한 주민의 배우자 또는 부모가 관외에서 사망한 경우(다만, 미혼이거나 자녀가 없는 사망자는 연고자중 최우선 순위자가 시에 6개월 이상 계속하여 주민등록을 두고 거주한 경우)
4. 무연고행려자가 관내에서 사망한 경우
5. 외국인이 사망당시 「출입국관리법」제31조에 따라 시에 체류지 신고를 하고 6개월이상 계속하여 거주한 경우
6. 사람이 관내에서 발생한 대형사고(재난,재해등)를 원인으로 하여 사망한 경우
7. 관내에서 유골을 개장한 경우
8. 관외에서 개장한 유골로서 사용허가를 신청한 연고자(배우자 또는 직계자녀로 한정한다)가 그 신청당시 시에 6개월이상 계속하여 주민등록을두고 거주한 경우
9. 관외봉안시설에서 사용중인 유골로서 사용허가를 신청한 연고자(배우자 또는 직계자녀로 한정한다)가 그 신청당시 시에 10년이상 계속하여 주민등록을 두고 거주한 경우
10. 그 밖에 시장이 필요하다고 인정하는 경우

② 제1항에도 불구하고 연고자가 사망자의 사망 당시 시에 주민등록을 두고 거주하는 경우에는 공설장사시설중 산골시설에 한정하여 사용할 수 있다.

③ 제1항 제7호 및 제8호에 따라 개장한 유골 및 제1항 제9호에 따라 관외봉안시설에서 사용중인 유골은 공설장사시설중 반환된 봉안시설, 수목장중 가족장 및 산골시설에 한정하여 이용할 수 있다.

④ 봉안시설에 안치한 유골을 재안치 하는 경우에는 수목장중 가족장에 한정하여 이용할 수 있다.

▣ **사용기간 및 비용**
- 사용기간
  - 봉안시설 : 15년(15년 단위로 2회 연장가능)
  - 자연장지 : 45년(연장불가)
- 사용료 및 관리비
  ① 봉안시설
    - 개인단 : 관내 367,000원
    - 부부단 : 관내 555,500원
  ② 자연장지
    - 수목장개인 : 607,000원
    - 수목장부부 : 1,214,000원
    - 수목장가족(4구) : 4,856,000원
    - 잔디장개인 : 489,000원
    - 잔디장부부 : 987,000원
    *관외는 100% 가산징수

■ 면제 및 감면사항
- 면제대상
  - 사망자 또는 연고자중 최우선 순위자로서 「국민기초생활보장법」에 따른 생계·의료 급여 및 보장시설수급자
  - 사망자로서 「안산시 국가보훈대상자등 예우 및 지원에 관한조례」제2조 제2호에 해당 하는자(유가족 제외)
  - 관내에서 사망한 무연고 행려자
  - 「특수임무유공자 예우 및 단체설립에 관한법률」제2조 제2호에 해당하는 자
  - 「안산시장기등기증등록 장려에 관한조례」제2조 제2호에 해당하는자
  - 그 밖에 시장이 특별한 사정이 있다고 인정하는 자

경기 오산시 | 시설구분 : 봉안시설

■ 시설명 및 이용대상
- 시설명 : 오산 시립쉼터공원(봉안시설)
- 이용대상
  - 오산시에 주민등록을 두고 1개월 이상 계속 거주한 자가 사망하여 그 유골을 안치하려는 자
  - 관외 사망자 또는 관외 개장유골의 경우 그 배우자가 공설장사시설에 안치되어 있는 상태에서 합장하고자 하는 경우
  - 관내에 소재한 분묘를 개장한 유골을 안치하고자 하는 경우(무연분묘를 개장한 유골의 경우는 예외임)
  - 관내에 주소를 두고 1개월 이상 계속하여 거주한 사람의 배우자 또는 직계존·비속의 사망 또는 개장으로 공설장사시설을 사용하고자 하는 경우
  - 시에 재직하였던 공무원
  - 관내에 주소를 두고 사망한 외국인
  - 그밖에 시장이 특별히 필요하다고 인정하는 경우

■ 사용기간 및 비용
- 사용기간 : 15년(10년 단위로 3회 연장가능)
- 사용료 및 관리비
  - 개인용 봉안단 : 사용료 39만원, 관리비 11만원
  - 부부용 봉안단 : 사용료 55만원, 관리비 15만원

■ 면제 및 감면사항
- 감면대상
  - 「국민기초생활보장법」에 따른 수급자

- 「국가유공자등예우및지원에관한법률」제4조의 규정에 따른 국가유공자
- 무연고 행려 사망자
- 그밖에 시장이 인정하는 사람

경기 의왕시 | 시설구분 : 봉안시설, 자연장지

■ 시설명 및 이용대상
- 시설명 : 의왕 하늘쉼터(봉안담 및 자연장지)
- 이용대상
  - 사망자가 사망일 기준으로 1년 전부터 시에 주민등록이 되어 있는 사람
  - 재외동포의 출입국과 법적지위에 관한 법률·제6조에 따라 국내거소신고를 한 사람으로 사망일 기준으로 1년 이상 계속하여 체류한 사람
  - 출입국관리법 제31조에 따라 외국인등록을 한 사람으로 사망일 기준으로 1년 이상 계속하여 체류한 사람
  - 사망자가 사망일 기준으로 1년전부터 인접시에 주민등록이 되어 있는 사람
  - 부부중 1명이 공설장사시설에 기안치 되어 있는 경우로서, 남은 배우자가 사망하여 봉안시설 또는 자연장지에 사용하고자 할 경우
  - 제1호 가목에 따른 관내에 거주하는 사람이 관외에 거주하는 자신의 배우자 또는 직계존비속이 사망하거나, 분묘를 개장한 유골을 봉안시설 또는 자연장지에 사용하고자 할 경우
  - 제2호에 따른 인접시에 거주하는 사람이 관외에 거주하는 자신의 배우자가 사망하여 봉안시설 또는 자연장지에 사용하고자 할 경우
  - 공설일반묘지에서 개장한 유골을 봉안시설이나 자연장지에 사용하고자 할 경우
  - 시장이 시의 발전 및 위상에 현격하게 이바지하거나 공헌하는 등 특별한 사유가 있다고 인정하는 경우

■ 사용기간 및 비용
- 사용기간
  - 봉안담 : 15년(10년 단위로 3회 연장 가능)
  - 자연장지 : 30년(15년 1회 연장 가능)
- 사용료 및 관리비(의왕시민 본인 자격 기준)
  - 봉안담 : 개인담 70만원, 부부담 130만원
  - 자연장지 : 개인 68만원, 부부 116만원, 가족(4인) 184만원
  ※사용계약기간 동안의 사용료 및 관리비는 일시불로 선납
  ※사용료 등은 관내에 거주하는 사람기준이며, 관외에 거주하는 사람의 경우 100% 가산

(직계, 배우자 자격인 경우)
※고인자격으로는 안 됨
※부부담은 부부중 한명이라도 관외 거주시 100% 가산

■ 면제 및 감면사항
- 면제 및 감면 대상
  - 의왕시 거주자중「국민기초생활보장법」에 따른 수급자:전액
  - 의왕시 거주자중「국가유공자등예우및지원에관한법률」에 따른 국가유공자 및 유족 : 50%
  -「독립유공자 예우에 관한법률」에 따른 독립유공자 및 유족 : 50%
  -「의왕시병역명문가 예우에 관한조례」에 따른 예우 대상자 : 50%
  - 그밖에 시장이 인정하는경우와 무연고 행려 사망자 : 전액
  - 장기기증자 : 전액

경기 하남시   시설구분 : 봉안시설

■ 시설명 및 이용대상
- 시설명 : 하남시 마루공원(봉안시설)
- 이용대상
  - 관외 사망자중 부모, 배우자, 자녀가 신청시까지 관내에 주민등록을 두고 1년 이상 계속하여 거주하고 있는 경우. 단, 관외 사망자의 부모, 배우자, 자녀가 존재하지 않는 경우 형제자매가 사망자의 사망일 현재 관내에 주민등록을 두고 1년 이상 계속하여 거주하고 있는 경우
  - 사망일 현재 관내에 주민등록을 두고 1년 이상 계속하여 거주하다가 사망한 자의 유골. 단, 하남시 마루공원 설치 이전 사망자 중 화장하여 관외 봉안당에 안치한 유골의 경우 사망자가 관내에 주민등록을 두고 10년 이상 거주한 사실이 입증된 유골
  - 관외 사망자 또는 관외 개장유골의 경우 배우자가 기존의 봉안당에 안치되어 있는 유골
  - 관내에서 사망한 행려사망자의 유골
  - 관내 기존묘지에서 개장된 유골
  - 시장이 필요하다고 특별히 인정하는 경우

■ 사용기간 및 비용
- 사용기간 : 15년(15년 단위로 1회 연장 가능)
- 사용료 및 관리비
  - 개인단(최초15년) : 관내 50만원, 관외 100만원
  - 개인단(연장15년) : 관내 40만원, 관외 80만원
  - 부부단(최초15년) : 관내 70만원, 관외 140만원

- 부부단(연장15년) : 관내 60만원, 관외 120만원

■ 면제 및 감면사항
- 면제대상
  - 「국가유공자등 예우 및 지원에관한법률」 제4조 규정에 의한 국가유공자중 사망시까지 관내에 주민등록을 두고 30일 이상 계속하여 거주한 사실이 있는 경우
  - 그밖에 시장이 사용료 등을 납부할 능력이 없다고 인정하는 경우

경기 하남시 | 시설구분 : 장례식장

■ 시설명 및 이용대상
- 시설명 : 하남시 마루공원 장례식장

■ 사용기간 및 비용
- 장례식장 사용료
  - 영결식장(1시간) : 관내 3만원, 관외 6만원
  - 빈소38평(24시간) : 관내 15만원, 관외 30만원
  - 빈소41평(24시간) : 관내 21만원, 관외 42만원
  - 빈소50평(24시간) : 관내 30만원, 관외 60만원
  - 안치실(24시간) : 관내 48,000원, 관외 6만원
  - 염습실(1회) : 관내 25만원, 관외 25만원(근무시간 이외 50% 할증)
  ※ 빈소 및 안치실의 사용료는 24시간을 1일로 하여 산정한다. 다만, 24시간에 미달되는 시간은 그 시간이 12시간 이상인 경우에는 1일로 산정하고 12시간 미만인 경우에는 시간 단위로 산정하되 1시간 미만의 시간은 1시간으로 산정한다.

■ 면제 및 감면사항
- 장례식장 사용료 면제 대상(영결식장,빈소 및 안치실 사용료)
  - 「국민기초생활보장법」 제5조 규정에의한 수급권자중 사망시까지 관내에 주민등록을 두고 30일 이상 계속하여 거주한 사실이 있는 경우
  - 「국가유공자등 예우 및 지원에 관한법률」제4조 규정에 의한 국가유공자중 관내 거주자가 사망한 경우
  - 그밖의 시장이 사용료 등을 납부할 능력이 없다고 인정하는 경우

경기 용인시 | 시설구분 : 봉안시설, 자연장지

■ **시설명 및 이용대상**
- 시설명 : 용인평온의숲(봉안시설 및 자연장지)
- 이용대상
  ① 봉안시설
    - 관내 주민의 유골을 화장한 후 안치하려는 사람
    - 관내·관외 개장유골 및 봉안유골을 안치하려는 경우에는 안치를 신청할 때까지 시에 6개월 이상 계속 거주한 지정연고자
    - 용인평온의숲 화장시설을 이용한 관외 주민(단, 봉안당에 한정한다)
    ※관내 주민
    - 시 및 안성시 양성면 난실리, 노곡리, 장서리 지역에 「주민등록법」에 따라 주소를 신고하고 사망한 날 전날까지 6개월 이상 계속하여 거주한 사람
    - 「출입국관리법」제31조에 따라 외국인 등록을 한 사람으로서 사망한날 전날까지 시의 외국인 등록대장에 등재되어 6개월 이상 계속하여 체류한 사람
    - 「재외동포의 출입국과 법적지위에 관한 법률」제6조에 따라 국내 거소신고를 한 사람으로서 사망한날 전날까지 시에 거소지를 두고 6개월 이상 계속하여 체류한 사람
    - 부부단 및 부부담에 합장하는 경우
        가. 제1호에 해당하는 사람의 배우자
        나. 제2호에서 정한 관내·관외 개장 유골 및 봉안유골의 배우자
        다. 제3호에서 정한 관외 주민의 배우자
    - 가족단의 경우 제1호 및 제2호에 해당하는 사람(단, 봉안묘 분양신청시 안치구수에 따라 사용자를 지정하여야 한다)
  ② 자연장지
    - 관내 주민의 화장한 유골을 안치하려는 사람
    - 관내·관외 개장유골 및 봉안유골을 안치하려는 경우에는 안치를 신청할 때까지 시에 「주민등록법」에 따라 주소를 신고하고 6개월 이상 계속 거주한 지정 연고자
    - 가족장지 및 종중장지(단,자연장지 분양신청시 안치 구수에 따라 사용자를 지정하여야 한다)
        가. 가족장지 : 제1호 및 제3호에 해당하는 사람
        나. 종중장지 : 시에 등록되고, 시를 근거지로 하는 종중의 대표자로서 안장되는 구성원에 대한 종중 규약 및 회의록 등을 제출한 사람

■ **사용기간 및 비용**
- 사용기간
  ① 봉안당 : 15년. 다만, 한번에 5년씩 3회에 한정하여 연장이 가능하되, 합장의 경우에는 합장된 날부터 30년까지 연장할수 있다.

② 자연장지 : 30년. 다만, 합장의 경우에는 한번에 15년씩 다음 각목에 해당하는 총사용기간 내에서 연장할수 있다.
　- 가족장지(4구) : 60년
　- 가족장지(5구~8구) : 60년+5구를 초과하는 1구당 10년
　- 종중장지 : 100년
③ 봉안담 및 봉안묘 : 30년. 다만, 합장의 경우에는 한번에 15년씩 다음 각목에 해당하는 총사용기간 내에서 연장할수 있다.
　- 부부담 및 부부단 : 60년
　- 가족단(4구) : 60년

- 사용료 및 관리비
　① 봉안당(최초15년)
　　- 개인단 관내 : 사용료 30만원, 관리비 15만원
　　- 개인단관외 : 사용료 100만원, 관리비 30만원
　　- 부부단관내(1구당) : 사용료 25만원, 관리비 10만원
　　- 부부단관외(1구당) : 사용료 75만원, 관리비 20만원
　② 봉안담(최초 30년)
　　- 개인담관내 : 사용료 50만원, 관리비 30만원
　　- 개인담관외 : 사용료 150만원, 관리비 60만원
　　- 부부담관내(1구당) : 사용료 40만원, 관리비 25만원
　　- 부부담관외(1구당) : 사용료 100만원, 관리비 50만원
　③ 봉안묘(최초 30년)
　　- 개인단관내 : 사용료 80만원, 관리비 60만원
　　- 개인단관외 : 사용료 130만원, 관리비 90만원
　　- 부부단관내(1구당) : 사용료 100만원, 관리비 60만원
　　- 부부단관외(1구당) : 사용료 150만원, 관리비 90만원
　④ 자연장지(최초 30년)
　　가. 잔디장지
　　　- 관내(1구당) : 사용료 50만원, 관리비 60만원
　　　- 관외(1구당) : 사용료 75만원, 관리비 90만원
　　나. 수목장
　　　- 가족장지관내(4구용,1구당) : 사용료 75만원, 관리비 60만원
　　　- 가족장지 관외(4구용,1구당) : 사용료 110만원, 관리비 90만원
　　　- 가족장지 관내(6구용,1구당) : 사용료 70만원, 관리비 60만원
　　　- 가족장지 관외(6구용,1구당) : 사용료 100만원, 관리비 90만원
　　　- 공동장지 관내 : 사용료 60만원, 관리비 60만원
　　　- 공동장지 관외 : 사용료 90만원, 관리비 90만원

▣ 면제 및 감면사항
- 면제대상(전액)
  - 봉안당 : 관내 주민중 「국가보훈기본법」에 따른 희생 · 공헌자
  - 시장이 인정하는 무연고 행려 사망자 및 천재지변 등 그밖에 특별한 사정이 있다고 인정하는 사람에 대해서는 시립장사시설(장례식장 제외)사용료 전액을 감액할수 있다.
- 감면대상(50%)
  - 봉안당 : 관내 주민중 「국민기초생활보장법」제7조 제1항에 따른 수급자
  - 봉안담 : 관내 주민중 「국민기초생활보장법」제7조 제1항에 따른 수급자 및 「국가보훈기본법」에 따른 희생 · 공헌자

경기 시흥시 | 시설구분 : 자연장지

▣ 시설명 및 이용대상
- 시설명 : 정왕공설자연장지
- 이용대상
  - 사망자가 사망할 당시 시흥시에 계속하여 3개월 이상 주민등록상의 주소를 두고 거주한 경우
  - 관내에서 발생한 대형사고로 인한 사망자인 경우(시장이 필요하다고 인정하는 경우)
  - 무연고 사망자(관내 거주외국인 포함)인 경우
  - 관내 분묘를 시흥시가 주관하거나 시행하는 사업에 따라 개장한 경우(시장이 필요하다고 인정하는 경우)
  - 이미 사용하고 있는 부부장 자연장지에 배우자를 합장하는 경우
  - 기존 시흥시 관내 공설분묘에 매장된 시체나 유골을 사망한 배우자와 함께 부부장 자연장지에 합장하는 경우

▣ 사용기간 및 비용
- 사용기간 : 30년(연장불가)
- 사용료 및 관리비
  - 개인(잔디형) : 30만원
  - 부부(잔디정원형) : 60만원

▣ 면제 및 감면사항
- 면제대상
  - 「국민기초생활보장법」제5조에 따른 수급자
  - 「국가유공자등 예우 및 지원에 관한법률」제4조에 따른 국가유공자
  - 무연고 사망자(관내 거주 외국인 포함), 무연분묘

경기 이천시 | 시설구분 : 봉안시설

◼ **시설명 및 이용대상**
- 시설명 : 이천시립추모의집(봉안시설)
- 이용대상
  - 사망 당시 이천시에 주민등록상의 주소를 두고 6월 이전부터 거주한 사람
  - 배우자 중의 1명이 관할 장사시설에 안치되어 있는 상태에서 관외 거주하는 사람이 사망하여 합장을 하고자 하는 경우
  - 관할 구역 안에 소재한 분묘를 개장한 유골의 경우. 다만, 법 제27조에 따라 개장한 유골의 경우는 예외로 한다
  - 이천시에 주소를 두고 6월 이상 계속하여 거주한 연고자(직계존비속에 한함)가 장사시설을 사용하고자 하는 경우
  - 그밖에 시장이 특별한 사유가 있다고 판단하는 경우에는 관외 거주하는 사람에게 관내 장사시설의 사용을 허가하는 경우

◼ **사용기간 및 비용**
- 사용기간 : 15년(15년 단위로 3회 연장 가능)
- 사용료 및 관리비
  - 유연유골 봉안 1구 : 35만원
  - 유연유골 부부단 2구 : 60만원

◼ **면제 및 감면사항**
- 감면대상
  - 국민기초생활보장법에 의한 수급자
  - 국가유공자등 예우 및 지원에 관한법률 제4조에 따른 수급자
  - 무연고 행려 사망자
  - 사용료 등을 납부할 수 없는 사람 및 사실상 사용료를 납부할 능력이 없다고 인정되는 사람

경기 여주시 | 시설구분 : 봉안시설, 자연장지

◼ **시설명 및 이용대상**
- 시설명 : 여주추모공원(봉안시설 및 자연장지)
- 이용대상
  - 사망 당시 시에 주민등록상의 주소를 두고 6개월 이상 계속하여 거주한 관내자
  - 관내자의 관외 거주 배우자 또는 6개월 미만의 관내 거주배우자가 사망하여 합장(부부담

과 부부장을 포함한다)을 하고자 하는 경우
- 배우자중의 1인이 관내 장사시설에 안치되어 있는 상태에서 관외 거주 배우자 또는 6개월 미만의 관내 거주 배우자가 사망하여 합장(부부담과 부부장을 포함한다)을 하고자 하는 경우
- 관내자의 부모(배우자의 부모를 포함한다) 및 자녀(자녀의 배우자를 포함한다)가 여주 추모공원을 사용하고자 하는 경우
- 그 밖에 시장이 필요하다고 인정하는 경우

■ 사용기간 및 비용
- 사용기간
  - 봉안시설 : 15년(15년 단위로 2회 연장 가능)
  - 자연장지 : 30년(15년 1회 연장 가능)
- 사용료 및 관리비
  - 봉안담 개인담 : 사용료 40만원, 관리비 10만원
  - 봉안담 부부담 : 사용료 60만원, 관리비 15만원
  - 자연장지 개인장 : 사용료 20만원, 관리비 15만원
  - 자연장지 부부장 : 사용료 30만원, 관리비 225,000원
  ※관내자 기준이며 관외자는 100% 가산 적용
  ※연장시 봉안담은 동일비용 적용, 자연장지는 50% 비용 적용

■ 면제 및 감면사항
- 면제 및 감면 대상(여주시 거주자 중)
  - 「국민기초생활보장법」에 따른 생계·의료급여 수급자(의료급여 특례자 제외) : 사용료 및 관리비 전액 면제
  - 「국가유공자등 예우 및 지원에 관한법률」 제4조에 따른 국가유공자 본인 및 배우자. 다만, 국가유공자의 배우자는 국가유공자와 합장 또는 부부담, 부부장 하는 경우에 한정한다. : 사용료 및 관리비 전액 면제
  - 무연고 사망자 : 사용료 및 관리비 전액 면제
  - 사망 당시 추모공원이 소재한 법정리에 주민등록상의 주소를 둔 자를 추모공원에 안치하고자 하는 경우 : 사용료 전액 면제
  - 「여주시 부모등 부양자 지원에 관한조례」제3조에 따른 부양자의 부모 : 사용료 50%감면

경기 김포시 | 시설구분 : 봉안시설, 자연장지

■ **시설명 및 이용대상**
- 시설명 : 김포시 추모공원(봉안시설 및 자연장지),
  무지개뜨는언덕(봉안시설)
- 이용대상
  - 사망자가 사망 당시 김포시에 주민등록상의 주소를 두고 6개월 이상 계속하여 거주한 자
  - 배우자 중의 1인이 관내 장사시설에 안치되어 있는 상태에서 관외 거주배우자나 6개월 미만의 관내 거주 배우자가 사망하여 합장을 하고자 하는 경우
  - 관내에 소재한 분묘를 개장한 유골의 경우
  - 시에 주소를 두고 6개월 이상 계속하여 거주한 자의 연고자(배우자 및 직계 부모·자녀에 한함)가 장사시설을 사용하고자 하는 경우
  - 관외 거주자에게 관내 장사시설의 사용을 허가할 수 없다. 다만, 재해·재난 발생시 사망자 또는 행려 사망자 등은 예외로 한다.

■ **사용기간 및 비용**
- 사용기간
  - 봉안시설 : 15년(15년 단위로 3회 연장 가능)
  - 자연장지 : 30년(연장 불가)
- 사용료 및 관리비
  ① 김포시 추모공원
  - 봉안담 개인단 : 관내 35만원, 관외 70만원
  - 봉안담 부부단 : 관내 60만원, 관외 120만원
  - 자연장 개인단 : 관내 50만원, 관외 100만원
  - 자연장 부부단 : 관내 90만원, 관외 180만원
  ② 무지개뜨는언덕
  - 개인단 : 관내 50만원, 관외 100만원
  - 부부단관내 : 90만원, 관외 180만원

■ **면제 및 감면사항**
- 면제대상
  - 김포시 거주자 중 국민기초생활보장법에 따른 수급자 : 전액
  - 김포시 거주자중 독립유공자 및 유족 : 전액
  - 무연고 행려 사망자 : 전액
  - 사용료 등을 납부할 능력이 없다고 인정되는 자 : 전액

경기 화성시 | 시설구분 : 봉안시설

■ **시설명 및 이용대상**
- 시설명 : 화성시 추모공원(봉안시설)
- 이용대상
  - 사망일 현재 1년이상 화성시에 주민등록이 되어있는 사망자
  - 배우자 중의 1명이 시의 공설장사시설에 매장 또는 안치되어 있는 상태에서 관외 거주자가 사망하여 합장하고자 하는 경우 다만, 이 경우 부부임을 증명하는 서류를 시장에게 제출하여야 한다.
  - 관내에 주민등록을 두고 1년 이상 계속하여 거주하고 있는 사람의 배우자와 직계 존·비속이 사망하여 봉안을 하거나 개장하여 봉안하려는 경우 또는 타 봉안시설에서 이전 봉안하는 경우
  - 관내 기존묘지에서 개장된 유골
  - 시장이 특별한 사유가 있다고 인정하는 사람과 체류지가 시로 등록된 외국인에 한하여 장사시설 사용을 허가할 수 있다.
  - 「가족관계의 등록 등에 관한 법률」제10조에 따른 등록기준지가 화성시인 자가 사망한 경우

■ **사용기간 및 비용**
- 사용기간 : 15년(10년 단위로 3회 연장 가능)
- 사용료
  ① 김포시 추모공원
  - 개인단 : 신규신청(15년) 50만원, 연장신청(10년) 333,000원
  - 부부단 : 신규신청(15년) 75만원, 연장신청(10년) 50만원
  - 관외 거주자 100%가산

■ **면제 및 감면사항**
- 면제 및 감면 대상
  ① 전액면제
  - 관내거주자 중 「국민기초생활 보장법」에 따른 수급자
  - 관내거주자 중 「국가보훈 기본법」등에 따른 국가 보훈 대상자
  - 시장이 인정하는 무연고 행려사망자
  - 시정 발전에 현격한 공적을 가진 사람으로서 시장이 인정하는 경우. 다만, 이 경우에는 「화성시시정조정위원회」에서 심의·의결하되, 대상자의 편의를 위하여 실내봉안당에 우선 안치 후 15일 이내에 결정·통보한다.
  ② 감면(50% 감면)
  - 「국민기초생활 보장법」에 따른 수급자
  - 「국가보훈기본법」등에 따른 국가 보훈 대상자
  - 관내 공설묘지에서 묘지연고자가 스스로 개장하여 시설에 봉안하려는 경우

경기 광주시   시설구분 : 자연장지

■ 시설명 및 이용대상
- 시설 : 중대공원자연장, 신월공원자연장
- 이용대상
    - 사망자가 사망당시 시에 주민등록이 되어 있는 자
    - 배우자 중의 1인이 관할 장사시설에 이미 안치되어 있는 상태에서 시외 거주자가 사망하여 합장을 하고자 하는 경우
    - 관할구역 안에 소재한 분묘를 개장한 유골의 경우
    - 시에 주소를 두고 6월 이상 계속하여 거주한 연고자(직계자녀에 한함)가 장사시설을 사용하고자 하는 경우
    - 기타 시장이 필요하다고 인정하는 경우

■ 사용기간 및 비용
- 사용기간 : 30년(연장불가)
- 사용료
    - 1기당 30만원
    - 관외 거주자 50% 가산

■ 면제 및 감면사항
- 감면대상
    - 「국민기초생활보장법」에 따른 수급자
    - 「국가유공자등 예우 및 지원에 관한법률」제4조에 따른 국가유공자
    - 무연고 행려 사망자
    - 사용료 등을 납부할 능력이 없다고 인정되는 자

경기 양주시   시설구분 : 봉안시설, 자연장지

■ 시설명 및 이용대상
- 시설명 : 경신하늘뜰공원(봉안당 및 자연장지)
- 이용대상
    - 사망자가 사망 당시 양주시에 주민등록상의 주소를 두고 1년 이상 거주한 경우
    - 시에 설치된 묘지에서 개장된 유골의 경우
    - 시외의 지역(이하 "관외지역"이라 한다)에 거주하는 사람이 사망시 배우자가 기존의 묘지 및 봉안당에 안치되어 있거나 자연장 되어 있는 경우
    - 관외 거주하는 사람이 사망시 관내 거주자인 연고자(1년 이상 거주)가 안치하거나 자연장 하는 경우

- 관외지역에 설치된 묘지에서 개장된 유골 및 봉안당에 안치된 유골을 관내 거주자인 연고자(1년 이상 거주)가 안치하거나 자연장 하는 경우
- 관내에 주민등록을 두고 3년 이상 계속하여 거주한 사실이 있는 경우
- 시장이 인정하는 무연고 행려 사망자
- 그밖에 시장이 필요하다고 인정하는 경우

◼ **사용기간 및 비용**
- 사용기간
  - 봉안당 : 15년(1회 연장 가능)
  - 자연장지 : 30년(연장 불가)
- 사용료 및 관리비
  - 봉안당 개인단 : 관내 50만원, 관외 100만원
  - 봉안당 부부단(1위당) : 관내 50만원, 관외 100만원
  - 자연장지 : 관내 40만원, 관외 60만원
  ※ 관내 : 사망 당시 관내 거주자 및 개장유골은 양주시 현존지
  ※ 관외 : 관외지역에 설치된 묘지(봉안시설)에서 개장된 유골을 관내 거주자인 연고자가 안치하는 경우
  ※ 부부가 관내, 관외 서로 다를 경우 사용료를 각각 적용하여 합한 금액으로 하며 감면될 경우 각각 적용후 합한 금액으로 한다.

◼ **면제 및 감면사항**
- 감면대상
  - 「국민기초생활보장법」에 따른 수급자
  - 「국가보훈기본법」에 따른 희생·공헌자
  - 무연고 행려 사망자로서 시장이 승인하는 경우
  - 경신하늘뜰공원 개장 이전부터 남면 경신리에 주민등록을 두고 계속하여 거주하여 온 사람이 경신하늘뜰공원을 사용하고자 할 경우
  - 그밖에 시장이 필요하다고 인정하는 경우

경기 포천시 | 시설구분 : 자연장지

◼ **시설명 및 이용대상**
- 시설명 : 내촌공설자연장지
- 이용대상
  - 사망자가 사망 당시에 주민등록상 주소를 두고 6개월 이상 거주한 사람
  - 배우자중 1명이 관할 장사시설에 이미 안치되어 있는 상태에서 시외 거주자가 사망하여

합장을 하고자 하는 경우. 다만, 이 경우 부부 임을 증명하는 서류를 시장에게 제출하여야 한다.
- 관할 구역 안에 소재한 분묘를 개장한 유골의 경우. 다만, 사설장사시설은 제외한다.
- 시에 주소를 두고 1년 이상 계속하여 거주한 연고자(직계자녀에 한정함)가 장사시설을 사용하고자 하는 경우
- 그밖에 시장이 장사시설의 수급상 지장이 없다고 판단될 경우에는 시외 거주자에게 관내 장사시설의 사용을 허가할수 있다.

■ **사용기간 및 비용**
- 사용기간 : 30년(연장불가)
- 사용료 및 관리비
  - 1기당 40만원
  - 시외 거주자 가산 50%

■ **면제 및 감면사항**
- 면제대상
  - 「국민기초생활보장법」제7조 제1항중 제1호와 제3호에 따른 수급자
  - 「국가유공자등 예우 및 지원에 관한법률」제4조에 따른 국가유공자 및 유족
  - 무연고 행려 사망자
  - 사용료를 납부할 능력이 없다고 인정되는 사람

경기 연천군 | 시설구분 : 장례식장

■ **시설명 및 이용대상**
- 시설명 : 연천군 장례식장

■ **사용기간 및 비용**
- 장례식장 사용료
  - 분향실(특대실1일) : 325,000원
  - 분향실(특실1일) : 260,000원
  - 분향실(일반1일) : 130,000원
  - 안치실(1일) : 100,000원
  ※ 분향실 및 안치실의 사용료는 24시간을 1일로 하여 산정한다. 다만, 24시간에 미달되는 시간은 그 시간이 12시간 이상인 경우에는 1일로 산정하고, 12시간 미만인 경우에는 1시간당 요금으로 계산한다.

■ **면제 및 감면사항**
- 장례식장 사용료 면제대상
  - 「국민기초생활보장법」제5조에 따른 수급권자

- 「국가유공자등 예우 및 지원에 관한법률」제4조에 따른 국가유공자
- 그 밖에 군수 또는 수탁자가 사용료 등을 납부할 능력이 없다고 인정하는 사람

경기 가평군 | 시설구분 : 봉안시설

■ 시설명 및 이용대상
- 시설명 : 가평읍 공설묘지(봉안담, 자연장지)
- 이용대상
  - 사망자가 사망일 6개월 전부터 군에 주민등록상 주소를 두고 거주한 경우
  - 배우자 중의 1명이 군의 공설 장사시설에 이미 안치되어 있는 상태에서 관외 거주자가 사망하여 합장을 하고자 하는 경우. 이 경우, 부부임을 증명하는 서류를 군수에게 제출하여야 한다.
  - 관내에 주소를 두고 6개월 전부터 계속하여 거주한 주민의 연고자(배우자 및 직계자녀에 한함)가 장사시설을 사용하고자 하는 경우
  - 「출입국관리법」제31조에 따라 군에 체류지 신고가 된 외국인
  - 무연고 행려 사망자
  - 군에 소재한 분묘를 개장한 유골인 경우
  - 그밖에 군수가 특별히 필요하다고 인정하는 경우

■ 사용기간 및 비용
- 사용료 및 관리비
  ① 봉안담
  - 개인담 : 사용료 40만원, 관리비 10만원
  - 부부담 : 사용료 60만원, 관리비 15만원
  ② 자연장지
  - 잔디장(개인) : 사용료 20만원, 관리비 15만원
  - 잔디장(부부) : 사용료 30만원, 관리비 22만5,000원
  - 수목장(개인) : 사용료 30만원, 관리비 22만5,000원
  - 수목장(부부) : 사용료 45만원, 관리비 33만7,500원

■ 면제 및 감면사항
- 면제대상
  - 「국민기초생활보장법」제7조 제1항 제1호부터 제3호까지의 급여중 하나 이상의 급여를 받는 수급자
  - 「국가유공자등 예우 및 지원에 관한법률」제4조에 따른 국가유공자
  - 「독립유공자 예우에 관한법률」제4조에 따른 독립유공자
  - 무연고 행려 사망자

경기 양평군 | 시설구분 : 봉안시설

■ **시설명 및 이용대상**
- 시설명 : 양평군 공설봉안시설
- 이용대상
  - 사망 당시 군에 주민등록상의 주소를 두고 6월 이상 거주한 사람
  - 배우자중 1명이 관할 공설장사시설에 이미 안치되어 있는 상태에서 군외 거주자가 사망하여 합장을 하고자 하는 경우. 다만, 이 경우 부부임을 증명하는 서류를 군수에게 제출하여야 한다.
  - 관할 구역에 위치한 분묘를 개장한 유골의 경우
  - 군에 주소를 두고 12월 이상 계속하여 거주한 연고자(배우자 및 직계자녀에 한함)가 장사시설을 사용하고자 하는 경우

■ **사용기간 및 비용**
- 사용료 및 관리비
  - 1구용 : 사용료 262,500원, 관리비 112,500원
  - 2구용 : 사용료 447,000원, 관리비 128,000원

■ **면제 및 감면사항**
- 면제 및 감면대상
  - 「국민기초생활보장법」제2조에 따른 수급권자
  - 「국가유공자등 예우 및 지원에 관한법률」제4조에 따른 국가유공자
  - 법 제12조에 따른 무연고 시신 등의 처리
  - 「양평군 병역명문가 예우에 관한조례」에 따른 예우 대상자
  - 공설묘지 내 설치된 무연분묘의 봉안시설 안치

강원 춘천시 | 시설구분 : 봉안시설, 자연장지

■ **시설명 및 이용대상**
- 시설명 : 춘천시 안식공원(묘지, 봉안시설 및 자연장지)
- 이용대상
  ① 일반묘지
    - 춘천시 사망자
  ② 봉안묘
    - 춘천시 사망자
    - 춘천시 관내 분묘에서 개장하여 화장한 유골

③ 안식의 집(봉안시설)
  - 춘천시 사망자
  - 춘천시 관내에서 사망한 무연고자
  - 사망일 현재 춘천시에 외국인등록을 하고 90일 이상 계속하여 거주하다 사망한 외국인
  - 춘천시 관내 분묘에서 개장하여 화장한 유골
  - 춘천시 사망자 중 춘천시 관내 타 시설에 안치된 화장 유골
④ 잔디장지(자연장지)
  - 춘천시에 주민등록을 두고 거주하다 사망한 자
  - 춘천시 관내 분묘에서 개장하여 화장한 유골
  - 춘천시 관내 타 시설에 안치된 화장 유골
⑤ 그 밖에 시장이 필요하다고 인정하는 경우
※ "춘천시 사망자"란 사망일 현재 춘천시에 90일 이상 주민등록을 두고 계속하여 거주하다 사망한 사람(90일 이상 주민등록을 두고 계속하여 거주하던 부 또는 모의 죽은태아 또는 사산아를 포함한다)을 말한다.
⑥ 그밖에 시장이 필요하다고 인정하는 경우

▣ 사용기간 및 비용
- 사용기간
  일반묘지 및 봉안시설 : 15년(3회 연장 가능)
  - 자연장지 : 30년(연장불가)
- 사용료 및 관리비
  ① 일반묘지(30년 기준)
    - 묘지 단장 : 사용료 126만원, 관리비 751,920원
    - 묘지 합장 : 사용료 189만원, 관리비 1,124,260원
  ② 봉안묘(30년 기준)
    - 봉안묘 6기형 : 사용료 77만원, 관리비 458,000원
    - 봉안묘 12기형 : 사용료 189만원, 관리비 1,124,260원
  ③ 안식의집(30년 기준)
    - 개인 : 사용료 24만원, 관리비 46,800원
    - 부부단 : 사용료 48만원, 관리비 84,240원
  ④ 잔디장지(30년 기준)
    - 단장 : 사용료 161,560원, 관리비 52,780원
    - 합장 : 사용료 323,120원, 관리비 105,560원

▣ 면제 및 감면사항
- 사용료 전액 면제 대상(개장유골 제외)
  ① 안식의 집

- 춘천시 사망자 중 「국가유공자 등 예우 및 지원에 관한 법률」 제5조 제1항 제1호 사망자
- 「장사 등에 관한 법률」 제23조의2 제1호 또는 제2호 사망자(생계급여 또는 의료급여수급자 및 국가유공자)
- 춘천시 관내에서 발생한 무연고 사망자
- 춘천시에 외국인등록을 하고 거주하다 연고자 없이 사망한 외국인
- 공익 또는 공공의 목적으로 국가 또는 지방자치단체에서 시행하는 춘천시 관내 사업장에서 발굴되는 무연분묘의 유골

② 잔디장지
- 춘천시 사망자 중 「국가유공자 등 예우 및 지원에 관한 법률」 제5조제1항제1호 사망자
- 「장사 등에 관한 법률」 제23조의2 제1호 또는 제2호 사망자(생계급여 또는 의료급여수급자 및 국가유공자)

※ 그 밖에 시장이 필요하다고 인정하는 경우 안식공원의 사용료를 전액 면제할 수 있음

강원 원주시 | 시설구분 : 봉안시설

■ **시설명 및 이용대상**
- 시설명 : 원주시립봉안당
- 이용대상
  - 사망일 현재 시에 주민등록이 등재되어 있는 자
  - 시에 주민등록이 되어있는 사람이 시 관외에 있는 부모, 배우자 및 자녀가 사망하여 봉안하는 경우
  - 이미 안치된 사망자의 법적 배우자
  - 그밖에 시장이 필요하다고 특별히 인정하는 자

■ **사용기간 및 비용**
- 사용기간 : 15년(15년 단위로 3회 연장 가능)
- 사용료 및 관리비
  - 개인단 : 50만원
  - 부부단 : 100만원

강원 강릉시   시설구분 : 봉안시설, 자연장지

▣ **시설명 및 이용대상**
- 시설명 : 강릉시 청솔공원(묘지, 봉안시설 및 자연장지)
- 이용대상
  - 사망자나 그 배우자 및 직계존비속이 사망일 현재 주민등록상 시에 주소를 두고 6개월 이상 계속하여 거주하고 있는 사람. 다만, 시 사천면 석교리 출신자는 등록기준지를 포함한다.
  - 공설장사시설 합장분묘에 매장되어 있거나 봉안당(합장), 자연장(합장)에 안치된 사람의 법적배우자. 다만, 배우자가 다수인 경우에는 선순위 배우자로 하며 망인의 유언이나 그 직계존비속의 합장합의서에 의한 배우자
  - 가족봉안시설에 최초 안치된 사람의 가족
  - 시에서 시행하는 사업장에서 발생하는 유연 개장유골. 다만, 무연 개장유골은 화장하여 봉안당 무연시설에 안치한다.
  - 분묘 소재지가 강릉시 관내인 개장 유골

▣ **사용기간 및 비용**
- 사용기간
  - 매장분묘 : 30년(15년 1회 연장)
  - 자연장지 : 30년
  - 봉안시설 : 15년(15년 단위 계속 연장 가능)
- 사용료 및 관리비
  ① 매장분묘
  - 단장 : 사용료 573,000원, 관리비 528,000원
  - 합장 : 사용료 841,000원, 관리비 792,000원
  - 가족봉안묘(당) : 사용료 841,000원, 관리비 396,000원
  ② 봉안당
  - 단장 : 사용료 291,000원, 관리비 110,000원
  - 합장 : 사용료 853,000원, 관리비 220,000원
  - 무연 : 사용료 194,000원, 관리비 73,000원
  ③ 자연장지
  - 단장 : 사용료 90,000원, 관리비 96,000원
  - 합장 : 사용료 180,000원, 관리비 120,000원

▣ **면제 및 감면사항**
- 감면대상(봉안당(단장) 및 자연장지(단장)에 한함
  - 「국가유공자등 예우 및 지원에 관한 법률」제4조에 따른 국가유공자
  - 국민기초생활보장법 제7조 제1호 및 제3호에 따른 생계급여·의료급여 수급자

- 무연고 행려 사망자
- 시 명예시민증을 수여받은 사람
- 제7조 제4호 단서에 따른 무연개장 유골
- 「강릉시의사상자등 예우및 지원에 관한 조례」에 따른 의사상자

강원 동해시 | 시설구분 : 봉안시설, 자연장지

■ **시설명 및 이용대상**
- 시설명 : 동해시 하늘정원(묘지,봉안시설 및 자연장지)
- 이용대상
    - 사망자나 그 배우자 및 직계존·비속이 사망일 현재 동해시에 주소를 두고 6개월 이상 계속하여 거주하고 있는 사람. 다만, 2007년 이전 사망자를 신규로 묘지 또는 봉안묘에 개장하는 경우에는 제외한다.
    - 동해시 관내에서 사망한 외국인 및 무연고 행려자를 봉안당에 안치할 경우
    - 타지역에서 사망하였으나 시공설묘지에 가족(배우자,직계존·비속)이 매장되어 있는 사람을 부부합장 또는 봉안시설이나 자연장지에 안치할 경우
    - 공공의 목적으로 국가 및 지방자치단체가 시행하는 시 관내 사업장의 분묘에서 발굴된 유골을 화장하여 봉안당에 안치할 경우
    - 시지역에 매장된 유골을 화장하여 봉안시설 또는 자연장지에 안치할 경우

■ **사용기간 및 비용**
- 사용기간 : 15년(15년 단위로 2회 연장 가능)
- 사용료 및 관리비
    ① 묘지
    - 단장 : 사용료 66만원, 관리비 24만원, 석물비 938,000원
    - 합장 : 사용료 96만원, 관리비 36만원, 석물비 106만원
    - 매장비 : 하절기 36만원, 동절기 40만원
    ② 봉안당
    - 단장 : 사용료 13만원, 관리비 6만원
    - 합장 : 사용료 26만원, 관리비 12만원
    ③ 자연장
    - 단장 : 사용료 14만원, 관리비 5만원, 매장비 5만원, 석물비 17만원
    - 합장 : 사용료 18만원, 관리비 7만원, 매장비 5만원, 석물비 22만원
    ※자손비(조각), 화병 별도

- ▣ 면제 및 감면사항
  - 사용료 면제 대상(봉안당)
    - -「국가보훈기본법」에 따른 희생·공헌자
    - -「국민기초생활보장법」제7조 제1항 제1호 및 제3호에 따른 생계급여·의료급여 수급자
    - 무연고 행려 사망자
    - 단봉동 벽오마을에 1년 이상 주민등록을 두고 거주하는 주민이 사망한 경우

강원 태백시 | 시설구분 : 봉안시설, 자연장지

- ▣ 시설명 및 이용대상
  - 시설명 : 태백공원묘원추모관(봉안시설), 자연장지
  - 이용대상
    - 사망일 기준 6개월 이전부터 계속하여 주민등록 또는 등록기준지가 시로 되어 있는 자
    - 부부중 1명이 사망일 기준 6개월 이전부터 계속하여 주민등록 또는 등록기준지가 시로 되어있는 경우
    - 부부중 1명이 시립 장사시설에 매장 또는 봉안, 자연장 상태에서 관외 거주 배우자가 사망하여 합장하거나 추모관 부부단 또는 자연장지 부부장지에 합장하고자 하는 경우
    - 시에서 사망한 외국인 및 무연고 사망자
    - 공공의 목적으로 국가 및 지방자치단체가 시행하는 사업장의 분묘에서 발생하는 개장유골은 매장 또는 납골할수 있으며 무연개장 유골은 화장하여 추모관 무연고시설에 안치하는 경우
    - 그밖에 시장이 필요하다고 인정하는 경우

- ▣ 사용기간 및 비용
  - 사용기간 : 30년(1회 연장 가능)
  - 사용료 및 관리비
    ① 추모관(봉안시설)
    - 개인단 : 관내 113,000원, 관외 60만원
    - 부부단 : 관내 50만원, 관외 100만원
    ② 자연장지
    - 개인장지 사용료 : 관내 30만원, 관외 100만원
    - 개인자지 관리비 : 18만원
    - 부부장지 사용료 : 관내 60만원, 관외 200만원
    - 부부장지 관리비 : 36만원
    ※ 관내 기준

- 사망자의 경우 사망일 기준 6개월 이전부터 계속하여 주민등록 또는 등록기준지가 시로 되어있는 자
- 부부중 1명이 시립장사시설에 매장 또는 봉안·자연장 상태에서 관외 거주 배우자가 사망하여 합장하거나 추모관 부부단 또는 자연장지 부부장지에 합장하고자 하는 경우
- 죽은 태아의 경우 사산일 현재 산모가 시에 주민등록을 둔 사람
- 개장유골의 경우 개장신고일 현재 기존분묘의 소재지가 시일 경우
- 무연고 사망자 및 무연분묘의 경우 시체발견 장소와 분묘 소재지가 시일 경우
- 「재한외국인처우기본법」제2조에 따른 결혼 이민자 중 배우자의 주민등록 또는 등록기준지가 시로 되어있고 사망 당시 혼인관계에 있는 결혼 이민자

■ 면제 및 감면사항
- 면제 대상
  - 사망일 현재 주민등록 또는 등록기준지가 시로 되어 있는 자 중 「국가유공자등예우 및 지원에 관한법률」제4조 제1항 제1호부터 제4호까지에 따른 국가유공자
  - 사망일 현재 주민등록 또는 등록기준지가 시로 되어 있는 자중 「태백시병역명문가 예우에 관한조례」에 따른 병역명문가등록자〈신설2015.8.7.〉
  - 사망일 현재 주민등록 또는 등록기준지가 시로 되어 있는 자 중 「국민기초생활보장법」에 따른 수급자
  - 사망일 현재 주민등록지가 시로 되어있는 자 중 「태백시 장기등 기증 장려에 관한 조례」에 따른 장기기증자
  - 시장이 인정하는 무연고 행려 사망자
  - 시장이 천재 지변 및 그밖의 특별한 사정이 있다고 인정하는 자

강원 속초시 | 시설구분 : 봉안시설

■ 시설명 및 이용대상
- 시설명 : 속초시추모의집(봉안시설)
- 이용대상
  - 사망자의 경우 사망일 기준 6개월 이전부터 계속하여 시에 주민등록이 등재되어 있는 자로서 승화원에서 화장한 경우는 관내 거주자로 본다.
  - 사산아의 경우 사산일 기준 산모가 6개월 이전부터 계속하여 시에 주민등록이 등재되어 있는 자로서 승화원에서 화장한 경우는 관내 거주자로 본다.
  - 시지역에서 발견된 무연고 사망자 시신으로서 승화원에서 화장한 경우는 관내 거주자로 본다.
  - 공공의 목적으로 시가 시행하는 시 관내사업장의 분묘에서 발굴된 유골을 승화원에서 화장한 경우는 관내 거주자로 본다.

- ▣ 사용기간 및 비용
  - 사용기간 : 15년(15년 단위로 2회 연장가능)
  - 사용료 및 관리비
    - 개인단 : 관내 20만원, 관외 60만원
    - 부부단 : 관내 30만원, 관외 90만원
- ▣ 면제 및 감면사항
  - 감면대상
    - 「국민기초생활보장법」제7조 제1항 제1호에 따른 생계급여 수급자 또는 같은항 제3호에 따른 의료급여 수급자
    - 「국가보훈기본법」에 따른 희생·공헌자
    - 무연고 행려 사망자
    - 노학동 32통(이목리)에 주민등록이 등재되어 있는 사망자
    - 그밖에 시장이 필요하다고 인정하는 자
    ※ 관내 거주자는 50%, 관외 거주자는 20% 감면

강원 삼척시 | 시설구분 : 봉안시설, 자연장지

- ▣ 시설명 및 이용대상
  - 시설명 및 위치
    - 삼척시추모공원(자연장지) : 삼척시 남부로 4540(등봉동)
    - 삼척시공설봉안당 : 삼척시 남부로 4541(등봉동)
  - 이용대상
    - 시추모공원에 매장된 유골을 수거하여 안치할 경우
    - 추모공원 사용자의 자격을 갖춘 사람이 시체를 화장하여 봉안시설 또는 자연장지에 안치할 경우
    - 공공의 목적으로 국가 및 지방자치단체가 시행하는 시관내사업장의 분묘에서 발굴된 유골을 화장하여 봉안할 경우
    - 시 관내에서 사망한 외국인 및 무연고 행려 사망자를 봉안할 경우
    - 추모공원 사용자의 자격을 갖춘 사람이 관내 및 타지역에서 개장 또는 화장하여 직계존속과 직계비속의 유골을 봉안시설 또는 자연장지에 안치할 경우
    - 그밖에 시장이 필요하다고 인정하는 경우
- ▣ 사용기간 및 비용
  - 사용기간 : 30년(1회에 한하여 30년 연장 가능)
  - 사용료 및 관리비

- ① 봉안당
  - 단장 : 사용료 236,000원, 관리비 10만원
  - 합장 : 사용료 472,000원, 관리비 12만원
- ② 자연장
  - 단장 : 사용료 13만원, 관리비 10만원, 매장비 5만원
  - 합장 : 사용료 17만원, 관리비 12만원, 매장비 5만원

■ 면제 및 감면사항
- 면제대상
  - 「국민기초생활보장법」제7조 제1항 제1호 및 제3호에 따른 생계급여·의료급여 수급자
  - 「국가보훈기본법」에 따른 희생·공헌자
  - 그 밖에 사용료 등을 납부할 능력이 없다고 인정되는 자

강원 홍천군 | 시설구분 : 봉안시설

■ 시설명 및 이용대상
- 시설명 : 홍천군 공설묘원(묘지, 봉안시설)
- 이용대상
  - 사망일 현재 홍천군에 1년 이상 주민등록이 등재되어 거주하는 자
  - 등록기준지를 군에 두고 사망한자
  - 군에 외국인 등록을 하고 거주하고 있는 외국인
  - 공공의 목적으로 군이 시행하는 군 관내사업장의 분묘에서 발굴된 유골을 보관할 경우
  - 군에서 발생한 무연고 행려 사망자
  - 기매장 및 봉안된 사망자의 배우자
  - 기타 홍천군수가 필요하다고 인정하는 경우

■ 사용기간 및 비용
- 사용기간 : 15년(15년 단위로 3회 연장 가능, 무연고유골 : 10년)
- 사용료 및 관리비
  - 분묘 단장 : 사용료 75만원, 관리비 375,000원
  - 분묘 합장 : 사용료 100만원, 관리비 50만원
  - 봉안묘 단장 : 사용료 25만원, 관리비 125,000원
  - 봉안묘 합장 : 사용료 35만원, 관리비 18만원
  - 봉안당 개인단 : 사용료 20만원, 관리비 10만원
  - 봉안단 부부단 : 사용료 40만원, 관리비 20만원

■ 면제 및 감면사항

- 감면대상
  - 「국가유공자등 예우 및 지원에 관한 법률」제4조에 따른 국가유공자. 다만, 합장묘의 경우 배우자 포함
  - 국민기초생활보장 수급자 가운데 의료급여 1종 대상자와 시설 수급자
  - 무연고 행려 사망자
  - 기타 군수가 필요하다고 인정하는 자

강원 홍천군 | 시설구분 : 장례식장

■ 시설명 및 이용대상
- 시설명 및 위치
  - 홍천군 장례식장 : 홍천군 홍천읍 느리울길 70
  - 서석장례식장 : 홍천군 서석면 풍암길 2길30

■ 사용기간 및 비용
- 장례식장 사용료
  ① 빈소
  가. 홍천군 장례식장
  - 빈소(1,2,5호실 1일 기준) : 관내 7만원, 관외 15만원
  - 빈소(3~4호실 1일 기준) : 관내 5만원, 관외 11만원
  나. 서석장례식장
  - 빈소(1일 기준) : 관내 10만원, 관외 20만원
  ③ 안치실(1일 기준) : 관내 2만원, 관외 4만원
  ④ 염습실(1회) : 관내 3만원, 관외 6만원
  ⑤ 영결식장(1시간 기준) : 관내 2만원, 관외 4만원
  ※ 비고 : 빈소 및 안치실의 사용료는 안치 일시를 기준으로 24시간을 1일로 산정한다. 다만, 24시간 미만인 경우에는 시간단위로 산정한다.

■ 면제 및 감면사항
- 장례식장 사용료 면제 대상(빈소,안치실,염습실 및 영결식장의 사용료)
  - 「국민기초생활보장법」제7조 제1항 제1호 및 제3호에 따른 수급자중 사망일 30일 전부터 관내에 주민등록을 두고 계속하여 거주한 경우
  - 「국가유공자등 예우 및 지원에 관한 법률」제4조에 따른 국가유공자중 사망일 30일 전부터 관내에 주민등록을 두고 계속하여 거주한 경우
  - 「참전유공자 예우에 관한 법률」제2조에 따른 참전유공자중 사망일 현재 관내에 주민등록을 두고 30일 이상 계속하여 거주한 경우
  - 무연고 행려 사망자 및 군수가 공익상 필요하다고 인정하는 경우

강원 횡성군 | 시설구분 : 봉안시설

◼ **시설명 및 이용대상**
- 시설명 : 횡성군 공설묘지, 횡성군 추모관(봉안시설)
  ① 공설묘지
  - 사망자의 거주지가 횡성군인 자의 직계존·비속
  - 사망자의 등록기준지(종전의 「호적법」(법률 제8435호로 폐지되기 전의 것을 말한다)에 따른 본적이 횡성군이었던 사람이 횡성군이며 그 직계존·비속으로서 횡성군에 거주하고 있는 사람
  - 공공의 목적으로 국가 또는 지방자치단체가 시행하는 횡성군 관내 사업장내의 유연분묘에 매장된 시체 또는 유골의 개장을 하고자 하는 사람
  - 기타 군수가 필요하다고 인정하는 사람
  ② 공설묘지 내 봉안묘역
  - 사망자의 거주지가 횡성군이거나 등록기준지(종전의 「호적법」(법률 제8435호로 폐지되기 전의 것을 말한다)에 따른 본적이 횡성군이었던 사람이 횡성군에 둔 자의 직계존·비속
  - 공공의 목적으로 국가 또는 지방자치단체가 시행하는 횡성군 관내 사업장내의 유연분묘에 매장된 시체 또는 유골의 개장을 하고자 하는사람
  ③ 봉안당
  - 사망자나 그 직계 존·비속이 횡성군에 주소를 둔 자
  - 횡성군공설묘지 또는 봉안당에 직계 존·비속이 매장 또는 봉안되어 있는 자
  - 횡성군에서 시행하는 사업장 개장유골의 납골을 원하는 자
  - 기타 군수가 필요하다고 인정하는 자

◼ **사용기간 및 비용**
- 사용기간 : 15년(15년 단위로 3회 연장 가능)
- 사용료 및 관리비
  ① 공설묘지
  - 단장(2평) : 사용료 246,240원, 관리비 240,000원
  - 합장(3평) : 사용료 361,140원, 관리비 360,000원
  - 매장비 70만원, 식당사용 219,650원, 석물비 110만원(단, 동절기는 매장비에 15만원을 추가하며 2구 동시 합장시 매장비는 80만원으로 함)
  ② 봉안당
  - 개인단 : 15만원
  - 가족단 : 30만원

◼ **면제 및 감면사항**
- 사용료 감면 대상
  ① 공설묘지

- 생활보호법 제3조의 규정에 의한 거택 및 시설보호대상자
- 국가유공자등 예우 및 지원에관한법률 제4조의 규정에 의한 국가유공자 또는 그 유족
- 기타 군수가 필요하다고 인정하는 자
② 공설봉안당
- 국민기초생활보장 수급권자
- 국가유공자등예우및지원에관한법률 제4조의 규정에 따른 국가유공자
- 무연고 행려 사망자

강원 평창군 | 시설구분 : 봉안시설

■ **시설명 및 이용대상**
- 시설명 : 평창군 공설봉안담, 공설봉안당
- 이용대상
    - 평창군에 주소를 두고 사망한 자 또는 평창군에 주소를 두고 거주하는 사람의 연고자 (다만, 연고자의 범위는 직계존비속에 한함)로 사망한자
    - 타 지역에서 사망하였으나 평창군 공설묘지에 가족(직계존비속)이 매장되어 있는 자
    - 평창군 관내에서 사망한 외국인 및 무연고 행려 사망자
    - 사망하여 봉안시설에 안치되는 자의 배우자 유골을 화장하여 동시에 안치하는 경우
    - 사망하여 봉안시설에 안치되는 자의 70세 이상된 배우자가 인접한 봉안시설을 사전에 임대하는 경우
    - 군 관할구역 안에 소재한 분묘를 개장하여 봉안시설에 안치하는 경우
    - 군 관할구역 안에 소재한 분묘를 개장하여 봉안시설에 안치하는 경우에는 연고자가 주민등록상 평창군에 거주하는 자
    - 그밖에 군수가 필요하다고 인정하는 자(토지기부채납자 등)

■ **사용기간 및 비용**
- 사용기간 : 30년(1회 연장 가능)
- 사용료
    - 봉안담 1구당 : 40만원
    - 봉안당 1구당 : 60만원

■ **면제 및 감면사항**
- 감면대상
    - 「국민기초생활보장법」제5조 규정에 의한 수급자 및 시설보호 대상자
    - 「국가유공자등 예우 및 지원에 관한법률」제4조의 규정에 의한 국가유공자
    - 무연고 행려 사망자
    - 사용료 등을 납부할 능력이 없다고 인정되는 자

강원 평창군 | 시설구분 : 장례식장

◼ **시설명 및 이용대상**
- 시설명 및 위치
  - 평창장례식장 : 평창군 평창읍 종부로 61
  - 진부장례식장 : 평창군 진부면 오대천로 1958-21

◼ **사용기간 및 비용**
- 장례식장 사용료(평창장례식장, 진부장례식장 동일)
  - 분향실(1일) : 32,000원
  - 접객실(1일) : 96,000원
  - 안치실(1일) : 32,000원
  - 염습료(1회) : 80,000원
  ※ 장례식장 시설 사용시간은 오전 12시부터 다음날 오전 12시까지를 1일로 계산한다.

◼ **면제 및 감면사항**
- 면제대상
  - 「국민기초생활보장법」제5조에 따른 수급권자
  - 행려자
  - 그밖에 군수가 공익상 필요하다고 인정하는 사람
- 감면대상(50%)
  - 「국가유공자등 예우 및 지원에 관한 법률」제4조에 따른 국가유공자
  - 「참전유공자 예우 및 단체설립에 관한 법률」제2조에 따른 참전유공자

강원 정선군 | 시설구분 : 봉안시설

◼ **시설명 및 이용대상**
- 시설명 : 정선군 하늘원(봉안시설)
- 이용대상
  - 6개월 이전부터 군에 주소를 가진 사람
  - 30년 이상 군에 주소가 되어 있던 사람
  - 군 관내에서 발생하는 유·무연 분묘의 유골
  - 정선하늘공원 봉안시설 및 정선하늘터시설 사용은 수급에 지장이 없는 경우에 한하여 군에 주소를 가진 사람이 아닌 경우와 외국인에 대하여도 사용을 허가할수 있다.
  - 공설 봉안시설에 대하여는 사망자의 배우자 및 직계존·비속이 사망일 현재 군에 주소를 두고 6개월 이상 계속하여 거주하는 경우 군민으로 본다.

- 관외 묘지에서 개장된 유골중 사망 당시 관내에 거주한 사실을 입증하는 경우 봉안묘 및 봉안당에 안치하여 사용할수 있다.

▣ **사용기간 및 비용**
- 사용기간 : 15년(15년 단위로 3회 연장 가능)
- 사용료
  - 개인단 : 정선군민 30만원, 기타 지역주민 100만원
  - 부부단 : 정선군민 50만원, 기타 지역주민 150만원

▣ **면제 및 감면사항**
- 면제대상(관내자)
  - 「국민기초생활보장법」제7조 제1항 제1호에 따른 생계급여 수급자 또는 제7조 제1항 제3호에 따른 의료급여 수급자
  - 「국가보훈기본법」에 따른 희생 · 공헌자
  - 「국가유공자등 예우 및 지원에 관한법률」제4조에 따른 당사자의 배우자
  - 군 관내에서 발생한 무연고 행려 사망자
  - 그밖에 군수가 필요하다고 인정하는 사람
- 감면대상(50%, 관외자)
  - 「국민기초생활보장법」제7조 제1항 제1호에 따른 생계급여 수급자 또는 제7조 제1항 제3호에 따른 의료급여 수급자
  - 「국가보훈기본법」에 따른 희생 · 공헌자

강원 화천군   시설구분 : 봉안시설, 자연장지

▣ **시설명 및 이용대상**
- 시설명 : 화천군 공원묘원(봉안시설 및 자연장지)
- 이용대상
  - 사망자가 사망일 현재 화천군에 6개월 이상 주민등록 또는 등록기준지를 두고 거주하였던 자
  - 사용자가 사망일 현재 화친군에 1년 이상 주민등록을 두고 거주하면서 직계존비속이 사망한 경우
  - 합장묘지에 매장되어 있을 경우 매장된 자의 배우자
  - 화천군 관내에서 사망한 무연고 행려자
  - 공공사업 시행으로 인한 개장유골을 매장 또는 봉안할 경우
  - 기타 군수가 필요하다고 인정하는 자
  ※ 봉안시설에 대하여는 제1항의 규정 외에 사망일 현재 화천군에 주민등록 또는 등록기준지를 두거나, 화천군 관내에 위치한 개장 유골을 봉안하는 경우를 포함

■ **사용기간 및 비용**
- 사용기간 : 30년(1회에 한하여 30년 연장 가능)
- 사용료 및 관리비
  ① 봉안시설
    - 가족봉안묘 : 3,389,000원
    - 봉안당 : 50만원
  ② 자연장지
    - 172,000원

■ **면제 및 감면사항**
- 감면대상
  - 「국가유공자등 예우 및 지원에 관한법률」제4조의 규정에 의한 국가유공자
  - 국민기초생활보장 수급자
  - 무연고 행려 사망자
  - 그밖에 군수가 필요하다고 인정하는 자

강원 화천군 | 시설구분 : 장례식장

■ **시설명 및 이용대상**
- 시설명 : 화천군 공설장례식장

■ **사용기간 및 비용**
- 장례식장사용료
  - 빈소1실(1일)관내 5만원, 관외 10만원
  - 안치실 1구(1일)관내 5만원, 관외 10만원
  - 염습실 1구 관내 4만원, 관외 4만원
  ※ 빈소 및 안치실의 사용시간은 안치일시부터 발인일시까지로 산정한다.
  ※ 1일이라 함은 오전 12시부터 다음날 오전 12시까지를 말한다.
  ※ 1일 24시간에 미달하는 경우 시간할 계산하고, 60분 미만은 절사하며, 산출된 사용료의 백원 미만은 절사한다.

■ **면제 및 감면사항**
- 장례식장 사용료 면제
  - 대상(빈소, 접객실, 안치실, 염습실의 사용료 전부를 감면)
  - 「국민기초생활보장법」제5조에 따른 수급권자중 사망일 30일전부터 관내에 주민등록을 두고 계속하여 거주한 경우
  - 「국가유공자등 예우 및 지원에 관한법률」제4조에 따른 국가유공자중 사망일 30일전부터

관내에 주민등록을 두고 계속하여 거주한 경우
- 무연고 행려 사망자 및 군수가 공익상 필요하다고 인정하는 경우

강원 양구군 | 시설구분 : 봉안시설, 자연장지

◨ 시설명 및 이용대상
- 시설명 : 양구봉안공원(봉안담 및 자연장지)

◨ 사용기간 및 비용
- 사용기간
  - 봉안담 : 15년(15년 단위로 연장)
  - 자연장지 : 15년(15년 단위로 1회 연장 가능)
- 사용료 및 관리비
  ① 봉안담
  - 봉안담(개인) : 사용료 관내 547,840원, 사용료 관외 912,480원, 관리비 105,000원
  - 봉안담(부부) : 사용료 관내 824,460원, 사용료 관외 1,374,110원, 관리비 150,000원
  - 봉안담(가족,법인,단체 등) : 부부 1기당 사용료 관내 783,230원, 관외 1,305,400원, 관리비 150,000원
  ② 자연장지
  - 개인1기 : 사용료 관내 174,500원, 사 용료 관외 349,000원, 관리비 75,000원

◨ 면제 및 감면사항
- 감면대상
  - 「국민기초생활보장법」제5조의 규정에 의한 수급자중 사망시까지 관내에 주민등록을 두고 거주한 사실이 있는 경우 50% 감면
  - 「국가유공자등 예우및 지원에 관한법률」제4조의 규정에 의한 국가유공자중 사망시까지 관내에 주민등록을 두고 거주한 사실이 있는 경우 50% 감면
  - 「참전유공자 예우에 관한법률」제2조의 규정에 의한 참전유공자중 사망시까지 관내에 주민등록을 두고 거주한 사실이 있는 경우 50% 감면
  - 그밖의 행려 사망자, 수사기관으로부터 요청 등 군수가 필요하다고 인정할 때

강원 인제군 | 시설구분 : 봉안시설

▣ 시설명 및 이용대상
- 시설명 : 하늘내린보금자리(가족봉안당),
  하늘내린휴(休)공원(옥외벽식봉안당)
- 이용대상
  - 사망일 현재 관내에 주민등록이 되어 있는 사람, 또는 관내에 본적을 가지고 있는 관외 거주자
  - 군 관할구역 안에서 사망한 외국인 및 무연고 사체
  - 군 관할구역 안에 소재한 분묘의 개장에 의한 유골
  - 군 관할구역 외의 거주자

▣ 사용기간 및 비용
- 사용기간 : 15년(15년 단위로 3회 연장 가능)
- 사용료 및 관리비
  - 가족봉안당(8기) : 사용료 800만원, 관리비 300만원
  - 가족봉안당(12기) : 사용료 120만원, 관리비 300만원
  - 옥외벽식 봉안당(개인단) : 관내사용료 20만원, 관리비 10만원, 관외사용료 70만원, 관리비 30만원
  - 옥외벽식 봉안단(부부단) : 관내 사용료 40만원, 관리비 20만원, 관외 사용료 140만원, 관리비 60만원

▣ 면제 및 감면사항
- 면제대상(관내거주자)
  - 「국민기초생활보장법」제2조 제2호에 따른 수급자
  - 「국가유공자등 예우 및 지원에 관한법률」제4조에 따른 국가유공자
- 관내거주자감면대상(50%)
  - 「국민기초생활보장법」제2조 제10호에 따른 관내 차상위 계층
  - 공설장사시설이 설치된 지역으로 군수가 정한 지역 주민(사망일 현재 남면 남전1리에 주민등록이 등재된 주민)
- 관외 이용자 감면 대상(50%)
  - 군에 5년 이상 주소를 두고 거주하고 있는 사람의 관외 거주중 사망한 배우자 및 직계존비속

강원 고성군 | 시설구분 : 봉안시설

■ **시설명 및 이용대상**
- 시설명 : 고성군추모의집(봉안시설)
- 이용대상 : 제한없음

■ **사용기간 및 비용**
- 사용기간 : 15년(15년 단위로 3회 연장 가능)
- 사용료 및 관리비(15년)
  - 개인 관내 : 사용료 16만원, 관리비 8만원
  - 개인 관외 : 사용료 32만원, 관리비 8만원
  - 부부 관내 : 사용료 32만원, 관리비 16만원
  - 부부 관외 : 사용료 64만원, 관리비 16만원

■ **면제 및 감면사항**
- 면제 및 감면 대상
  - 국민기초생활보장법에 따른 수급자, 국가유공자 : 사용료 면제
  - 무연고 행려 사망자 : 사용료 면제
  - 그밖에 군수가 필요하다고 인정하는 자 : 사용료 면제
  - 「고성군자원봉사활동지원조례」제25조 제1항에 따라 자원봉사 활동 누적시간이 1,000시간 이상인 자에게는 사용료의 10%를 감면

강원 양양군 | 시설구분 : 봉안시설

■ **시설명 및 이용대상**
- 시설명 : 양양군 봉안당
- 이용대상 : 제한없음

■ **사용기간 및 비용**
- 사용기간 : 15년(15년 단위로 3회 연장 가능)
- 사용료 및 관리비
  - 개인단 관내 : 사용료 16만원, 관리비 8만원
  - 개인단 관외 : 사용료 32만원, 관리비 8만원
  - 부부단 관내 : 사용료 32만원, 관리비 16만원
  - 부부단 관외 : 사용료 64만원, 관리비 16만원

■ 면제 및 감면사항
- 면제 및 감면 대상
  - 국민기초생활보장수급자, 독립유공자·국가유공자 또는 그 유족
  - 무연고 행려 사망자
  - 기타 군수가 사용료 등을 납부할 능력이 없다고 인정하는 사람

충북 청주시 | 시설구분 : 봉안시설, 자연장지

■ 시설명 및 이용대상
- 시설명 : 청주시 목련공원, 매화공원, 장미공원(봉안당,자연장지)
- 이용대상
  - 봉안당은 사망일 현재 기준 30일 이상 시에 주민등록이 되어 있는 자
  - 자연장지는 사망일 현재 기준 시에 주민등록이 되어 있는 자
  - 사망일(개장유골은 신청일) 현재 기준 1년 이상 시에 주민등록이 되어 있는 자의 가족과 공원 묘지에 이미 안치된 자의 가족
  - 시 관할 구역 안에서 발생하는 유연·무연 분묘의유골

■ 사용기간 및 비용
- 사용기간
  - 봉안당 : 15년(15년 단위로 2회 연장 가능)
  - 자연장지 : 45년
- 사용료 및 관리비
  ① 봉안당(목련당)
    - 개인단 30만원, 부부단 50만원
  ② 봉안당(매화원, 장미원)
    - 개인단 20만원, 부부단 40만원
  ③ 자연장지
    - 개인단 39만원, 부부단 78만원
    - 가족8구 312만원, 가족 10구 390만원

■ 면제 및 감면사항
- 면제 대상(전액)
  - 「국민기초생활보장법」제7조 제1항 제1호에 따른 생계급여 수급자 또는 같은법 제7조 제1항 제3호에 따른 의료급여 수급자
  - 「국가유공자등 예우 및 지원에 관한법률」제4조 제1항에 따른 국가유공자

- 무연고 행려 사망자
- 사회복지시설 수용자중 무연고자
- 시장이 시행하는 사업장에서 발생하는 무연분묘
- 시에 주소를 둔 장기기증자
- 시에 주소를 둔 의료기관 및 교육기관의 연구용 시신
- 「청주시 의사상자 등 예우 및 지원에 관한 조례」에 따른 의사상자
• 감면대상(50%)
- 전액감면 대상자 외의 수급자(시외에 주소를 둔 자를 포함한다)
- 시 외 주소를 둔 「국가유공자등 예우 및 지원에관한법률」 제4조 제1항에 따른 국가유공자

충북 청주시 | 시설구분 : 장례식장

■ 시설명 및 이용대상
• 시설명 : 청주시 장례식장

■ 사용기간 및 비용
• 장례식장 사용료
- 빈소(238㎡,1일) : 청주시민 30만원, 기타 지역 50만원
- 빈소(112㎡,1일) : 청주시민 15만원, 기타 지역 30만원
- 안치실(1실,1일) : 청주시민 3만원, 기타 지역 5만원
- 염습실(1회) : 5만원

■ 면제 및 감면사항
• 장례식장 사용료 면제 대상(전액)
- 시에 주소를 둔 「국민기초생활보장법」 제7조 제1항 제1호에 따른 생계급여 수급자 또는 같은법 제7조 제1항 제3호에 따른 의료급여 수급자
- 시에 주소를 둔 「국가유공자등 예우 및 지원에 관한법률」 제4조 제1항에 따른 국가유공자
- 무연고 행려 사망자
- 사회복지시설 수용자중 무연고자
- 시장이 시행하는 사업장에서 발생하는 무연분묘
- 시에 주소를 둔 장기기증자
- 시에 주소를 둔 의료기관 및 교육기관의 연구용 시신
• 장례식장 사용료 감면 대상(50%)
- 전액감면 대상자 외의 수급자(시 외에 주소를 둔 자를 포함한다)
- 시외 주소를 둔 「국가유공자등 예우 및 지원에 관한법률」 제4조 제1항에 따른 국가유공자

충북 충주시 | 시설구분 : 봉안시설

▣ 시설명 및 이용대상
- 시설명 : 충주시 천상원(봉안시설)
- 이용대상
  - 관내 거주자가 사망하였을 때
  - 공익 또는 공공의 목적으로 국가 또는 지방자치단체에서 시행하는 시 관내에 위치하고 있는 사업장 내의 분묘에서 발굴된 유골을 안치할 때
  - 부부중 1명이 부부단에 안치되어 있는 경우 그 배우자의 유골을 안치할 때. 단,이 경우 부부임을 증명하는 서류를 시장에게 제출하여야 한다.
  - 시에 주소를 둔 외국인이 사망하였을 때
  - 관외 장사시설에 안치되었던 관내 거주자를 안치할 때
  - 그밖에 장사시설의 수급계획을 분석한 결과 관내 거주자의 이용에 지장을 초래하지 않는다고 시장이 판단하는 경우

▣ 사용기간 및 비용
- 사용기간 : 15년(15년 단위로 3회 연장 가능)
- 사용료 및 관리비
  - 개인단(충주시) : 사용료 20만원, 관리비 10만원
  - 개인단(타시군) : 사용료 60만원, 관리비 30만원
  - 부부단(충주시) : 사용료 40만원, 관리비 10만원
  - 부부단(타시군) : 사용료 120만원, 관리비 30만원

▣ 면제 및 감면사항
- 면제대상(전액)
  - 시가 공익 또는 공공의 목적으로 시행하는 사업장 내의 무연분묘에서 발굴되는 유골
  - 무연고 행려 사망자
  - 그 밖에 시장이 전액 감면의 필요성이 있다고 인정하는 자
- 감면대상(50%)
  - 「국민기초생활 보장법」 제7조 제1항 제1호 및 제3호에 따른 생계·의료급여 수급자
  - 「국가유공자 등 예우 및 지원에 관한 법률」에 따른 국가유공자
  - 「장기등 이식에 관한 법률」에 띠른 장기 등 기증자
  - 「충주시 의사상자 등 예우 및 지원에 관한 조례」에 따른 의사자 또는 의상자

충북 제천시   시설구분 : 봉안시설, 자연장지

◾ 시설명 및 이용대상
- 시설명 : 제천시 영원한쉼터(봉안당 및 자연장지)
- 이용대상
    - 사망일 현재 시에 6개월 이상 주민등록이 등재되어 있는 사람
    - 시에 6개월 이상 주민등록이 등재되어 있는 사람의 부모, 배우자, 자녀
    - 이미 안치되어 있는 사망자의 배우자
    - 시 관내 거주 외국인

◾ 사용기간 및 비용
- 사용기간
    - 봉안당 : 15년(15년 단위로 3회 연장 가능)
    - 자연장지 : 개인단 40년, 부부단 50년(연장 불가)
    ※ 부부단의 사용기간은 부부 중 선(先) 안장된 날부터 50년으로 한다.
- 사용료 및 관리비
    ① 봉안당
    - 개인단 : 제천시 관내 16만원, 충북도 관내 및 중부내륙 중심권 행정협력 시군 36만원, 충북도 관외 46만원
    - 부부단 : 제천시 관내 32만원, 충북도 관내 및 중부내륙중심권 행정협력 시군 72만원, 충북도 관외 92만원
    ② 자연장지
    - 개인단 : 제천시 관내 50만원, 충북도 관내 및 중부내륙중심권 행정협력 시군 80만원, 충북도 관외 100만원
    - 부부단 : 제천시 관내 100만원, 충북도 관내 및 중부내륙중심권 행정협력 시군 160만원, 충북도 관외 200만원
    ※ 중부내륙중심권 행정협력 시·군 : 단양군, 영월군, 평창군, 영주시, 봉화군

◾ 면제 및 감면사항
- 면제대상
    - 사망일 현재 기준 1년 이상 송학면 포전리로 주민등록이 되어 있는 사람인 경우에는 사용료를 전액 면제할수 있다.

충북 옥천군 | 시설구분 : 봉안시설

■ **시설명 및 이용대상**
- 시설명 : 옥천군 공설봉안당 선화원
- 이용대상
  - 사망자가 사망일 당시 군내에 주민등록상 주소를 두고 거주한 사람(다만, 사망일 당시 군 외의 지역에 매장하였던 경우에는 그러하지 아니한다)
  - 기존 안치자가 있는 상태에서 군 외의 지역에서 사망한 배우자의 유골(부부임을 증명하는 서류를 군수에게 제출하여야 하며, 공설봉안당 및 공설자연장지만 해당한다)
  - 군내에 소재한 분묘의 개장유골(공설봉안당 및 공설자연장지만 해당한다)
  - 「출입국관리법」제31조에 따라 군내 체류지 신고가 된 외국인 및 군내에서 사망한 외국인(공설봉안당만 해당한다)
  - 군 외의 지역 거주자로 사망일 당시 사망자의 직계 존·비속 또는 배우자가 군내 주민등록상 주소를 두고 거주하는 경우(공설봉안당 및 자연장지만 해당한다)
  - 무연고 행려 사망자
  - 사망일 당시 군내에 주민등록상 주소를 두고 거주한 사람으로서 공설장사시설이 설치되지 않아 군 외의 지역에 안치된 경우(2005.04.12 이전 사망자에 한함)

■ **사용기간 및 비용**
- 사용기간 :
  - 봉안당 : 30년(1회에 한하여 30년 연장가능)
  - 자연장지 : 30년(1회에 한하여 30년 연장가능)
- 사용료 및 관리비
  ① 봉안당
  - 단장 관내 : 사용료 12만원, 관리비 18만원
  - 단장 관외 : 사용료 18만원, 관리비 18만원
  - 합장 관내 : 사용료 21만원, 관리비 24만원
  - 합장 관외 : 사용료 30만원, 관리비 24만원
  ② 자연장지
  - 단장 관내 : 사용료 17만원, 관리비 23만원
  - 단장 관외 : 사용료 24만원, 관리비 23만원
  - 합장 관내 : 사용료 25만원, 관리비 30만원
  - 합장 관외 : 사용료 35만원, 관리비 30만원
  ※ 관내·외는 사망자 기준(신규 합장의 경우 관외 사망자가 합장으로 사용할 경우 관외 금액 적용)

- ■ 면제 및 감면사항
  - 감면대상
    - 옥천군내 거주자중「국민기초생활보장법」제2조에 따른 기초생활보장 수급자 : 전액
    - 옥천군내 거주자중「국가유공자등예우및지원에관한법률」제4조에 따른 국가유공자 및 배우자 : 전액
    - 옥천군내 거주자중「독립유공자등예우에관한법률」제4조에 따른 독립유공자 및 배우자 : 전액
    - 무연고 행려 사망자 : 전액

충북 증평군 | 시설구분 : 봉안시설

- ■ 시설명 및 이용대상
  - 시설명 : 증평군 추모의집(예은추모공원, 충북 음성군 금왕읍)
  - 이용대상
    - 사망 당시 군에 주민등록상 주소를 둔 자를 유족이 봉안할 목적으로 화장후 5일 이내에 장사시설 사용계약을 체결한 경우
    - 군에 주민등록상 주소를 둔 자가 배우자,직계존속 · 비속을 봉안할 목적으로 화장후 5일 이내에 장사시설 사용계약을 체결한 경우
    - 군에 주민등록상 주소를 둔 자가 배우자,직계존속 · 비속의 분묘를 개장하여 화장한 후 장사시설 사용계약을 체결한 경우
    - 부부중 1명의 유골이 이미 장사시설에 봉안되어 있어 그 배우자가 동일 시설에 봉안을 원하는 경우, 이 경우 사용기간은 나중에 봉안한 배우자의 봉안시점부터 기산한다.
    - 그밖에 군수가 필요하다고 인정하는 경우
- ■ 사용기간 및 비용
  - 사용기간 : 15년(연장 5년 단위로 3회 연장 가능)
  - 사용료 및 관리비
    - 일반주민 : 사용료(15년) 20만원, 연장(5년) 7만원
    - 국가유공자, 독립유공자, 수급자(차상위계층)등 사용료(15년) 10만원, 연장(5년) 35,000원
    - 관리비 : 54만원(15년), 연장(5년)18만원
- ■ 면제 및 감면사항
  - 감면대상(50%)
    - 「국민기초생활보장법」제2조에 따른 수급자
    - 「국가유공자등 예우 및 지원에 관한법률」제4조에 따른 국가유공자 · 독립유공자 및 그 배우자
    - 「증평군병역명문가 예우에 관한조례」에 따른 병역명문가 병역 이행자 및 그 배우자
    - 그밖에 군수가 천재지변 · 재해 등 특별한 사정이 있다고 인정하는 자

충북 진천군 | 시설구분 : 봉안시설

◾ **시설명 및 이용대상**
- 시설명 : 진천 군추모의집(봉안당)
- 이용대상
  - 진천군에 6월 이상 주소를 두고 거주하고 있는 자가 사망한 경우
  - 진천군에 본적을 6월 이상 두고 있는 자가 사망한 경우.다만,이 경우는 사망자의 배우자 또는 직계 존·비속이 진천군에 6월 이상 주소를 두고 거주하고 있는 경우에 한한다.
  - 군내 기존묘지에서 개장하는 유연고 유골
  - 군내에서 사망한 외국인(공설봉안당에 한함)
  - 군수가 시행하는 공공개발사업에 따른 개장유골
  - 군내에서 사망한 무연고 행려자

◾ **사용기간 및 비용**
- 사용기간 : 30년(1회에 한하여 15년 연장 가능)
- 사용료 및 관리비
  - 관내 단장 : 사용료 301,000원, 관리비 75,000원
  - 관내 합장 : 사용료 502,000원, 관리비 126,000원
  - 관외 단장 : 사용료 391,000원, 관리비 97,000원
  - 관외 합장 : 사용료 653,000원, 관리비 164,000원
  - 유연고 개장유골 단장 : 사용료 60만2,000원, 관리비 140,000원
  - 유연고 개장유골 합장 : 사용료 1,04,000원, 관리비 252,000원

◾ **면제 및 감면사항**
- 면제대상(100%,진천군내에 주민등록이 등재된 자 중)
  - 「국민기초생활보장법」 제2조 규정에 의한 수급자
  - 「독립유공자 예우에 관한법률」 제4조 또는 「국가유공자등 예우 및 지원에 관한법률」,제4조 제1항에 의한 독립유공자 또는 국가유공자
  - 관내 사망 무연고 행려자
  - 개장유골의 경우 제외
- 감면대상(50%,진천군내에 주민등록이 등재된 자 중)
  - 「독립유공자 예우에 관한법률」,제4조 또는 「국가유공자등 예우 및 지원에 관한법률」,제4조 제1항에 의한 독립유공자의 유족 또는 국가유공자의 유족
  - 「진천군병역명문가 예우에 관한조례」에 따른 예우 대상자
  - 개장유골의 경우 제외

충북 음성군 | 시설구분 : 봉안시설

■ 시설명 및 이용대상
- (재)대지공원묘지, 예은추모공원, 생극납골공원, 대한불교조계종 미타사

■ 사용기간 및 비용
- 시설명 : (재)대지공원묘지
    1. 이용대상 : 음성군민(음성군에 2년 이상 주소를 둔 자)
    2. 사용기간 : 기본 15년
    3. 사용료 및 관리비 : 사용료의 50%(관리비, 석물 본인부담)
    4. 위치 및 연락처 : 생극면 오신로 504-63 / 043-878-3854
- 시설명 : 예은추모공원
    1. 이용대상 : 음성군민(음성군에 15년 이상 주소를 둔 자)
    2. 사용기간 : 기본 15년
    3. 사용료 및 관리비 : 무료(관리비 본인부담)
    4. 위치 및 연락처 : 금왕읍 덕금로 936-61 / 043-881-4700
- 생극납골공원
    1. 이용대상 : 생극면민(생극면에 1년 이상 주소를 둔 자)
    2. 사용기간 : 기본 15년
    3. 사용료 및 관리비 : 일반인 50%, 기초생활보장수급대상자 20%(관리비 본인부담)
    4. 위치 및 연락처 : 생극면 일생로 497-27 / 043-878-3333
- 대한불교조계종미타사
    1. 이용대상 : 비산1리 주민(2001.7.6. 설립 이전 비산1리에 주소를 두고 있는 자)
    2. 사용기간 : 영구
    3. 사용료 및 관리비 : 사용료의 50%(관리비 본인부담)
    4. 위치 및 연락처 : 소이면 소이로61번길 164 / 043-873-0330

충남 천안시 | 시설구분 : 봉안시설

■ 시설명 및 이용대상
- 시설명 : 천안추모공원(봉안시설)
- 이용대상
    - 거주지역과 관계없이 봉안 가능(개인단만 해당)
    - 타지역 봉안시설에 안치되었던 유골도 가능

◼ **사용기간 및 비용**
- 사용기간 : 15년(15년 단위로 2회 연장 가능)
- 사용료 및 관리비
  - 개인단 : 관내 30만원, 관외 100만원
  - 부부단 : 관내 40만원, 관외 안치 불가
  ※ 다음 각호의 어느 하나에 해당하는 경우에는 관내로 인정하여 봉안시설에 안치할수 있다.
  1. 관외 사망자중 부모, 배우자, 자녀가 신청시까지 관내에 주민등록을 두고 1년 이상 계속하여 거주하고 있는 경우
  2. 관내에 주민등록을 두고 1년 이상 계속하여 거주한 사실이 있는 경우
  3. 관외 사망자 또는 관외 개장유골의 경우 배우자가 기존의 봉안시설에 안치되어 있어 부부단을 사용하는 경우
  4. 관내에서 사망한 행려 사망자인 경우
  5. 관내 기존묘지에서 개장된 유골인 경우
  6. 관외 묘지에서 개장된 개장 유골 중 사망 당시 관내 거주한 사실을 입증하는 경우
  7. 그밖에 시장이 필요하다고 인정하는 경우
  ※ 사용신청자가 다음 각호의 어느 하나에 해당하는 경우에는 유골을 부부단으로 안치할수 있다. 다만, 사용 가능한 부부단이 없을 때에는 개인단에 안치할수 있다.
  1. 제5항의 안치대상유골 중 부부단으로 안치를 희망하는 경우
  2. 봉안시설에 안치되어 있는 유골의 배우자
  3. 그밖에 시장이 필요하다고 인정하는 경우

◼ **면제 및 감면사항**
- 면제대상
  - 「국가유공자등 예우 및 지원에 관한법률」,제4조규 정에 의한 국가유공자중 사망시까지 관내에 주민등록을 두고 1년 이상 계속하여 거주한 사실이 있는 경우
  - 천안시에 주민등록을 두고 사망시까지 거주한 장기 등 및 인체조직 기증자(1회에 한함)

충남 공주시 | 시설구분 : 봉안시설, 자연장지

◼ **시설명 및 이용대상**
- 시설명 : 공주나래원(봉안시설 및 자연장지)
- 이용대상
  - 조례에 정하는 바에 따라 누구든지 공설장사시설을 이용할수 있다.다만,주민이 사용에 지장이 있다고 인정될 때에는 시설의 전부 또는 일부에 대하여 사용을 제한할수 있다.

▣ 사용기간 및 비용
- 사용기간
  - 봉안시설 : 최초 15년(1회 15년 연장 가능)
  - 자연장지 : 최초 15년(1회 15년 연장 가능)
- 사용료
  ① 봉안시설
    - 일반(1위,15년) : 관내지역/500,000원, 관외지역/1,000,000원
    - 부부(2위,15년) : 관내지역/1,000,000원, 관외지역/2,000,000원
    - 무연유골(1위,10년) : 관내지역/100,000원, 관외지역/사용제한
  ② 자연장지
    - 수목장(1위,15년) : 관내지역/300,000원, 관외지역/500,000원
    - 잔디장(1위,15년) : 관내지역/300,000원, 관외지역/사용제한
  ③ 유택동산
    - 1위 : 관내지역/10,000원, 관외지역/10,000원
    - 죽은태아 : 관내지역/5,000원, 관외지역/5,000원

▣ 면제 및 감면사항
- 면제대상
  (공주시 내에 주소를 두고 1년 이상 거주하다 사망한 자에 한함)
  - 「국민기초생활보장법」에 따른 수급자
  - 「국가보훈기본법」에 따른 희생·공헌자
  - 관내 지역에서 사망한 무연고자,불법체류 외국인 등의 경우
- 50% 감면 대상
  (공주시 내에 주소를 두고 1년 이상 거주하다 사망한 자에 한함)
  - 「공주시 장사시설 주변지역 주민지원기금설치 및 운영조례」제2조에 따른 주변 지역 주민
  - 「재해구호법」제2조 제1호의 이재민
  - 그밖에 시장이 특별한 사정이 있다고 인정하는 사람

충남 보령시   시설구분 : 봉안시설

▣ 시설명 및 이용대상
- 시설명 : 보령시 모란공원(묘지및봉안시설)
- 이용대상
  - 관내 거주자(사망자, 사망자의 부모·배우자·자녀가 사망일 기준 1년 전부터 계속하여 보령시에 주민등록이 되어 있거나 되었던 사람)

- 보령시 개발사업 및 공동묘지 정비사업 등으로 이장이 필요한 분묘
- 제1항에도 불구하고, 장사시설 중 봉안담은 서천군 거주자도 사용할 수 있다..

■ **사용기간 및 비용**
- 사용기간 : 30년(1회 연장가능)
- 사용료 및 관리비
  - 봉안당 관내 : 사용료 50만원, 관리비 20만원
  - 봉안당 그외 : 사용료 80만원, 관리비 40만~60만원
  - 수목장 공동목 관내 : 사용료 70만원, 관리비 76만원
  - 수목장 공동목 그외 : 사용료 140만원, 관리비 114만~152만원
  - 잔디장 관내 : 사용료 20만원, 관리비 90만원
  - 잔디장 그외 : 사용료 40만원, 관리비 135만~180만원

■ **면제 및 감면사항**
- 감면대상
  - 보령시 개발사업 및 공동묘지정비사업 등으로 이장이 필요한 분묘에 따른 무연납골된 사람
  - 지역발전에 현저한 공로가 있어 국가로부터 훈·포상을 받은 사람으로서 운영위원회의 심의를 거쳐 시장의 승인을 받은 사람
  - 「국민기초생활보장법」제2조에 따른 수급자중 시에 거주하는 사람
  - 「독립유공자 예우에 관한법률」제4조에 해당하는 사람중 시에 거주하는 사람
  - 「국가유공자등 예우 및 지원에 관한법률」제4조에 따른 국가유공자중 시에 거주하는 사람
  - 「보령시장기기증 등록장려에 관한조례」에 따른 장기기증자

충남 아산시 | 시설구분 : 봉안시설, 자연장지

■ **시설명 및 이용대상**
- 시설명 : 아산시 공설봉안당, 공설자연장지
- 이용대상
  - 사망일 현재 시에 「주민등록법」에 따른 주민등록을 하고 거주하다가 사망한 경우
  - 배우자중 1명이 봉안당 및 공설 자연장지에 안치되어 있는 상태에서 부부를 합장하려는 경우
  - 6개월 이상 계속하여 시에 「주민등록법」에 따른 주민등록을 하고 있는 사람의 연고자(부모·배우자 및 직계자녀로 한정한다)가 사망한 경우
  - 시에 소재한 분묘를 개장한 유골을 다시 안치하는 경우
  - 시에 체류지 신고가 되어 있는 외국인이 사망일 현재 시에 거주하다가 사망한 경우
  - 시에서 발생한 무연고 행려 사망자
  - 시에 1년 이상 「주민등록법」에 따른 주민등록을 한 사람이 관할 구역 외에 매장된 직계

존·비속의 분묘 또는 안치된 유골을 다시 안치하려는 경우
  - 그밖에 시장이 안치의 대상으로 할 필요가 있다고 인정하는 경우
  - 제1호부터 제8호까지를 제외한 관외 시민이 사용을 원하는 경우

▣ 사용기간 및 비용
  • 사용기간
    - 봉안당 : 15년(15년 단위로 3회 연장 가능)
    - 자연장지 : 15년(15년 단위로 3회 연장 가능)
  • 사용료 및 관리비
    ① 봉안당
      - 개인(1위) : 관내 30만원, 관외 100만원
      - 부부(1쌍) : 관내 50만원, 관외 150만원
    ② 자연장지
      - 개인(1기) : 관내 30만원, 관외 100만원
      - 부부(1쌍) : 관내 50만원, 관외 150만원

▣ 면제 및 감면사항
  • 면제대상
    - 「사회복지사업법」에 따른 사회복지시설 입소자중 무연고자
    - 무연고 행려 사망자
  • 감면대상(사용료 50%)
    - 「국가유공자등 예우 및 지원에 관한법률」제4조에 따른 국가유공자
    - 「국민기초생활보장법」제5조에 따른 수급자
    - 「특수임무유공자 예우 및 단체설립에 관한법률」적용 대상자
    - 「재해구호법」에 따른 재해발생으로 인한 사망자

충남 서산시   시설구분 : 봉안시설, 자연장지

▣ 시설명 및 이용대상
  • 시설명 : 서산시 희망공원(봉안시설 및 자연장지)
  • 이용대상
    - 사망일 3개월전부터 시에 주소를 두고 거주한 자
    - 배우자가 시의 공설장사시설에 이미 안치되어 있는 상태에서 관외 거주자가 사망하여 합장하는 경우.다만,이 경우 부부임을 증명하는 서류를 시장에게 제출하여야 한다.〈개정 2015.12.29〉

- 시장이 특별히 필요하다고 인정하는 자.다만,이 경우 대상자의 범위는 시장이 따로 정한다.
- 「출입국관리법」 제31조에 따라 시에 체류지 신고가 된 외국인에 대해서는 공설묘지를 사용하도록 할수 있다.

■ **사용기간 및 비용**
- 사용기간
  - 봉안시설 : 15년(10년 단위로 3회 연장 가능)
  - 자연장지 : 45년(연장 불가)
- 사용료
  - 봉안평장 : 30만원(15년), 연장 20만원
  - 봉안당 : 개인 20만원(15년), 연장 15만원
  - 자연장 : 단장 45만원(45년)

■ **면제 및 감면사항**
- 감면대상
  - 기초생활수급자,국가유공자 및 배우자
  - 무연고 행려 사망자
  - 희망공원내 매장묘지에 안치된 매장자를 개장하여 화장한후 자연장이나 봉안당에 안치하는 경우

충남 논산시 | 시설구분 : 봉안시설

■ **시설명 및 이용대상**
- 시설명 : 논산시공설봉안당(영명각)
- 이용대상
  1) 국가 또는 지방자치단체가 시행하는 공공사업으로 인하여 발굴된 무연고 유골을 우선으로 하고, 봉안 장소에 여유가 있을 때에는 논산시장의 허가를 받아 유연고 유골도 봉안할 수 있다.
  2) 유연고 유골의 경우 사망자(외국인 포함)가 사망 당시 시에 주소를 두고 6개월 이상 거주한 경우 봉안할수 있다.
  3) 다음 각호의 어느 하나에 해당하는 경우에는 봉안당에 봉안할 수 있다.
     - 배우자중 1명이 봉안당에 이미 봉안되어 있는 상태에서 시 지역 외의 거주자가 사망하여 함께 봉안하고자 하는 경우
     - 시에 소재한 분묘를 개장한 유골인 경우
     - 사망자의 부모, 형제자매, 자녀 또는배우자가 시에 주소를 두고 6개월 이상 거주하고 있는 경우
     - 그밖에 시장이 봉안당 수급에 지장이 없다고 판단될 경우

▣ 사용기간 및 비용
- 사용기간 : 최초 10년(10년 단위로 3회 연장 가능)
- 사용료 및 관리비
  - 1구당 봉안요금 15만원, 관리수수료 5만원

▣ 면제 및 감면사항
- 감면대상(봉안요금 면제)
  - 「국민기초생활보장법」에 따른 국민기초생활보장 수급자
  - 「국가유공자등 예우 및 지원에 관한법률」에 따른 국가유공자 및 배우자
  - 「장기등이식에관한법률」에 따른 장기 등 기증자

충남 계룡시 | 시설구분 : 봉안시설

▣ 시설명 및 이용대상
- 시설명 : 정명각(봉안시설)
- 이용대상
  - 관내에 주민등록이 된 자, 주민등록이 된 자의 배우자·직계존비속 및 형제자매
  - 관내의 기존묘지에서 개장된 유골(무연유골 포함)을 안치하고자 하는 자
  - 시장이 필요하다고 인정하는 자

▣ 사용기간 및 비용
- 사용기간 : 15년(15년 단위로 3회 연장 가능)
- 사용료 및 관리비
  - 사용료 88,000원, 관리비 3만원

▣ 면제 및 감면사항
- 면제 및 감면 대상
  - 「국민기초생활보장법」에 의한 수급자는 전액
  - 법 제11조 및 조례 제24에 의한 유·무연 분묘처리 시에는 전액
  - 「독립유공자예우에관한법률」제4조「국가유공자등 예우 및 지원에 관한법률」제4조에 의한 국가유공자 또는 그 가족의 경우 반액
  - 「의사상자등 예우 및 지원에 관한법률」제2조에 의한 의사자 또는 그 가족의 경우 반액

충남 당진시 | 시설구분 : 봉안시설, 자연장지

■ 시설명 및 이용대상
- 시설명
  - 안향정, 어성정(봉안시설)
  - 남부권공설묘지(자연장지)
- 위치
  - 안향정 : 당진시 우강면 우강송산로 64
  - 어성정 : 당진시 대호지면 봉선길 123
  - 남부권공설묘지 : 당진시 신평면 상오로 31
- 이용대상
  - 시 관내에 주민등록이 되어 있는 자, 주민등록이 되어 있는 자의 배우자·직계존비속 및 형제자매
  - 시 관내에 기존묘지에서 개장된 유골(무연유골 포함)을 안치하고자 하는 자
  - 시장이 필요하다고 인정하는 자

■ 사용기간 및 비용
- 사용기간
  - 봉안시설 : 최초 30년(30년 단위로 1회 연장 가능)
  - 자연장지 : 45년(연장 불가)
  - 가족자연장지 : 계약기간 만료전 마지막으로 봉안된 유골을 기준으로 45년간 이용할수 있으나 최초 봉안된 유골을 기준으로 60년을 초과할수 없음
- 사용료 및 관리비
  - 안향정 : 사용료 180,900원, 관리비 87,800원
  - 어성정 : 사용료 345,600원, 관리비 163,600원
  - 어성정(부부) : 사용료 691,300원, 관리비 163,600원
  - 자연장지 : 사용료 98,000원, 관리비 69,300원

■ 면제 및 감면사항
- 사용료 및 관리비 면제대상
  - 「국민기초생활 보장법」에 따른 수급권자가 사망한 경우로서 연고자가 장사하는 것이 곤란하다고 인정되는 경우
  - 연고자를 알 수 없거나 연고자가 없는 사람이 사망하여 사용하는 경우
  - 시에서 무연고 분묘를 개장 후 화장하여 안치하는 경우
  - 그 밖에 재난의 발생 등 특별한 사유가 있다고 시장이 인정하는 경우
- 사용료 면제대상
  - 제10조에 따라 설치기간을 연장하여 사용하는 경우
  - 「국민기초생활 보장법」에 따른 수급권자가 사망하여 사용하는 경우

- 「국가보훈 기본법」 제3조제1호에 따른 희생·공헌자가 사망하여 사용하는 경우
- 「의사상자 등 예우 및 지원에 관한 법률」 제2조 제2호에 따른 의사자가 사용하는 경우
- 공설묘지의 분묘를 개장하여 화장한 후 자연장지 또는 봉안시설에 안치하는 경우

충남 금산군 | 시설구분 : 봉안시설

■ 시설명 및 이용대상
- 시설명 : 금산군공설봉안당
- 위치 : 금산군 복수면 복수로 1015-71
- 이용대상
  - 관내에 주민등록이 되어 있는 자가 사망하여 그 유골을 봉안하려는 사람
  - 관내 기존묘지에서 개장된 유골을 봉안하려는 사람
  - 관내에서 사망한 행려 사망자의 유골을 봉안하려는 사람
  - 사망일 현재 관외에 주민등록이 되어 있는 자의 유골 또는 관외에서 개장된 유골을 봉안하려는 사람이 관내에 주민등록을 두고 거주하는 직계존비속 관계인 자
  - 군수가 특별히 필요하다고 인정하는 사람

■ 사용기간 및 비용
- 사용기간 : 최초 15년(15년 단위로 3회 연장 가능)
- 사용료 및 관리비
  - 유연고 유골(15년) : 사용료 10만원, 관리수수료 5만원
  - 무연고 유골(10년) : 사용료 5만원, 관리수수료 2만5,000원

■ 면제 및 감면사항
- 사용료 면제 대상
  - 관내 「국민기초생활보장법」제2조 제2호에 따른 수급자
  - 관내 「금산군국가보훈대상자 예우 및 지원에 관한조례」제2조 제2호에 따른 국가보훈대상자
  - 국가 또는 지방자치단체에서 시행하는 공공사업으로 인하여 발굴된 무연유골
  - 관내에서 사망한 무연고 행려 사망자
  - 그밖에 군수가 특별한 사정이 있다고 인정하는 자
- 관리수수료 면제 대상
  - 제1항 제1호의 수급자 중에서 부양의무자가 없는 자
  - 제1항 제4호의 행려 사망자
  - 그밖에 군수가 특별한 사정이 있다고 인정하는 자

충남 서천군 | 시설구분 : 봉안시설

■ **시설명 및 이용대상**
- 시설명 : 서천군 공설봉안당 영명각
- 이용대상
  - 사망자 또는 직계존비속이 사망일 현재 군에 등록기준지 또는 주민등록이 된 사람
  - 군내 기존묘지에서 개장된 유골을 안치하려는 사람
  - 영명각 수급에 지장이 없다고 판단될 경우 관외 지역 사람

■ **사용기간 및 비용**
- 사용기간 : 10년(10년 이하 단위로 연장 가능)
- 사용료 및 관리비
  ① 1추모관
    - 1구당(10년) : 사용료 10만원, 관리비 5만원
  ② 2추모관
    - 개인단(10년) : 사용료 15만원, 관리비 5만원
    - 부부단(10년) : 사용료 25만원, 관리비 5만원

■ **면제 및 감면사항**
- 면제 및 감면사항
  - 국가 또는 지방자치단체가 공공사업으로 인하여 발생하는 무연고유골
  - 「국민기초생활보장법」제2조 제2호에 따른 수급자
  - 「국가유공자등 예우 및 지원에 관한법률」제4조에 따른 국가유공자
  - 사망자 또는 사망자의 직계존비속이 사망일 현재 서천군 판교면 심동리를 등록기준지 또는 1년 이상 주민등록을 두고 실제 거주하고 있는 사람

충남 청양군 | 시설구분 : 봉안시설

■ **시설명 및 이용대상**
- 시설명 : 청양군 추모공원(봉안당)
- 이용대상
  - 사망자가 사망자의 직계가족의 주소 또는 등록기준지가 사망일 기준 1년전부터 계속하여 청양군으로 되어 있을 때
  - 군내의 지역개발사업 등 공공사업으로 인하여 발생하는 무연유골
  - 그밖에 특별한 사정이 있다고 군수가 인정한 자

◼ 사용기간 및 비용
- 사용기간 : 15년(15년 단위로 3회 연장 가능)
- 사용료 및 관리비
  - 사용료 10만원(안치시 1회), 관리비 5만원(15년)

◼ 면제 및 감면사항
- 면제대상
  - 「국민기초생활보장법」에 의한 수급자
  - 「독립유공자 예우에 관한 법률」에 의한 독립유공자
  - 제2조제5호에 따른 국가유공자 및 그 배우자
  - 군수가 사용하는 사업장내의 무연분묘에서 발굴된 유골의 안치

충남 홍성군 | 시설구분 : 봉안시설

◼ 시설명 및 이용대상
- 시설명 : 홍성 추모공원봉안당
- 이용대상
  - 누구든지 사용 가능
  ※ 다만 군수는 구민이 사용에 지장이 있다고 인정될 때에는 시설의 일부에 대해 사용을 제한할수 있다.

◼ 사용기간 및 비용
- 사용기간 : 최초 15년(1회에 한하여 연장 가능)
- 사용료 및 관리비
  - 일반(1위) : 관내 60만원, 관외 90만원
  - 부부(2위) : 관내 150만원, 관외 200만원
  ※ 관내지역 : 충청남도/관외 지역 : 충청남도를 제외한 지역

◼ 면제 및 감면사항
- 감면대상(50%)
  - 사망일 현재 주민등록지(체류지)가 홍성군으로 되어 있는 자(결혼 이민자를 포함한다)가 사망하여 장사시설을 이용할 때
  - 홍성군 관내에 있는 분묘를 개장하여 장사시설을 이용할 때

충남 예산군 | 시설구분 : 봉안시설

■ **시설명 및 이용대상**
- 시설명 : 예산군 추모공원(봉안시설)
- 이용대상
  - 사망자가 6개월 이상 군에 거주한 사람이나 등록기준지가 군일 때에는 누구든지 추모공원의 묘지 등을 사용할 수 있다. 다만, 그 이외의 사람도 신청이 있을 경우에는 사용료 등에 차등을 두어 추모공원 내 추모의집, 가족봉안묘 및 가족평장묘는 사용이 가능하나 필요하면 묘지관리운영위원회의 심의를 거쳐 사용을 제한 할 수 있다.
  - 군수는 군내의 지역개발사업 등 공공사업으로 인하여 발생되는 무연유골에 대해 사업시행자로부터 유골안치 신청이 있을 경우 「장사 등에 관한 법률」 제12조와 「장사 등에 관한 법률시행령」 제9조에 따라 봉안당에 안치할수 있다.

■ **사용기간 및 비용**
- 사용기간 : 15년(15년 단위로 계속 연장)
- 사용료 및 관리비
  ① 개인단
  - 예산군에 3년 이상 주민등록이 되어 있는 자 : 사용료 25만원, 관리비 10만원
  - 예산군에 6개월 이상 3년 미만 주민등록이 되어 있는 자, 6개월 이상 등록기준지가 되어 있는 자 : 사용료 35만원, 관리비 15만원
  - 예산군 이외 사용자 : 사용료 50만원, 관리비 25만원
  ② 부부단
  - 예산군에 3년 이상 주민등록이 되어 있는자 : 사용료 70만원, 관리비 30만원
  - 예산군에 6개월 이상 3년 미만 주민등록이 되어 있는 자, 6개월 이상 등록기준지가 되어 있는 자 : 사용료 115만원, 관리비 35만원
  - 예산군 이외 사용자 : 사용료 150만원, 관리비 50만원

■ **면제 및 감면사항**
- 면제 및 감면 대상
  - 「예산군국가보훈대상자 예우 및 지원에 관한조례」 제3조의예우 및 지원대상자중 국가보훈대상자는 50% 경감할수 있다. 다만, 가족납골묘는 사용계약자가 국가보훈 대상자이어야 한다.
  - 군수가 시행하는 사업장 내의 무연분묘에서 발굴하는 유골안치 시는 사용료 등을 면제한다.
  - 그밖에 군수가 필요하다고 인정하는 자는 50% 경감할수 있다.

충남 태안군 | 시설구분 : 봉안시설

▣ **시설명 및 이용대상**
- 시설명 : 태안군공설영묘전(봉안시설)
- 이용대상
  - 신청인 또는 사망자가 태안군에 30일 이상 주민등록을 둔 자
  - 무연분묘는 태안 군내에 소재한 경우
  - 신청인과 사망자와의 관계는 민법상 친족으로 제한

▣ **사용기간 및 비용**
- 사용기간 : 15년(15년 단위로 3회 연장 가능)
- 사용료 및 관리비
  - 유연고 유골(1기당) : 사용료 82,000원, 관리비 82,000원
  - 무연고 유골(1기당,10년) : 사용료 92,000원, 관리비 5만원

▣ **면제 및 감면사항**
- 면제대상(태안군 내에 주민등록이 등재된 자)
  - 사망자가 「국민기초생활보장법」제2조 규정에 의한 수급자
  - 사망자가 독립유공자예우에관한법률 제4조 또는 국가유공자 등 예우및지원에관한법률 제4조 제1항에 의한 독립유공자 또는 국가유공자
- 감면대상(태안군 내에 주민등록이 등재된 자) : 50% 감면
  - 사망자가 독립유공자 예우에 관한법률 제4조 또는 국가유공자 등예우및지원에관한법률 제4조 제1항에 의한 독립유공자의 유족 또는 국가유공자의 유족
  - 사망자가 장애인복지법 제29조 규정에 의한 3급 이상 등록장애인
  - 국가 또는 지방자치단체에서 시행하는 공공사업으로 발굴된 무연유골

전북 전주시 | 시설구분 : 봉안시설, 자연장지

▣ **시설명 및 이용대상**
- 시설명 : 전주효자공원 봉안당, 전주효자공원 봉안원, 공설자연장지
- 이용대상
  - 봉안시설
  - 공설봉안당 유골봉안 대상은 시 및 완주군에 사용신청 당시 6개월 전부터 시 및 완주군에 주소를 둔 유연고 유골에 한정하며 시장이 필요하다고 인정할 때는 무연고 유골을 봉안 할 수 있다.
  - 자연장지

- 자연장지의 사용 신청 당시 6개월 전부터 시 및 완주군에 주소를 둔 유연고 유골
- 시 및 완주군 관할구역 안에서 사망한 외국인
- 시 및 완주군 관할구역 안에 소재한 분묘의 개장에 따른 화장한 유골
- 공설묘지 또는 공설봉안당에 안치된 유골을 자연장지에 안장하고자 하는 경우
- 시장이 필요하다고 인정하는 경우

◼ **사용기간 및 비용**
- 사용기간
  - 봉안시설 : 15년(1회 연장가능)
  - 자연장지 : 40년(연장불가)
- 사용료
  - 봉안시설 : 225,000원
  - 자연장지 : 300,000원

전북 군산시 | 시설구분 : 봉안시설

◼ **시설명 및 이용대상**
- 시설명 : 군산시추모관(봉안당)
- 이용대상
  - 사망자의 주소가 군산시이거나 본적지가 군산시인 경우

◼ **사용기간 및 비용**
- 사용기간 : 15년(15년 단위로 3회 연장 가능)
- 사용료 및 관리수수료
  - 사용료 73,000원, 관리수수료 27,000원

◼ **면제 및 감면사항**
- 감면대상
  - 관내거주자 중 「국민기초생활 보장법」에 의한 수급자
  - 「군산시 국가보훈대상자 등 예우 및 지원에 관한 조례」에 의한 국가유공자
  - 시장이 재해나 천재지변 등 특별한 사유가 있다고 인정한 경우
  ※ 단, 군산시가 관리·운영하고 있는 임피면 공설장사시설 인근마을 주민에 대하여는 사용료 및 관리료를 80퍼센트 감면할 수 있고, 그 밖의 임피면민에 대하여는 사용료 및 관리료를 50퍼센트 감면할 수 있다.

전북 익산시 | 시설구분 : 봉안시설, 자연장지

■ **시설명 및 이용대상**
- 시설명
  ① 봉안당 : 익산영생원, 추모의집
  ② 자연장지 : 익산시공설자연장
- 이용대상
  - 사용신청 당시 관내에 「주민등록법」에 따른 주소를 두고 1개월 전부터 계속 거주하다 사망한 자
  - 시 관내에 소재한 분묘를 개장한 유골
  - 그밖에 시장이 필요하다고 인정하는 자

■ **사용기간 및 비용**
- 사용기간
  - 봉안당 : 15년(10년 단위로 3회 연장 가능)
  - 자연장지 : 45년(연장 불가)
- 사용료 및 관리수수료
  ① 봉안당
   - 관내 사용료 및 관리비 : 20만원
   - 연장 사용료 및 관리비 : 15만원
  ② 자연장지
   - 관내 35만원

전북 정읍시 | 시설구분 : 봉안시설, 자연장지

■ **시설명 및 이용대상**
- 시설명 : 서남권추모공원 봉안당, 서남권추모공원 자연장지
- 이용대상
  - 누구든지 공설장사시설을 사용할수 있다. 다만,시장은 주민이 사용하는데 지장이 있다고 인정할 때에는 시설의 전부 또는 일부에 대하여 사용을 제한할수 있다.

■ **사용기간 및 비용**
- 사용기간
  - 봉안당 : 15년(15년 단위로 2회 연장 가능)
  - 자연장지 : 45년(연장 불가)
- 봉안시설 사용료

- 개인단(1위, 15년) : 관내 50만원, 도내 80만원, 관외 100만원
- 부부단(2위, 15년) : 관내 100만원, 도내 160만원, 관외 200만원
- 자연장지 사용료
  - 개인장(1위, 45년) : 관내 50만원, 도내 80만원, 관외 100만원
  - 부부장(2위,4 5년) : 관내 100만원, 도내 160만원, 관외 200만원

■ 면제 및 감면사항
- 면제 및 감면 대상
  - 정읍시 거주자 중 국민기초생활보장법에 따른 수급자 : 50%(최초 15년 1회 한정)
  - 정읍시 거주자 중 국가보훈기본법에 따른 희생 공헌자 : 50%(최초 15년 1회 한정)
  - 「정읍시장기등 및 인체조직기증장려에 관한 조례」에 따른 장기기증자 전액 면제

전북 남원시 | 시설구분 : 봉안시설, 자연장지

■ 시설명 및 이용대상
- 시설명 : 남원시 승화당(봉안시설), 남원시 추모공원(자연장지)
- 봉안시설 이용대상
  ① 관내
  - 사망자(사체·사태)의 사용신청 당시 「주민등록법」에 따라 남원시에 주소를 두고 6개월 전부터 계속 거주하다 사망한 사람
  - 시 관내에 소재한 분묘를 개장한 유골
  ② 관외
  - 사망자(사체·사태)의 등록기준지가 남원인 경우
  - 개장유골의 분묘 소재지가 남원이 아니라도 사망자의 등록기준지가 남원인 경우
  ※ 사망자의 당시 주소가 관내 6개월 미만자 또는 등록기준지가 남원이 아닌 경우 사용 불가
- 자연장지 이용대상
  - 사용신청 당시 「주민등록법」에 따라 남원시에 주소를 두고 6개월 전부터 계속 거주하다 사망한 사람
  - 시 관내에 소재한 분묘를 개장한 유골
  - 남원시 승화당에 안치된 유골중 기간이 만료된 유골(승화당 사용미만료자 이용불가)
  - 남원시 명예시민으로 위촉된 사람

■ 사용기간 및 비용
- 사용기간
  - 봉안시설 : 10년(10년 단위로 2회 연장 가능)
  - 자연장지 : 40년(연장 불가)

- 봉안시설 사용료
  - 관내 10만원, 관외 30만원
- 자연장지 사용료
  - 개인장(1위, 40년) 50만원]

▣ 면제 및 감면사항
- 면제대상(100%)
  - 「국민기초생활보장법」제7조 제1항 제1호에 따른 생계급여 수급자 또는 같은항 제3호에 따른 의료급여 수급자
  - 「국가보훈기본법」에 따른 희생·공헌자
  - 자연장지 사용자는 사용료 면제규정을 적용하지 않는다.

전북 완주군 | 시설구분 : 봉안시설, 자연장지

▣ 시설명 및 이용대상
- 시설명 : 완주군 공설봉안당, 완주군 공설자연장지
- 봉안시설 이용대상
  - 공설장사시설 사용자격은 사망자나 사망자 직계가족이 등록기준지 또는 주민등록을 전주시·완주군에 6개월 이상 둔 사람에 한정하여 사용할수 있으며, 그 밖에 군수가 특별한 사유가 있다고 인정하는 경우에 한정하여 봉안당을 사용할수 있다.

▣ 사용기간 및 비용
- 사용기간
  - 봉안시설 : 최초 10년(2회에 한하여 연장 가능)
  - 자연장지 : 40년
- 봉안시설 사용료
  - 봉안시설 : 10만원
  - 자연장지 : 50만원

▣ 면제 및 감면사항
- 감면대상(50%)
  ① 봉안시설
    - 국민기초생활 수급자 및 국가유공자
  ② 자연장지
    - 완주군 공설공원묘지내 공설, 공동(2묘역)묘지를 개장하여 화장한 유골
    - 국민기초생활 수급자 및 국가유공자

전북 무주군 | 시설구분 : 봉안시설, 자연장지

◼ **시설명 및 이용대상**
- 시설명 : 무주 추모의집(봉안시설 및 자연장지)
- 이용대상
  - 관내 및 관외 거주자 사망시 무주 추모의집에 유골을 안치하고자 하는 자

◼ **사용기간 및 비용**
- 사용기간
  - 봉안시설 : 15년(10년 단위로 4회 연장 가능)
  - 자연장지 : 45년(연장 불가)
- 봉안시설 사용료
  - 봉안당(15년) : 군민 15만원, 타시군민 40만원
  - 봉안당 사용연장(10년 4회) : 군민 15만원, 타시군민 40만원
  - 자연장지(45년) : 군민 45만원, 타시군민 120만원

◼ **면제 및 감면사항**
- 면제대상
  - 「국민기초생활보장법」제2조 제2호에 따른 수급자
  - 「국가유공자등 예우 및 지원에관한법률」제4조에 따른 국가유공자
  - 「독립유공자 예우에 관한법률」제4조에 따른 독립유공자
  - 「5·18민주유공자 예우에 관한법률」제4조에 따른 5·18민주유공자
  - 기타 천재·지변의 사유 등으로 사용료를 납부할 능력이 없다고 인정되는 자
- 감면대상(50%)
  - 「재해구호법」제2조 제1호의 이재민
  - 「국민기초생활보장법」제2조 제11호에 따른 차상위 계층
  - 그밖에 군수가 공익상 필요하다고 인정하는 사람

전북 무주군 | 시설구분 : 장례식장

◼ **시설명 및 이용대상**
- 시설명 : 무주군 보건의료원 장례식장

◼ **사용기간 및 비용**
- 장례식장 사용료(장례식장의 모든 시설을 이용할 경우)
  ① 일반실(1일당)

- 관내주민 사망자 : 15만원
- 출향군민 사망자 : 225,000원
- 타지역 거주자중 관내 사망자 : 30만원
② 특실(1일당)
- 관내주민 사망자 : 30만원
- 출향군민 사망자 : 45만원
- 타지역 거주자중 관내 사망자 : 60만원
※ 관내 주민 : 사망자가 무주군내 주민등록을 둔 사람
※ 출향군민 : 사망자의 가족관계증명서상 등록기준지가 무주 군내로 되어 있는 사람
※ 장례식장 영안실사용료(시체만 안치할 경우) : 5만원

■ 면제 및 감면사항
- 장례식장 사용료 면제 및 감면 대상
  ① 면제대상
   - 천재지변 및 자연재해에 의하여 사망한 사람중 군수가 사용료를 납부할 능력이 없다고 인정하는 사람
   - 연고가 없는 행려 사망자
  ② 감면대상(50%)
   - 「국민기초생활보장법」제2조 제2호 및 제7조에 따른 생계급여 수급자,주거급여 수급자, 의료급여 수급자
   - 「국가유공자등 예우 및 지원에 관한법률」제4조에 따른 국가유공자 본인
   - 「참전유공자 예우 및 단체설립에 관한법률」제2조 제2호에 따른 참전 유공자
   - 「5 · 18민주유공자 예우에 관한법률」제7조에 따라 등록된 5 · 18민주유공자
   - 「장애인복지법」제32조에 따른 장애인으로 등록된 사람

전북 장수군 시설구분 : 장례식장

■ 시설명 및 이용대상
- 시설명 : 장수군 보건의료원 장례식장

■ 사용기간 및 비용
- 장례식장 사용료(분향실, 접객실, 주방, 참관실 등 기본제반시설)
  - 1~2분향실 : 16만원
  - 3분향실 : 8만원
  - 영안실 : 4만원
  - 장례식장시설 사용료는 낮12시에서 익일12시까지를 1일로 산정하되,6시간 이상은 1일

사용으로 간주
  - 사용료는 전기료, 수도료, LPG가스료 포함
■ 면제 및 감면사항
 • 장례식장 사용료 면제 및 감면 대상
  ① 면제대상
   - 수사기관에서 수사상 필요한 경우
   - 천재지변 및 자연재해에 의한 사망
   - 행려 사망자
  ② 감면대상(50%)
   - 장수군 거주자중 국민기초생활보장법에 따른 수급자
  ③ 기타 다른 법령에서 사용료 감면 규정이 있는 경우

전북 임실군 | 시설구분 : 장례식장

■ 시설명 및 이용대상
 • 시설명 : 임실군 보건의료원 장례식장
■ 사용기간 및 비용
 • 장례식장 사용료(안치실 및 부대시설 포함)
  - 장례식장(1일) : 30만원
  - 안치실(1일) : 5만원
  - 사용료는 오전 12시부터 다음날 오전12시까지를 1일로 계산하고 24시간 미만은 1일로 간주
  - 사용료는 전기요금, 수도요금, 가스요금, 주방용품 사용료 포함
  - 주방은 상황에 따라 1실을 2가구 이상이 공동으로 사용하게 할수 있으며 사용료는 동일하게 징수
■ 면제 및 감면사항
 • 장례식장 사용료 면제 및 감면 대상(임실군에 주민등록된 자)
  ① 면제대상
   - 천재지변 및 자연재해에 의하여 사망한 자
   - 연고가 없는 행려 사망자
  ② 감면대상(50%)
   - 국민기초생활보장법 제2조 제2호 규정에 의한 수급자
   - 국가유공자등 예우 및 지원에 관한법률 제4조 규정에 의한 국가유공자
   - 참전유공자예우 및 단체설립에 관한법률 제2조 제2호에 규정된 참전유공자

- 5·18민주유공자 예우에 관한 법률 제4조의 규정에 의한 5·18민주유공자
- 장애인복지법 제32조의 규정에 의한 등록장애인
- 아동복지법제 10조의 규정에 의한 소년·소녀가장세대

전북 고창군 | 시설구분 : 봉안시설, 자연장지

■ 시설명 및 이용대상
- 시설명 : 고창군 추모의집(봉안시설), 고창 푸른숲자연장
- 이용대상
  ① 봉안시설
  - 고창군에 본적 또는 등록기준지를 두고 사망한 사람의 연고자
  - 고창군에 주민등록을 두고 사망한 사람의 연고자
  - 고창군에 개장한 유·무연고 유골을 안치하고자 하는 자
  - 사망한 사람의 연고자중 고창군에 주민등록을 둔 자
  ② 자연장지
  - 고창군에 본적 또는 등록기준지를 두고 사망한 사람의 연고자
  - 고창군에 주민등록을 두고 사망한 사람의 연고자
  - 사망한 사람의 연고자중 고창군에 주민등록을 둔 자
  - 고창군 관내에서 개장한 유골의 연고자

■ 사용기간 및 비용
- 사용기간
  - 봉안시설 : 10년(10년 단위로 5회 연장 가능)
  - 자연장지 : 40년
- 사용료
  ① 봉안시설
  - 1기당 : 사용료 8만원, 관리수수료 2만원
  ② 자연장지
  - 잔디형 : 사용료 5만원, 관리비 20만원
  - 수목형 : 사용료 10만원, 관리비 20만원
  - 정원형 : 사용료 10만원, 관리비 20만원

■ 면제 및 감면사항
- 감면대상(50%)
  ① 봉안시설
  - 고창군거 주자중 국민기초생활보장법에 따른 생계·의료급여 수급자

- 고창군 거주자중 독립유공자 및 배우자
- 고창군 거주자 중 국가유공자 및 배우자
- 사회복지시설 수용자
- 고창군 군민의장 조례에 따른 수상 유공자
② 자연장지
- 고창군 거주자중 국민기초생활보장법에 따른 생계·의료급여 수급자
- 고창군 거주자중 참전유공자 및 독립유공자
- 사회복지시설 수용자
- 그밖의 행려 사망자,수사기관으로부터 요청 등 군수가 필요하다고 인정할 때

전남 목포시 | 시설구분 : 봉안시설

■ 시설명 및 이용대상
- 시설명 : 목포 추모공원 추모의집(봉안당)
- 이용대상
  - 시민은 누구든지 이 조례의 정한 바에 의하여 장사시설을 사용할수 있다. 다만,시장은 시민의 사용에 지장이 없다고 인정 될 때에는 시민이 아닌 자에 대하여도 이를 사용하게 할 수 있다.
  - 시민이란 사망 당시 주민등록상 6개월 이상 주소지를 목포시에 두고 거주한 자를 말한다.
  - 목포시 봉안당은 시민중 「국민기초생활보장법」제7조 제1항 제1호 및 제3호에 따른 생계·의료급여 수급자와 관내에서 사망하거나 발견된 무연고자,행려 사망자 등이 이용할수 있다.

■ 사용기간 및 비용
- 사용기간 : 15년(15년 단위로 연장 가능)
- 사용료 및 관리비
  - 목포시 거주자 : 10만원
  - 그외 : 15만원

■ 면제 및 감면사항
- 면제대상
  - 「국민기초생활보장법」제7조 제1항 제1호 및 제3호에 따른 생계,의료급여 수급자
  - 「국가유공자 예우등에 관한법률」에 따른 국가유공자
  - 「국가보훈기본법」에 따른 희생 · 공헌자
  - 관내 지역에서 사망한 무연고자,불법체류 외국인 등의 경우(다만,장제비 지원자의 경우 제외)
  - 그 밖에 시장이 천재지변 등 특별한 사정이 있다고 인정하는 사람
- 감면대상

- 「목포시의사상자 예우 및 지원에 관한조례」에 따른 의사상자 본인과 유가족(배우자,부모, 자녀) : 50%
- 「목포시장기기증등록장려에 관한조례」에 따른 장기기증자 및 장기기증등록자 : 30%

전남 여수시 | 시설구분 : 봉안시설, 자연장지

◼ 시설명 및 이용대상
- 시설명 : 여수시 추모의집(봉안당), 여수시 자연장지
- 이용대상
  - 일반시민(관내에 주민등록을 두고 1년 이상 거주하고 있는 자)
  - 관내에 소재한 분묘에서 개장한 유골을 공설장사시설에 매장·화장 또는 봉안하고자 하는 자
  - 관내에서 발생한 무연고 변사자
  - 특례자
    ① 여수시에 주민등록을 두고 1년 미만 거주하고 있는 자
    ② 여수시에 주민등록이 된 자의 2촌 이내 직계 존·비속 또는 배우자
    ③ 등록기준지가 여수시인 자
    ④ 여수시 관할구역 내에서 사망한 외국인
    ⑤ 제2호의 대상자가 관외에 매장되었을 경우 그 유골을 개장하여 공설묘지에 매장하는 경우

◼ 사용기간 및 비용
- 사용기간
  - 봉안당 : 15년(15년 단위로 2회 연장 가능)
  - 자연장지 : 40년(연장 불가)
- 사용
  ① 봉안당 : 일반시민 12만원, 특례자 50만원
  ② 자연장지
    - 잔디형 : 일반시민 32만원,특례자 48만원
    - 수목형 : 일반시민 416,000원, 특례자 624,000원

◼ 면제 및 감면사항
- 감면대상(50%)
  - 「국민기초생활보장법」에 의한 수급자
  - 「국가유공자등예우및지원에관한법률」에 의한 국가유공자
  - 「재해구호법」에 의한 구호대상자
  - 「여수시헌혈 및 장기기증등록권장에 관한조례」에 따른 장기기증자

- 「의사상자등예우및지원에관한법률」제2조 제4호의 의사상자, 「상훈법」에 따른 훈장 또는 포장을 받은 사람, 여수 시민의상 수상자 및 이에 준하는 사람 중 국가 또는 시 발전에 공로가 있다고 인정되는 사람
- 「여수시병역명문가예우에관한조례」에 의한 병역명문가 예우 대상자

전남 순천시 | 시설구분 : 봉안시설, 자연장지

▣ **시설명 및 이용대상**
- 시설명 : 순천시립추모공원(봉안당 및 자연장지)
- 이용대상
  ① 봉안당
  - 관내
    가. 사망일 현재 순천시에 주민등록을 1년 이상 두고 있는 사람
    나. 시에서 사망하거나 발견된 무연고 변사자
  - 관외
    가. 사망자 직계존속·비속 및 배우자가 순천시에 주민등록을 1년 이상 두고 있는 사람
    나. 사망자의 등록기준지가 시인 경우
    다. 시에서 사망한 외국인
    라. 그밖에 시장이 필요하다고 인정한 사람
  - 개장유골, 사산아, 다른 시설에 안치된 유골은 봉안이 불가하다
  ② 자연장지
  - 관내
    가. 사망일 현재 순천시에 주민등록을 1년 이상 두고 있는 사람
    나. 시에서 사망하거나 발견된 무연고 변사자
    다. 시에 소재한 분묘에 매장되어 있는 유골
  - 관외
    가. 사망자 직계존속·비속 및 배우자가 순천시에 주민등록을 1년 이상 두고 있는 사람
    나. 사망자 등록기준지가 시인 경우
    다. 시에서 사망한 외국인
    라. 그밖에 시장이 필요하다고 인정하는 사람

▣ **사용기간 및 비용**
- 사용기간
  - 봉안당 : 15년(15년 단위로 3회 연장 가능)
  - 자연장지 : 40년(연장 불가)

- 사용
  ① 봉안당 : 일반시민 12만원, 특례자 50만원
  ② 자연장지
   - 봉안당 : 관내 18만원, 관외 60만원
   - 자연장지 : 관내 40만원, 관외 70만원

■ 면제 및 감면사항
- 감면대상
  - 관내 사용자 중 「국민기초생활보장법」제7조 제1항 제1호 및 제3호에 따른 생계·의료급여 수급자 : 50% 감면
  - 관내 사용자 중 「국가보훈기본법」에 따른 희생·공헌자 : 50% 감면
  - 관내 사용자 중 「순천시의사상자 예우 및 지원에 관한조례」에 따른 의사자 또는 의상자 : 50% 감면
  - 관내 사용자중 특별한 사유가 있다고 시장이 인정한 사람 : 50% 감면
  - 관내 사용자 중 「순천시장기및인체조직등기증장려에관한조례」에 따른 장기이식의료기관에서 발급한 장기기증 사실을 증명하는 서류를 구비하여 신청한 경우 : 30% 감면(자연장지만 해당)

전남 광양시 | 시설구분 : 봉안시설, 자연장지

■ 시설명 및 이용대상
- 시설명 : 광양시립영세공원(봉안당 및 자연장지)
- 이용대상
  - 광양시에서 생활하다 사망한 외국인
  - 사망자가 독립유공자 및 건국유공자
  - 등록기준지가 광양인 관외 거주 사망자
  - 광양시에 주소를 둔 자의 직계존비속이 사망한 때
  - 광양시 소재지 무연분묘 개장에 의한 이장묘지 및 행려 사망자
  - 국가기관 및 공공단체가 공익을 목적으로 광양시 지역에서 추진한 공공사업 시행으로 인하여 분묘를 개장하고자 하는 경우
  - 시정발전을 위하여 공이 있거나 광양시장이 특히 필요하다고 인정하는 자로 규칙이 정하는 경우(광양 시민의상 수상자 및 명예광양시민,광양 출신 해외 거주 사망자,매장자의 배우자로 다른 묘지에 매장된 배우자의 이장묘

▣ **사용기간 및 비용**
- 사용기간
    - 봉안당 : 15년(15년 단위로 3회 연장 가능)
    - 자연장지 : 45년(연장 불가)
- 사용료 및 관리비
    ① 봉안당
    - 관내 : 사용료 12만원, 관리비 6만원
    - 관외 : 사용료 43만원, 관리비 6만원
    ② 자연장지
    - 관내 : 사용료 10만원, 관리비 225,000원
    - 관외 : 사용료 30만원, 관리비 225,000원

▣ **면제 및 감면 대상**
- 감면대상
    - 광양시 거주자 중 국민기초생활보장법에 따른 수급자 : 전액
    - 광양시 거주자 중 국가보훈기본법 독립유공자 및 유족 : 전액
    - 시민의상을 받은 자 : 전액
    - 무연고 행려 사망자 : 전액
    - 광양시 장기등기증등록 및 장려지원에 관한 조례에 따른 장기이식 의료기관에서 발급한 장기기증 사실증명서류 제출시 화장장 이용료 면제, 사용료 및 관리비의 50% 감액(다만 관외 거주자는 화장장 사용료만 면제)

전남 담양군 | 시설구분 : 봉안시설, 자연장지

▣ **시설명 및 이용대상**
- 시설명 : 담양군립오룡공원, 담양군립갑향공원(봉안시설 및 자연장지)
- 이용대상
    - 사망자가 군관할 구역 내에 주민등록법에 의하여 1년 이상 계속하여 등재되어 있는 경우
    ※ 다만, 사망자가 아래에 해당하는 경우에는 그러하지 아니한다.
        · 국가유공자 등 예우 및 지원에 관한 법률 제4조의 규정에 의한 국가유공자
        · 군 관할 구역내에서 사망한 행려 사망자 또는 외국인
        · 군 관할 구역 내에서 공익사업을 위한 개장명령에 의하여 이장하거나 무연분묘인 경우
        · 지역발전에 공이 있거나 군수가 특히 필요하다고 인정한 자로 규칙이 정한 경우
        · 묘역시설의 수급상 지장이 없다고 판단되는 봉안시설이나 자연장지로써 군수가 허가한 경우
    - 가족·문중형 봉안당을 사용코자 하는 자는 신청인의 본적지가 담양군이면서 주민등록법

에 의하여 3년 이상 등재된 관내 거주자를 말한다.다만 본적이 담양군이 아닌 자는 주민등록법에 의하여 5년 이상 등재되어 있는 거주자에 한하여 관내자로 사용을 허가함.

■ 사용기간 및 비용
- 사용기간
  - 봉안시설 : 15년(15년 단위로 3회 연장 가능)
  - 자연장지 : 30년(연장 불가)
- 사용료 및 관리비
  ① 봉안시설
  - 봉안개인형(15년) : 사용료 155,000원, 관리비 45,000원
  - 가족형(6기형) : 사용료 575만원, 관리비 72만원
  - 가족형(12기형) : 사용료 1,156만원, 관리비 144만원
  - 문중형(24기형) : 사용료 2,312만원, 관리비 288만원
  - 가족, 문중형은 관외자인 경우 관내의 2배
  ② 자연장지
  - 관내 : 사용료 32만원,관리비 8만원
  - 관외 : 사용료 64만원,관리비 16만원

■ 면제 및 감면 대상
- 감면대상
  - 「국민기초생활보장법」에 의한 수급자
  - 「국가유공자등 예우 및 지원에 관한법률」제4조의 규정에 의한 국가유공자
  - 「광주민주유공자 예우에 관한법률」제4조의 규정에 의한 광주민주유공자
  - 담양군 관내에서 발생한 무연고 변사자
  - 군수가 특별히 필요하다고 인정한 자
  - 군립묘원조성 이전에 설치된 분묘를 조성묘역이나 납골시설 이용시 : 전액감면(15년간 1회한)
  - 군립묘원 조성후 장사시설 소재마을 주민 이용시 : 전액감면(15년간 1회한)

전남 구례군 | 시설구분 : 자연장지

■ 시설명 및 이용대상
- 시설명 : 구례군 공설자연장지
- 이용대상
  - 사용허가 신청시 군에 주민등록을 둔 사람과 그 직계존비속
  - 군에 소재한 분묘의 개장유골
  - 군에서 사망한 외국인
  - 그밖에 군수가 특별히 필요하다고 인정하는 경우

▣ 사용기간 및 비용
- 사용기간
  - 40년(연장불가)
- 사용료
  - 30만원

▣ 면제 및 감면 대상
- 면제대상
  - 「국민기초생활보장법」제5조에 따른 수급권자로서 사망일전 30일 이상 구례군에 주소를 둔 자
  - 「국가유공자등예우및지원에관한법률」제4조에 따른 국가유공자로서 사망일전 30일 이상 구례군에 주소를 둔 자
  - 무연고 행려 사망자
  - 군수가 시행하는 사업장에서 발생하는 무연고 분묘

전남 장성군 | 시설구분 : 봉안시설

▣ 시설명 및 이용대상
- 시설명 : 장성군추모공원(봉안시설)
- 이용대상
  - 사망자가 사망일 당시 장성군에 주소를 두고 3개월 이상 거주한 자
  - 본적이 군내에 있고 군외지역에서 거주한 자
  - 군내에 소재한 분묘를 개장한 유골의 연고자
  - 군내에서 사망한 행려·무연고 또는 외국인
  - 배우자가 군소재 장사시설에 안치되어 있는 상태에서 타지역 거주자가 사망하여 합장 또는 안치를 하고자 하는 경우
  - 군에 3개월 이상 주민등록을 두고 계속해서 거주한 자의 1촌 이내의 직계존·비속
  - 그밖의 지역발전에 공이 있거나 군수가 특히 필요하다고 인정한 자.

▣ 사용기간 및 비용
- 사용기간
  - 15년(15년 단위로 3회 연장 가능)
- 사용료 및 관리비
  - 개인단 : 30만원
  - 부부단 : 60만원

■ 면제 및 감면 대상
- 감면대상
  - 「국민기초생활보장법」제7조 제1항 제1호 및 제3호에 따른 생계·의료급여 수급자
  - 「국가유공자등 예우 및 지원에 관한법률」제4조에 따른 국가유공자 및 배우자
  - 「독립유공자 예우에 관한법률」제4조에 따른 독립유공자 및 배우자
  - 「5·18민주유공자 예우에 관한법률」제4조에 따른 5·18민주유공자 및 배우자
  - 「고엽제후유의증환자 지원등에 관한법률」에 의한 고엽제 후유의증환자 및 배우자
  - 사용료 등을 납부할 능력이 없다고 인정되는 자

전남 완도군 | 시설구분 : 봉안시설, 자연장지

■ 시설명 및 이용대상
- 시설명 : 완도군 추모공원(봉안시설및자연장지)
- 이용대상
  - 관내자는 사망일 기준 군에 주민등록을 둔 자이거나, 군 관내에서 개장한 유골의 연고자를 말한다.
  - 관외자는 제1항 이외의 사람을 말한다.

■ 사용기간 및 비용
- 사용기간
  - 15년(15년 단위로 3회 연장 가능)
- 사용료 및 관리비
  ① 봉안시설
    - 관내 사용료 40만원, 관외 사용료 80만원
    - 관리비(1년) 2만원
  ② 자연장지
    - 잔디장 : 관내 사용료 40만원, 관외 사용료 80만원
    - 수목장(가족수목형) : 사용료 150만원
    - 관리비(1년) 2만원

■ 면제 및 감면 대상
- 면제 및 감면 대상
  - 군 관내에서 사망한 무연고 사망자
  - 군수가 시행하는 각종 개발사업에서 발생한 무연분묘
  - 군수가 필요하다고 인정하는 사람
  - 기초생활 수급자는 사용료 등을 50% 감면

전남 진도군 | 시설구분 : 봉안시설, 자연장지

▣ 시설명 및 이용대상
- 시설명 : 진도군립봉안담, 진도군립자연장지
- 이용대상 : 제한없음
    ① 관내자
    - 진도 군민
    - 진도군에서 거주하다 사망한 무등록자 및 외국인
    - 진도군내에서 개장한 유골
    ② 관외자 : 제1항 이외의 자

▣ 사용기간 및 비용
- 사용기간
    - 15년(15년 단위로 3회 연장 가능)
- 사용료 및 관리비
    ① 봉안담
    - 관내 : 사용료(15년) 40만원, 관리비(1년) 3만원
    - 관외 : 사용료(15년) 80만원, 관리비(1년) 3만원
    ② 자연장지(잔디장)
    - 관내 : 사용료(15년) 40만원, 관리비(1년) 3만원
    - 관외 : 사용료(15년) 80만원, 관리비(1년) 3만원

▣ 면제 및 감면 대상
- 면제대상
    - 진도군 관내에서 사망한 무연고 사망자
    - 본 시설의 사용권이 소멸되어 자연장하는 경우
    - 군수가 시행하는 각종 개발사업에서 발생한 무연분묘
- 감면대상(50% 이내)
    - 진도군 관내에서 거주하다 사망한 독립유공자
    - 군수가 필요하다고 인정하는 자

경북 경주시 | 시설구분 : 봉안시설

■ **시설명 및 이용대상**
- 시설명 : 경주시공설봉안당
- 이용대상
  - 경주시내 거주자
  - 외국인
  - 시장이 특히 필요하다고 인정하는 자

■ **사용기간 및 비용**
- 사용료 및 관리비
  - 일반실(10년) 사용료 48,000원, 수수료 52,000원

경북 안동시 | 시설구분 : 봉안시설

■ **시설명 및 이용대상**
- 시설명 : 안동하늘공원(봉안시설)
- 이용대상
  - 사망일 현재 관내 주민등록을 두고 거주한 자(외국인 포함)
  - 관외 사망자 중 본적지가 관내인 자
  - 관외 사망자 또는 관외 개장유골의 경우 배우자가 기존의 봉안당에 안치되어 있는 경우
  - 관내의 기존묘지에서 개장된 유골
  - 관내에서 사망한 행려 사망자의 유골
  - 기타 봉안시설의 수급계획을 분석한 결과 관내 거주자의 사용에 지장을 초래하지 않는다고 시장이 판단하는 경우

■ **사용기간 및 비용**
- 사용기간
  - 10년(연장 가능)
- 사용료 및 관리비
  - 개인단 : 관내 30만원, 관외 90만원(10년,연장 가능)
  - 부부단 : 관내 50만원, 관외 150만원(10년,연장 가능)
  - 사망일 현재 안동시에 주민등록을 두고 거주한 자 및 매장지가 관내인 개장유골의 경우는 관내 사용료를 부과, 그 외에는 관외 사용료 부과

▣ 면제 및 감면 대상
- 사용료 면제 대상(100%)
    - 안동시가 공익 또는 공공의 목적으로 시행하는 사업장 내의 연고자가 없는 분묘에서 발굴된 유골
    - 관내 무연고 행려 사망자
    - 기타 시장이 필요하다고 인정하는 자
- 사용료 감면 대상(50%)
    - 지역주민
    - 「국민기초생활보장법」에 의한 기초생활보장 수급자
    - 「국가유공자등 예우 및 지원에 관한법률」제4조에 따른 국가유공자
    - 「안동시장기등기증등록 장려에 관한조례」제10조 제 1항에 따른 장기 등 기증자 및 장기등기증 등록자
    - 기타 시장이 필요하다고 인정하는 자

경북 구미시 | 시설구분 : 봉안시설

▣ 시설명 및 이용대상
- 시설명 : 구미시 공설숭조당(봉안시설)
- 이용대상
    - 사망시 주민등록이 시 또는 경상북도로 되어 있는 사람(외국인 포함)
    - 사망시「가족관계의 등록등에 관한법률」제9조에 따라 등록기준지가 시로 되어 있는사람
    - 시 관할구역 안에서 사망한 무연고자
    - 개장전 분묘소재지 또는 봉안소재지가 시 또는 경상북도인 유골
    - 시에 주민등록이 되어 있는 사람이 관외에 있는 부모·배우자 및 자녀가 사망하여 봉안하거나 개장하여 봉안하려는 경우
    - 기존에 안치된 배우자와 같은 시설을 사용하고자 하는 경우(단,법적 배우자에 한함)
    - 그밖에 재난 등으로 인하여 특별한 사유가 있다고 시장이 인정하는 사망자

▣ 사용기간 및 비용
- 사용기간
    - 최초 15년(15년 단위 2회 연장 가능)
- 사용료
    - 일반실 : 관내 20만원, 관외 70만원
    - 부부단실 : 관내 30만원, 관외 110만원
    - 무연고실 : 관내 6만원, 관외 15만원

- 외국인실 : 관내 12만원, 관외 30만원

※관내외 기준
- 일반시신 : 사망일 현재 구미시에 주민등록을 두고 사망한 사람
- 태아 : 사산일 현재 산모가 구미시에 주민등록이 되어 있는 경우
- 개장유골 : 개장신고일 현재 기존분묘 소재지가 구미시 지역이거나 분묘 연고자(부모, 배우자, 자녀)가 구미시에 주민등록이 되어 있는 경우
- 무연고사망자 : 사망자의 최초 발견장소가 구미시 지역인 경우

■ 면제 및 감면 대상
- 감면대상(50%)
  - 「국민기초생활 보장법」에 따른 생계급여, 의료급여 수급자(단, 최초 1회에 한정한다)
  - 「국가유공자 등 예우 및 지원에 관한 법률」 제4조에 따른 국가유공자 및 그 유족 또는 가족
  - 시장이 필요하다고 인정하는 자

경북 의성군 | 시설구분 : 자연장지

■ 시설명 및 이용대상
- 시설명 : 의성군 천제공원(자연장지)
- 이용대상
  - 사망일전 군에 주민등록이 되어 있는 사람과 가족관계의 등록 등에 관한 법률 제9조에 따른 등록기준지가 사망 당시 군으로 되어 있는 사람

■ 사용기간 및 비용
- 사용기간
  - 30년
- 사용료
  - 잔디형 개인 : 관내 60만원, 관내 등록기준지 120만원
  - 잔디형 가족장지 4구용 : 관내 240만원, 관내 등록기준지 480만원
  - 수목장공동목 1구 : 관내 40만원, 관내 등록기준지 80만원
  - 수목장 가족목 : 관내 160만원, 관내 등록기준지 320만원

경북 칠곡군 | 시설구분 : 봉안시설

■ **시설명 및 이용대상**
- 시설명 : 칠곡군 공설봉안당
- 이용대상
  - 사망일 기준 칠곡군에 주민등록이 되어 있는 자
  - 칠곡군에서 사망한 외국인 및 무연고자
  - 관외 사망자 중 등록기준지가 관내인 자
  - 관외 사망자 또는 관외 개장 유골의 경우 배우자가 칠곡군 공설 봉안당에 안치되어 있는 경우

■ **사용기간 및 비용**
- 사용기간
  - 10년(연장가능)
- 사용료
  - 유연고 : 5만원(사용기간 10년, 연장가능)
  - 무연고 : 2만원(사용기간 10년, 연장불가)

■ **면제 및 감면 대상**
- 감면대상
  - 군수가 필요하다고 인정할 때에는 사용료 감면 가능

경북 울릉군 | 시설구분 : 봉안시설

■ **시설명 및 이용대상**
- 시설명 : 울릉하늘섬공원(봉안묘)
- 이용대상
  - 시설이용 당시 울릉군에 주소를 둔 사망자에 한하여 이용 가능
  - 군수가 주민의 사용에 지장이 없다고 인정하는 경우에는 주민이 아닌 자에 대하여도 이용 가능

■ **사용기간 및 비용**
- 사용기간
  - 봉안묘 : 최초 30년(30년 단위로 1회 연장 가능)
  - 봉안묘 : 무연 유골 10년
  - 자연장지 : 30년(연장불가)
- 사용료

- 봉안묘 : 관내 30만원, 관외 60만원
- 자연장지(관내) : 잔디 60만원, 화초 60만원, 수목장 100만원

■ 면제 및 감면 대상
- 감면대상(50%)
  - 「국민기초생활보장법」제7조 제1항 제1호에 따른 생계급여 수급자 또는 같은항 제3호에 따른 의료급여 수급자
  - 「국가유공자등 예우 및 지원에 관한법률」에 따른 국가유공자
  - 「독립유공자 예우에 관한법률」에 따른 독립유공자
  - 「고엽제휴유의증등 환자지원 및 설립단체에 관한법률」에 따른 적용 대상자
  - 「참전유공자 예우 및 단체설립에 관한법률」에 따른 참전유공자
  - 장애인등급이 1급, 2급인 장애인과 다른 장애가 중복된 3급 지체장애인 및 발달장애인
  - 그밖에 군수가 사용료를 납부할 능력이 없다고 인정하는 사회복지시설 수용자, 연고자가 없는 행려 사망자 등

경남 창원시 | 시설구분 : 봉안시설

■ 시설명 및 이용대상
- 시설명 : 창원시립상복공원봉안당, 시립영생원봉안시설, 시립천자원봉안시설
- 위치
  - 창원시립상복공원 : 창원시 성산구 공단로 474번길160(상북동)
  - 시립영생원봉안시설 : 창원시 마산합포구 진동면 공원묘원로 136-106
  - 시립천자원봉안시설 : 창원시 진해구 진해대로 1426-48(제덕동)
- 이용대상
  - 사망한 날을 기준으로 1개월 전부터 계속해서 창원시에 주민등록상 주소를 둔 자 또는 그 배우자(타 지역 거주자 포함)
  - 관내에 설치된 분묘 중 개장되어 화장한 유골인 경우
  - 이미 봉안시설을 사용중인 유골의 배우자가 사망하여 그 유족이 화장한 유골의 합골을 신청하는 경우. 다만, 합골한 경우 사용기간은 합골한 시점부터 계산한다.
  - 그밖에 시장이 필요하다고 인정하는 화장한 유골인 경우

■ 사용기간 및 비용
- 사용기간
  - 15년(15년 단위로 3회 연장 가능)

- 사용료
    - 유연유골(1구/15년) : 관내 17만원, 관외 100만원
    - 무연유골(1구/10년) : 관내 9만원, 관외 30만원
    ※관내 기준
    - 사망한 날을 기준으로 1개월 전부터 계속해서 창원시에 주소를 둔 경우(「출입국관리법」 제34조에 따른 외국인등록대장에 등재된 외국인을 포함한다.)
    - 개장의 경우 사망 당시 주소가 창원시였거나 분묘 또는 봉안당 소재지가 시 관할구역에 있는 경우
    - 시 관할구역에서 발생한 행려자나 무연고 사망자

■ **면제 및 감면 대상**
- 면제대상(최초 1회)
    - 「국민기초생활보장법」에 따른 수급자
    - 「국가보훈기본법」에 따른 희생·공헌자
    - 「독립유공자 예우에 관한법률」에 따른 독립유공자의 배우자
    - 「국가유공자등 예우 및 지원에 관한법률」에 따른 국가유공자의 배우자
- 감면대상(50%, 최초 1회)
    - 「독립유공자 예우에 관한법률」에 따른 독립유공자의 유족(배우자는 제외)
    - 「국가유공자등 예우 및 지원에 관한법률」에 따른 국가유공자의 유족(배우자는 제외한다)
    - 「참전유공자 예우 및 단체설립에 관한법률」에 따른 참전유공자의 배우자
    - 「창원시병역명문가 예우 및 지원에 관한조례」에 따른 병역명문가에 대한 봉안당 사용료
    - 「창원시장기기증 등록장려에 관한조례」에 따른 장기기증자에 대한 봉안당 사용료

경남 진주시 | 시설구분 : 봉안시설

■ **시설명 및 이용대상**
- 시설명 : 진주시 추모당(봉안당)
- 이용대상
  관내에 주민등록을 두고 있는 자
  ※ 다만, 관외에 주소를 두고 있는 자는 당해 시설의 수급 범위 안에서 이를 신고수리할수 있다.

■ **사용기간 및 비용**
- 사용기간
    - 최초 15년(15년 단위로 3회 연장 가능)
- 사용료
    - 관내 : 20만원

- 관외 : 100만원
▣ 면제 및 감면 대상
- 감면대상
  - 「진주시장기증 등록장려에 관한조례」에 따른 장기기증자에 대하여는 봉안료의 50%를 경감

경남 통영시 | 시설구분 : 봉안시설

▣ 시설명 및 이용대상
- 시설명 : 통영시공설봉안당
- 이용대상
  - 사망시에 통영시에 주소를 둔 자 또는 기준등록지가 통영시인 자
  - 기존에 안치된 사람의 배우자가 사용을 희망할 경우에는 주소 등에 관계없이 이용 가능

▣ 사용기간 및 비용
- 사용기간
  - 15년(1회에 한하여 연장 가능)
- 사용료
  - 개인단(1구) : 20만원(연장 20만원)
  - 부부단(2구) : 40만원(연장 40만원)

▣ 면제 및 감면 대상
- 감면대상
  - 통영시에 주소를 둔 국민기초생활보장법에 따른 수급자:전액
  - 통영시 장기 등 기증등록 장려에 관한 조례에 따른 장기 등 기증자 : 전액
    (통영시 관내 주민인 기증자 및 통영시 관내 주민이 수혜를 받은 타 지역 기증자)
  - 통영시병역명문가예우에관한조례 제5조에 따른 병역명문가 예우 대상자 : 전액
  - 그밖에 시장이 특별한 사정이 있다고 인정하는 자

경남 사천시 | 시설구분 : 봉안시설, 자연장지

▣ 시설명 및 이용대상
- 시설명 : 사천시 누리원(봉안당 및 자연장지)
- 이용대상
  - 사망일 기준으로 주민등록상 주소지 또는 「가족관계의 등록 등에 관한 법률」에 따른 등록

기준지를 시에 두고 사망한 사람
- 시 관할구역에서 사망한 외국인
- 시 관할구역 또는 공설묘지에 있는 분묘를 개장하여 자연장하는 경우
- 그 밖에 시장이 사용대상으로 인정할 만한 특별한 사정이 있는 경우
- 이미 공설자연장지에 안치된 배우자와 같이 자연장을 하려는 경우

▣ 사용기간 및 비용
- 사용기간
  - 봉안당 : 15년(15년 단위로 3회 연장 가능)
  - 자연장지 : 30년(15년 단위로 2회 연장 가능)
- 사용료
  - 봉안당(1기) : 관내 20만원, 관외 100만원
  - 봉안당(부부) : 관내 40만원, 관외 200만원
  - 자연장지(개인용1구) : 30만원
  - 자연장지(가족2구) : 60만원
  - 자연장지(가족4구) : 120만원
  - 자연장지 기간연장(15년 단위) : 사용료의 50%
  ※ 공설봉안당 관내 기준 : 화장한 고인의 경우 주민등록상 주소지, 다른 장소에 봉안 또는 매장하였다가 봉안당으로 옮겨오는 경우 사망자의 주민등록상 주소지
  ※ 공설자연장지 관내 기준 : 고인의 주민등록상 주소지

▣ 면제 및 감면 대상
- 감면대상(사천시거주자)
  - 국민기초생활보장법에 따른 수급자중 생계·의료급여 수급자
  - 국가보훈법에 따른 희생·공헌자
  - 만100세 이상의 사람
  - 시신을 처리할 연고자가 없거나 그밖에 특별한 사정이 있다고 인정하는 사람

경남 김해시 | 시설구분 : 봉안시설

▣ 시설명 및 이용대상
- 시설명
  - 김해추모의집(봉안당)
  - 위치 : 김해시 주촌면 서부로 1637번길574 일원
- 이용대상

- 김해시에 3개월 이상 주소를 둔 사망자(개장유골이나 다른 시설 안치유골 이용 불가)

■ 사용기간 및 비용
- 사용기간 : 15년(15년 단위로 2회 연장 가능)
- 사용료
  - 유연유골(15년) : 25만원
  - 무연유골(10년) : 15만원

■ 면제 및 감면 대상
- 감면대상(김해시 3개월 이상 거주자,50%)
  - 「국민기초생활 보장법」제7조 제1항 제1호에 따른 생계급여 수급자 또는 같은 조 같은 항 제3호에 따른 의료급여 수급자
  - 「국가보훈 기본법」에 따른 희생·공헌자
  - 「장애인복지법」에 따른 장애정도가 심한 장애인
  - 「김해시 장기기증등록 장려에 관한 조례」에 따라 장기기증자로 등록된 사람
  - 그 밖에 시장이 사용료를 납부할 능력이 없다고 인정하는 사회복지시설 수용자 또는 연고자가 없는 행려 사망자 등

경남 거제시   시설구분 : 봉안시설

■ 시설명 및 이용대상
- 시설명
  - 거제시 추모의집(봉안당)
  - 위치 : 거제시 사등면 지석로 219-38

■ 사용기간 및 비용
- 사용기간 : 15년(15년 단위로 1회 연장 가능)
- 사용료
  - 관내 30만원, 관외 100만원
  ※ 관내기준
  - 사망일 현재 시에 주민등록이 되어 있는 경우
  - 「출입국관리법」제10조에 따른 영주의 체류자격을 취득한 외국인으로서 시를 국내체류지로 하여 거주하다 사망후 안치하려는 경우
  - 관내 소재한 분묘를 개장하여 유골을 안치하려는 경우

■ 면제 및 감면 대상
- 면제대상(관내자)

- 「국민기초생활보장법」에 따른 생계급여 또는 의료급여 수급자
- 그밖에 시장이 사용료를 납부할 능력이 없다고 인정하는 연고자가 없는 행려 사망자 등
- 감면대상(50%,관내자)
  - 「독립유공자예우에 관한법률」에 따른 독립유공자와 그 배우자
  - 「국가유공자등 예우 및 지원에 관한법률」에 따른 국가유공자와 그 배우자
  - 「참전유공자예우 및 단체설립에 관한법률」에 따른 참전유공자와 그 배우자
  - 「고엽제후유의증등 환자지원 및 단체설립에 관한법률」에 따른 적용 대상자
  - 추모의집 인근 지역 주민(사등면 지석 · 장좌 · 청곡 · 언양마을)
  - 거제시 시민상 수상자
  - 「거제시장기기증 등록장려에 관한조례」제3조 제2호에 따른 장기 기증자

경남 의령군 | 시설구분 : 봉안시설

■ **시설명 및 이용대상**
- 시설명
  - 의령군 공설묘지, 공설봉안시설
  - 위치 : 의령군 법정로 580-9 일원
- 이용대상
  - 공설묘지 : 의령군내 주소 또는 본적을 둔 자
  - 공설봉안시설 : 관내 주민의 사용에 지장이 없는 범위 내에서 관외 주민의 사용허가 가능

■ **사용기간 및 비용**
- 사용기간 : 30년(1회 연장 가능)
- 사용료 및 관리비(1구당 15년 기준)
  - 공설묘지 : 사용료 30만원, 관리비 15만원
  - 납골묘(관내) : 사용료 30만원, 관리비 75,000원
  - 납골묘(관외) : 사용료 60만원, 관리비 75,000원

■ **면제 및 감면 대상**
- 면제 및 감면 대상
  - 사회복지시설 수용자 : 100%
  - 시체를 처리할 자가 없거나 연고자가 불분명한 자 : 100%
  - 정곡면 가현리, 백곡리, 예둔리 거주 주민 : 100%
  - 정곡면 가현리, 백곡리, 예둔리를 제외한 정곡면 거주 주민 : 50%

경남 함안군 | 시설구분 : 봉안시설, 자연장지

■ **시설명 및 이용대상**
- 시설명
  - 함안하늘공원(자연장지), 함안군공설봉안당
- 위치
  - 함안하늘공원 : 함안군 가야읍 함마대로 1145
  - 함안군공설봉안당 : 함안군 군북면 하림2길 181-78
- 이용대상
  - 군에 주민등록을 둔 사망자
  - 군에 주민등록을 둔 자의 배우자 및 직계존·비속 중 사망자
  - 관내에서 사망한 외국인
  - 관내에서 사망한 행려자
  - 군에 소재한 분묘에서 개장되어 화장한 유골
  - 군출신 출향인(최초 등록 기준지 또는 최초등록 주소지)이 이용을 희망하는 자와 그 배우자
  - 그밖에 군수가 필요하다고 인정하는 화장한 유골
  - 관외 거주자가 사망하여 안장하려는 경우에는 이미 안장된 사람의 배우자로 한정

■ **사용기간 및 비용**
- 사용기간
  - 봉안당 : 15년(15년 단위로 3회 연장 가능)
  - 자연장지 : 30년(연장 불가)
- 사용료 및 관리비
  ① 봉안당
  - 관내 : 사용료 20만원, 관리비 없음
  - 관외 : 사용료 60만원, 관리비 없음
  ② 자연장지
  - 잔디형 관내 : 사용료 30만원, 관리비 10만원
  - 잔디형 관외 : 사용료 60만원, 관리비 30만원
  - 수목형 관내 : 사용료 35만원, 관리비 10만원
  - 수목형 관외 : 사용료 90만원, 관리비 30만원

■ **면제 및 감면 대상**
- 면제대상
  - 「국가보훈기본법」에 따른 희생·공헌자 및 그 배우자
  - 「국민기초생활보장법」에 따른 생계급여 수급자, 의료급여 수급자

- 「함안군의로운군민등에 대한 예우 및 지원에 관한조례」에 따른 의사상자
- 사회복지시설 수용자 중 무연고자
- 시체를 처리할 자가 없거나 불분명한 무연고자

경남 창녕군 | 시설구분 : 봉안시설

■ **시설명 및 이용대상**
- 시설명
  - 창녕군추모공원(봉안시설)

- 이용대상
  - 군내에 주민등록 또는 본적을 두고 있는 자
  - 군내에 주민등록 또는 본적을 두고 있는 자의 직계혈족
  - 군내에 소재한 기존묘지에서 개장된 유골을 안치하려는 자
  - 추모공원에 이미 안치된 자의 배우자
  - 「장사 등에 관한 법률」제12조에 따른 무연고시체 등

■ **사용기간 및 비용**
- 사용기간 : 15년(15년 단위로 연장 가능)
- 사용료
  - 군내 거주자 : 15만원
  - 군외 거주자 : 150만원
  ※ 단, 사망자의 직계혈족이 군내에 주민등록 또는 본적을 두고 있는 자일 경우 군내 거주자로 적용함.

■ **면제 및 감면 대상**
- 면제대상
  - 「독립유공자 예우에 관한법률」제4조에 따른 독립유공자와 그 배우자
  - 「국가유공자등 예우 및 지원에 관한법률」제4조 제1항에 따른 국가유공자와 그 배우자
  - 「국민기초생활보장법」에 따른 국민기초생활보장 수급자
  - 국가보훈처에 등록된 6.25 및 월남전 참전용사
  - 그밖에 군수가 사용료를 납부할 능력이 없다고 인정하는 사회복지시설 수용자, 연고가 없는 행려 사망자 등
- 감면대상(50%)
  - 「독립유공자 예우에 관한법률」제5조에 따른 독립유공자의 유족

- 「국가유공자등 예우 및 지원에 관한법률」제5조에 따른 국가유공자의 유족
- 국가보훈처에 등록된 6.25 및 월남전 참전용사의 배우자

경남 창녕군 | 시설구분 : 장례식장

■ **시설명 및 이용대상**
- 시설명
  - 창녕군 공설장례식장
- 이용대상
  - 창녕군에 주민등록을 둔 사망자의 상주
  - 본적지가 창녕군인 사망자의 상주
  - 군수가 시설의 수급상 지장이 없다고 판단할 경우 군 관할구역 외의 거주자 및 외국인에 대해서도 사용을 승인할수 있다.

■ **사용기간 및 비용**
- 장례식장 사용료
  - 분향실(1일) : 일반 5만원, 특실 10만원
  - 안치실(1일) : 5만원
  - 염습실(1회) : 3만원
  - 염습비(1회) : 15만원
  ※관외 거주자는 사용료 2배
  ※ 분향실 및 안치실의 사용료는 24시간을 1일로 하여 산정하며, 24시간에 미달되는 시간은 12시간 이상인 경우 1일, 12시간 미만인 경우 1일사용료의 2분의1로 함

■ **면제 및 감면 대상**
- 면제대상
  - 「국민기초생활보장법」제5조에 따른 수급권자
  - 「국가유공자등 예우 및 지원에 관한법률」제4소에 따른 국가유공자

경남 고성군 | 시설구분 : 봉안시설

■ **시설명 및 이용대상**
- 시설명
  - 고성군 공설봉안당
- 이용대상

- 등록기준지가 고성군에 해당하는 자

▣ **사용기간 및 비용**
- 사용기간 : 15년(15년 단위로 3회 연장 가능)
- 사용료
  - 유연유골(15년) : 관내 10만원, 관외 30만원
  - 무연유골(10년) : 관내 75,000원, 관외 225,000원

▣ **면제 및 감면 대상**
- 면제대상
  - 국민기초생활보장법에 따른 국민기초생활 수급자
  - 국가유공자등 예우 및 지원에 관한법률 제4조에 따른 국가유공자와 그 배우자
  - 보훈보상대상자 지원에 관한법률 제2조에 따른 보훈대상자와 그 배우자
  - 무연고 사망자
  - 그밖에 군수가 특별한 사정이 있다고 인정하는 자
- 감면대상(50%)
  - 장묘시설 소재지 법정리 주민(주민등록 거주자)

경남 남해군   시설구분 : 봉안시설, 자연장지

▣ **시설명 및 이용대상**
- 시설명
  - 남해공설종합묘원추모누리(묘지, 봉안시설, 자연장지)
- 이용대상
  ① 매장묘역, 봉안평장
  - 사망일을 기준으로 6개월 전부터 계속하여 군에 주소 또는 「가족관계의 등록 등에 관한 법률」에 따른 등록기준지를 두고 사망한 사람
  - 부부 중 1명이 매장묘역 등에 이미 안치되어 있는 상태에서 관외 거주하는 배우자가 사망하여 합장을 하려는 경우
  - 배우자의 사망으로 군 관할구역에 있는 분묘를 개장한 유골인 경우
  - 그밖에 군수가 특별한 사정이 있다고 인정하는 경우
  ② 봉안당
  - 누구나 가능
  ③ 자연장지
  - 사망일을 기준으로 6개월 전부터 계속하여 군에 주소 또는 「가족관계의 등록 등에 관한

법률」에 따른 등록기준지를 두고 사망한 사람
- 군 관할구역에서 사망한 외국인
- 군 관할구역 또는 공설묘지에 있는 분묘를 개장하여 자연장 하는 경우
- 공설봉안당에 안치된 유골을 자연장하는 경우
- 그밖에 군수가 사용대상으로 인정할 만한 특별한 사정이 있는 경우
- 제1항에도 불구하고 이미 장사시설에 안치된 배우자와 같은 시설을 사용하려는 경우에는 자연장을 할수 있다.

■ 사용기간 및 비용
- 사용기간
  - 매장묘역, 봉안평장, 봉안당 : 30년(30년 단위로 1회 연장 가능)
  - 자연장지 : 60년
- 사용료 및 관리비
  ① 매장묘역
   - 사용료 860,000원/60년(최초 1회 징수)
   - 관리비 16,000원/1년(30년 단위 징수)
  ② 봉안평장
   - 사용료 130,000원/60년(최초 1회 징수)
   - 관리비 2,000원/1년(30년 단위 징수)
  ③ 봉안당(안락원)
   - 사용료 160,000원/60년(최초 1회 징수)
   - 관리비 8,000원/1년(30년 단위 징수)
  ④ 봉안묘
   - 사용료 3,120,000원/60년(최초 1회 징수)
   - 관리비 57,000원/1년(30년 단위 징수)
  ⑤ 담식 봉안시설
   - 가족형(12기형) 사용료 3,950,000원/60년(최초 1회 징수)
   - 가족형 관리비 10,000원/1년(30년 단위 징수)
   - 문중형(24기형) 사용료 7,900,000원/60년(최초 1회 징수)
   - 문중형 관리비 15,000원/1년(30년 단위 징수)
   - 문중형(48기형)사용료 15,800,000원/60년(최초 1회 징수)
   - 문중형 관리비 20,000원/1년(30년 단위 징수)
  ⑥ 자연장지
   - 개인용 300,000원(60년)
   - 가족(2구) 550,000원(60년)
   - 가족(4구) 1,100,000원(60년)

- 가족(6구) 1,650,000원(60년)
- 문중.종중 : 안치구수로 산정
※ 사망 6개월 전부터 남해군에 주소를 두거나 등록기준지가 남해군일 경우 남해군민으로 인정
※ 묘지 또는 봉안된 유골의 현존지가 군 관할구역이 아닌 경우와 주소지 또는 등록기준지가 타시군인 사람이 사망한 경우에는 봉안당(안락원) 사용료와 관리비는 3배로 부과한다.
※ 사설 봉안시설을 설치하기 위하여 임시로 봉안당에 안치하는 경우에는 1년마다 관리비를 부과할수 있다.
※ 석물등 시설물의 설치는 장사시설 사용자가 부담한다.

■ 면제 및 감면 대상
- 면제 및 감면 대상
  - 「국민기초생활보장법」에 따른 수급자:전액
  - 「국가유공자등 예우 및 지원에 관한법률」에 따른 국가유공자 : 50% 감면
  - 「참전유공자 예우 및 단체설립에 관한법률」에 따른 참전유공자 : 50% 감면
  - 사회복지시설의 수용자중 무의탁 사망자 : 전액
  - 그밖에 시체를 처리할 연고자가 없거나 불분명한 사망자 : 전액
  - 장사시설이 있는 서면 연죽리에 주소 또는 「가족관계의 등록등에 관한법률」에 따른 등록기준지를 둔 사망자 : 50% 감면

경남 남해군 | 시설구분 : 장례식장

■ 시설명 및 이용대상
- 시설명
  - 남해군공설장례식장
- 이용대상
  - 남해군에 주민등록을 둔 사망자의 상주 또는 본적지가 남해군인 사망자의 상주에 한함

■ 사용기간 및 비용
- 사용료
  - 영결식장 1실당(1시간) : 남해군민 무료, 기타지역 주민 6만원
  - 빈소 1실당(12시간) : 남해 군민 114,000원, 기타지역 주민 24만원
  - 안치실 1구당(12시간) : 남해군민 6만원, 기타지역 주민 12만원
  - 염습실 1회 : 남해군민 3만원, 기타지역 주민 6만원

■ 면제 및 감면 대상
- 면제 및 감면 대상
  - 남해군민 영결식장 사용료 무료
  - 군내 거주자로서 기초수급자 : 장의용품 비용 30% 감면

경남 하동군 | 시설구분 : 봉안시설

■ 시설명 및 이용대상
- 시설명
  - 하동군 공설봉안당(금오영당)
- 이용대상
  ① 하동군내 주민등록 또는 등록기준지를 두고 있는자로 한다. 다만, 군민의 사용상 지장이 없는 범위에서 관외 주민의 사용을 허가할수 있다.
  ② 개장 안치자로서 공부확인 불가시 안치적용 기준은 다음과 같이 구분 적용할수 있다.
    1. 묘지위치가 관내이고 연고자 주소가 관내일 때 거주자로 적용
    2. 묘지위치가 관내이고 연고자 주소가 관외이며 등록기준지가 관내일 때 등록기준지를 두고 있는 자로 적용
    3. 묘지위치가 관외이고 연고자 주소가 관내이며 등록기준지가 관내일 때 등록기준지를 두고 있는 자로 적용
    4. 묘지위치가 관외이고 연고자주소가 관외이며 등록기준지가 관내일 때 등록기준지를 두고 있는 자로 적용
    5. 묘지위치가 관내고 연고자주소가 관외이며 등록기준지가 관외일 때 관외자로 적용

■ 사용기간 및 비용
- 사용기간 : 최초 30년(1회 30년 연장 가능)
- 사용료 및 관리비
  - 인조대리석 안치단 사용료 : 관내 10만원, 관내 등록기준지 30만원, 그외 150만원
  - 목재안치단 사용료 : 관내 12만원, 관내 등록기준지 36만원, 그외 180만원
  - 관리비 : 30년 15만원
    ※ 군내 거주자는 군내 거주를 목적으로 6월 이상 주민등록이 되어 있는 자이며, 군내 등록기준지를 두고 있는 자는 군내에 10년 이상 등록기준지를 두고 있는 자를 말함.
    ※ 사용기간 연장(재사용)시 관리비만 납부

■ 면제 및 감면 대상
- 면제대상(100%)

- 「국민기초생활보장법」에 따른 국민기초생활보장 수급자
- 자치단체 시행의 관내공사로 인해 발생한 무연분묘의 개장유골
- 그밖에 군수가 사용료를 납부할 능력이 없다고 인정하는 사회복지시설 수용자 및 연고자가 없는 행려 사망자 등
• 감면대상(50%)
- 「국가유공자등예우및지원에관한법률」에 따른 국가유공자
- 「독립유공자 예우에 관한법률」에 따른 독립유공자
- 「고엽제후유의증환자 지원등에 관한법률」에 따른 적용대상자
- 「광주민주화운동관련자 보상등에 관한법률」에 따른 적용대상자
- 술상.양포공동묘지정비사업으로 인해 안치되는 유골에 대해서는 15년 동안 사용료 및 관리비를 면제

경남 산청군 | 시설구분 : 봉안시설

■ **시설명 및 이용대상**
• 시설명
- 산청군 공설묘지(봉안묘),본향원(봉안당)
• 이용대상
- 관내에 1년 이상 주민등록을 두고 있는 사람
- 단,공설봉안당은 관내 주민의 사용상 지장이 없는 범위에서 관외 주민의 이용을 허가할수 있다.

■ **사용기간 및 비용**
• 사용기간 : 15년(15년 단위로 2회 연장 가능)
• 사용료 및 관리비
- 봉안묘 : 사용료 70만원, 관리비 15만원(15년간)
- 봉안묘(합봉) : 사용료 100만원, 관리비 15만원(15년간)
- 봉안당(1기당) : 사용료 관내 10만원, 관외 60만원, 관리비 75,000원
- 봉안당(부부 안치단) : 사용료 관내 20만원, 관외 120만원, 관리비 15만원(15년간)

■ **면제 및 감면 대상**
• 면제대상
- 「국민기초생활보장법」제2조에 따른 수급자 : 전액
- 시체를 처리할 사람이 없거나 연고자가 불분명한 사망자 : 전액
• 감면대상
- 「국가유공자등 예우 및 지원에 관한법률」제4조에 해당하는 사람 : 반액

- 신등면 가술리 거주 주민 : 반액
- 그외 신등면 주민 : 사용료의 10분의3에 해당하는 금액

경남 함양군 | 시설구분 : 봉안시설

■ **시설명 및 이용대상**
- 시설명 : 구룡리 공동묘지(봉안시설)
    - 위치 : 함양군 함양읍 구룡리산 11
- 이용대상
    - 함양군민

■ **사용기간 및 비용**
- 사용기간 : 30년(30년 단위로 1회 연장 가능)
- 사용료 및 관리비 30년 기준)
    - 봉안묘 : 사용료 20만원, 관리비 15만원
    - 봉안탑 : 사용료 10만원, 관리비 15만원

■ **면제 및 감면 대상**
- 전액면제 대상
    - 「국민기초생활보장법」제2조에 의한 국민기초생활보장 수급자
    - 「국가유공자등 예우 및 지원에 관한법률」제4조 제1항의 규정에 의한 국가유공자 · 유족
    - 「독립유공자 예우에 관한법률」제4조의 규정에 의한 독립유공자 · 유족

경남 거창군 | 시설구분 : 봉안시설, 자연장지

■ **시설명 및 이용대상**
- 시설명
    ① 봉안시설
    - 북상공설공원묘지
    - 가조공설공원묘지
    - 거창공설공원묘지
    - 남상공설공원묘지
    - 가북공설공원묘지
    - 고제공설공원묘지

- 웅양공설공원묘지
- 월평공설공원묘지
② 자연장지
- 웅양공설공원묘지

■ **사용기간 및 비용**
- 사용기간 : 15년(15년 단위로 3회 연장 가능)
- 사용료 및 관리비(15년 기준)
  - 봉안묘 : 사용료 10만원, 관리비 10만원
  - 봉안당 : 사용료 10만원, 관리비 10만원
  - 자연장지 : 사용료 10만원, 관리비 10만원

■ **면제 및 감면 대상**
- 면제대상
  - 공설공원묘지설치 지역거주자 중 「국민기초생활보장법」에 따른 수급자
  - 공설공원묘지설치 지역거주자 중 「국가유공자등 예우 및 지원에 관한법률」에 따른 국가유공자와 그 유족
  - 공설공원묘지 설치지역 거주자중 「독립유공자 예우에 관한법률」에 따른 독립유공자와 그 유족
  - 공설공원묘지 설치지역 거주자중 기존 공설일반묘지에 설치된 분묘를 개장하려는 자
  - 공설공원묘지 설치지역 거주자중 「거창군 장기기증 등록장려에 관한조례」에 따른 장기기증자 및 장기 기증등록자
- 감면대상
  - 공설공원묘지 설치지역 거주자중 군수가 정한 지역 거주자

경남 합천군 | 시설구분 : 봉안시설

■ **시설명 및 이용대상**
- 시설명 : 합천군봉안담
  - 위치 : 합천군 율곡면 제내리 산45번지 일원
- 이용대상
  - 합천군 안에 주민등록 또는 등록기준지를 두고 있는 자

■ **사용기간 및 비용**
- 사용기간 : 30년(1회 30년 연장 가능)

- 사용료 및 관리비
    - 사용료 : 관내 주소자 10만원,관외 주소자 30만원
    - 관리비 : 15만원

제주 | 시설구분 : 봉안시설, 자연장지

■ **시설명 및 이용대상**
- 시설명 및 위치
    ① 봉안당
    - 제주시 공설봉안당 : 제주시 1100로 2576-10(노형동)
    - 양지공원봉안당 : 제주시 516로 2810-31(영평동)
    - 서귀포 추모공원봉안당 : 서귀포시 돈내코로 295-28(상효동)
    - 서귀포시 성산읍봉안당 : 서귀포시 성산읍 금백조로 548
    ② 자연장지
    - 어승생한울누리공원 : 제주시 산록북로 70(연동)
    - 서귀포 추모공원 자연장지 : 서귀포시 돈내코로 295-28(상효동)
- 이용대상 : 도내,도외
    ※ 도지사는 다음 각호의 어느 하나에 해당하는 경우에는 공설장사시설의 사용을 제한할 수 있다.
        1. 제주자치도 관할구역 밖에 위치한 분묘를 개장하여 매장하는 경우
        2. 공설장사시설의 수급조절상 제한이 필요한 경우
        3. 그밖에 공설장사시설의 관리·운영상 특별한 사정이 있는 경우

■ **사용기간 및 비용**
- 사용기간
    - 봉안당 : 15년(15년 단위로 3회 연장가능)
    - 자연장지 : 40년(연장 불가)
- 사용료
    ① 봉안당
    - 제주시공설봉안당 : 도내 10만원, 도외 20만원
    - 양지공원봉안당 : 도내 10만원, 도외 20만원
    - 서귀포추모공원 : 도내 5만원, 도외 10만원
    - 서귀포시 성산읍 봉안당 : 도내 2만원, 도외 5만원
    ※ 대정읍, 표선면 봉안당 : 노후화로 사용 불가
    ② 자연장지

- 잔디형, 화초형,수목형 : 도내 10만원,도외 20만원
- 정원형 : 도내 30만원, 도외 60만원

▣ **면제 및 감면 대상**
- 면제대상
    - 「국민기초생활보장법」에 따른 수급자
    - 「국가유공자등 예우 및 지원에 관한법률」에 따른 국가유공자
    - 「5·18민주유공자 예우에 관한법률」에 따른 민주화유공자
    - 「고엽제후유의증등 환자지원 및 단체설립에 관한법률」에 따른 적용 대상자
    - 「제주4·3사건 진상규명 및희생자 명예회복에 관한특별법」에 따라 희생자로 결정된 자
    - 「재해구호법」에 따른 재해발생으로 인한 사망자
    - 「한부모가족지원법」에 따른 보호대상자
    - 「제주특별자치도의 사상자 예우 및 지원에 관한조례」에따른 적용 대상자
    - 제주자치도 관할구역 안에서 사망한 무연고 시신
    - 그밖에 도지사가 필요하다고 인정한 자

슬기로운 장례문화

초판인쇄_ 2020년 11월 01일
초판발행_ 2020년 11월 05일

지 은 이　　김연욱
감　　 수　　전국공무원상조서비스
디 자 인　　이권형
펴 낸 곳　　마이스터연구소
신고번호　　2007년 3월 12일 제307-2014-65호
주　　 소　　서울시 성북구 성북로4길 52, 스카이프라자 718호
주문 팩스　　02-6969-9428
이 메 일　　marubang2013@naver.com

ISBN_ 979-11-88586-03-5(13380)

이 도서의 판권은 마이스터연구소에 있으며, 수록된 내용의 무단복사 및 전재를 금합니다.
파본 및 낙장본은 교환하여 드립니다.

정가_ 17,000원